善治一面旗

走在新时代社会治理前列的栖霞之治

南京大学马克思主义学院
江苏省城市发展研究院　编著
中共南京市栖霞区委研究室

江苏人民出版社

图书在版编目（CIP）数据

善治一面旗：走在新时代社会治理前列的栖霞之治 / 南京大学马克思主义学院，江苏省城市发展研究院，中共南京市栖霞区委研究室编著. -- 南京：江苏人民出版社，2020.3

ISBN 978-7-214-21861-2

Ⅰ. ①善… Ⅱ. ①南… ②江… ③中… Ⅲ. ①社会管理－经验－南京 Ⅳ. ①D675.34

中国版本图书馆CIP数据核字（2020）第046537号

书　　名	善治一面旗：走在新时代社会治理前列的栖霞之治
编 著 者	南京大学马克思主义学院 江苏省城市发展研究院 中共南京市栖霞区委研究室
责任编辑	戴亦梁
装帧设计	许文菲
责任监制	王列丹
出版发行	江苏人民出版社
出版社地址	南京市湖南路1号A楼，邮编：210009
出版社网址	http://www.jspph.com
照　　排	江苏凤凰制版有限公司
印　　刷	南京艺中印务有限公司
开　　本	787 毫米 × 1 092 毫米　1/16
印　　张	19.25
字　　数	298千字
版　　次	2020年3月第1版　2020年3月第1次印刷
书　　号	ISBN 978-7-214-21861-2
定　　价	98.00元

（江苏人民出版社图书凡印装错误可向承印厂调换）

序

致力社会大治　聚力发展大局

2012年党的十八大报告科学阐述了“社会建设”的深刻内涵，不仅系统论述了“在改善民生和创新社会管理中加强社会建设”，而且进一步明确了社会管理和社会建设的关系，提出了中国特色社会主义社会管理体系的基本框架。党的十八届三中全会首次将我国改革的总目标确定为“完善和发展中国特色社会主义制度，推进国家治理体系和治理能力现代化”，并在国家治理体系和治理能力现代化的历史性高度上将“社会管理”改为“社会治理”，首次正式提出“社会治理”的概念。自此，“社会治理”取代“社会管理”，构成了国家治理体系和治理能力现代化的重要组成部分。从“社会管理”到“社会治理”的一字之差，浓缩了中国国家与社会关系的历史变迁与新进展，也体现了党和国家在治国理政和社会建设理念上的重大突破和进步，意蕴深刻，影响深远。

党的十九大及十九届四中全会指出，要提高社会治理社会化、法治化、智能化、专业化水平，完善党委领导、政府负责、民主协商、社会协同、公众参与、法治保障、科技支撑的社会治理体系。这是对十八大以来治理经验的科学总结，也是为新时代的社会治理所作的顶层设计。

近年来，栖霞区坚持以习近平新时代中国特色社会主义思想为指导，认真贯彻落实习近平总书记关于社会治理创新与社会建设的系列讲话精神，切实执行习近平总书记在江苏调研时的嘱托，“像抓经济建设一样抓民生保障，像落实发展指标一样落实民生任务”。我们始终突出问题、需求、目标三大导向，以“法治化”为准绳，构建“智能化”平台，引入“社会化”资源，实施“专业化”服务，加快“四化”融合，促进协同共治，初步形成了“党委统领、人民中心、系统推进、科技支撑、法治保障”的栖霞之治，树起了善治一面旗。

栖霞社会治理创新实践列入“中国样本——改革开放40周年经典案例”。2019年，国务院发展研究中心把栖霞区列为全国唯一的社会治理创新调研基地。栖霞区城市治理考评连续7年排名南京主城区第一。

栖霞的社会治理创新，勇于向问题聚焦、以试点开路，社会治理亮点频出；通过大胆试验、自主创新，实现了一系列治理专项的创新突破。“不见面审批”运用“互联网+”思维，让企业和群众办事“一次不跑、事情办好”，激发了社会和市场活力，助力全区经济总量跻身全市第一方阵，获得了国务院总理李克强同志的批示肯定。网格化治理将党组织向网格一线延伸，党建在矛盾一线加强，党员往民生一线集聚，彰显了党委统领社会治理的显著优势，得到中组部时任部长赵乐际同志的充分肯定，并要求在全国推广。“全科政务”“三项机制”致力于打造专业化队伍，将基层政府建设成服务群众、服务发展的“店小二”，服务规范成为国家级标准，获得江苏省委书记娄勤俭同志的批示肯定。“综合执法”在不突破现有法律法规的框架下，实施行政检查权与行政处罚权相分离，将执法重心下移到街道，有效解决了基层综合执法的难题，这一经验和做法在全市推广。“掌上云社区”运用现代信息技术，在互联网语境下，开启了社会治理的“线上转型”，开辟了在线协商模式，赋权社会，赋能居民，社区自治的渠道更多更便捷，居民自我服务管理的潜能被更大限度地激发出来。“社会组织培育支持发展中心”整合各方资源优势，培育发展社会组织、志愿者队伍，正确引导其参与更多领域治理，营造共治氛围，推动协同共治率先领跑，全区万人拥有登记社会组织21个，位居全市第一。

以更高标准更大投入使民众受益得实惠，是栖霞社会治理为民初心的出发点和落脚点，更是扎实有力的实际行动和具体成效。这几年栖霞区教育、文化、社会保障和就业、医疗卫生、环境保护、住房保障等民生支出，占一般公共预算支出比重达80%以上。“院府合作”促使医改纵深推进，解决了群众看病难、看病贵的问题，让老百姓在家门口就可以享受优质医疗资源，获得江苏省委时任书记李强同志批示肯定并在全省推广。“中小学教育发展共同体”推动了全区教育整体水平实现弯道超越。“姚坊门养老连锁品牌”引入了西方“时间银行”的志愿管理工具，实现居家养老服务的多渠道、快速化和全面响应。“实有人口动态管理模式”“桩钉工程”使栖霞区由传销活动“高发区”变为“归零区”，

使群众的安全更有保障，荣获全国公安基层技术革新一等奖。随着一项项创新的突破，栖霞社会治理进一步向全面系统、配套成龙、科学规范、高质量治理推进，聚力实现治理体系和治理能力的现代化。

政之所兴，在顺民心。栖霞社会治理的探索之路，是民心所向、问题导向、试点开路、持续深化、复制推广的过程，也是由点到线、由线扩面、系统集成、全面推进的过程。初始阶段的治理较多集中在问题导向，解决实际矛盾和具体问题，现在正侧重于推动更充分更平衡的发展，努力实现广大人民群众对美好生活的向往，这也是栖霞今后在新时代创新社会治理的更高目标追求。

不谋全局不足以谋一域。我们从全局发展需要审视社会治理，对其提出要求、确定任务目标，从整个经济社会发展大棋局和总坐标上找准社会治理的坐标和定位，谋划如何履职尽责、勇创善为，为经济发展社会进步创造好环境、为服务社会造福人民做出大贡献。全区上下正是在这一思想指导和不懈努力下，从曾经的城郊接合部、化工重镇，巨变为现代化的“南京副城”，展现出“致力社会大治、聚力发展大局”的新时代新栖霞。

不谋长远不足以谋一时。我们从不自满自足、故步自封，而是看到山外青山楼外楼，刷新目标比学赶超再奋斗。进入新时代，面向新未来，我们将更加踔厉风发、励精图治，构筑新时代高质量治理新高地，使栖霞善治之旗在新高地上高高飘扬、久久飘扬！

（作者系中共南京市栖霞区委书记、南京经济技术开发区党工委书记、南京市仙林大学城党工委书记）

目 录

中　篇

下　篇

前言

创新治理、推进善治，高扬时代旗帜

治理，是一个与人类社会相生共存的语词和社会行为，在有国家以后更多的是国家治理行为。中国历史悠久，“治理”一词古已有之，孔子就曾回答宋君“吾欲使官府治理，为之奈何”之问：“任能黜否，则官府治理。”荀子在《荀子·君道》中也已论及治理：“明分职，序事业，材技官能，莫不治理，则公道达而私门塞矣，公义明而私事息矣。”这些都是从统治阶级治国理政的角度来理解国家治理行为，属于传统的治理思想。

现代意义上的治理是强调，在主体层面上，政府在治理过程中发挥主导作用并致力于形成多方参与社会事务的治理格局；在过程上，治理过程本身不在于控制，而是协调，政府与公民、社会组织是一种进行沟通、协商的双向互动模式。在全球范围这个现代意义上的“治理”概念的提出及推行是在20世纪90年代。治理理论的主要创始人之一詹姆斯·N.罗西瑙认为，治理是通行于规制空隙之间的那些制度安排，或许更重要的是当两个或更多规制出现重叠、冲突时，或者在相互竞争的利益之间需要调解时才发挥作用的原则、规范、规则和决策程序。

在治理的各种定义中，全球治理委员会（1992年由28位国际知名人士发起、由联合国有关机构成立）的表述具有代表性和权威性，其1995年将治理界定为——它是或公或私的个人和机构经营管理相同事务的诸多方式的总和，它是使相互冲突或不同的利益得以调和并且采取联合行动的持续过程。它包括有权迫使人们服从的正式机构和规章制度，以及种种非正式安排。而凡此种种均由人民和机构或者同意或者认为符合他们的利益而授予其权力。它有四个特征：治理不是一套规则条例，也不是一种活动，而是一个过程；治理的建立不以支配为基础，而以调和为基础；治理同时涉及公、私部门；治理并不意味着一种正式制度，而确实有赖于持续的相互作用。

我们党和国家高度重视社会治理，不仅从社会自身的发展逻辑审视社会建设问题，而且从治理理念、治理手段与治理模式的多重变革与转型中赋予社会治理以中国特色、时代内涵、现代功能和综合优势，为人类社会和国家治理做出了新贡献。党的十八届三中全会指出，“全面深化改革的总目标是完善和发展中国特色社会主义制度，推进国家治理体系和治理能力现代化”。第一次将此前使用的“社会管理”改变为“社会治理”，并且在全会决定中单列一章专讲创新社会治理体制，将社会治理提到了头等重要的位置。党的十九大明确提出“打造共建共治共享的社会治理格局”，要求“完善党委领导、政府负责、社会协同、公众参与、法治保障的社会治理体制，提高社会治理社会化、法治化、智能化、专业化水平”。党的十九届四中全会进一步提出，“坚持和完善共建共治共享的社会治理制度，保持社会稳定、维护国家安全。”“加强和创新社会治理，完善党委领导、政府负责、民主协商、社会协同、公众参与、法治保障、科技支撑的社会治理体系，建设人人有责、人人尽责、人人享有的社会治理共同体，确保人民安居乐业、社会安定有序，建设更高水平的平安中国”。这充分体现了我们党执政理念从“社会管理”到“社会治理”的变化和跃升，在此过程中，社会管控的浓厚色彩会逐渐褪去，并让位于社会治理。

社会管理和社会治理，在体制机制、主体对象及其功能职责、施行方式、运作形式等方面差异较大。从根本上讲，治理的核心是处理好“国家和社会”“政府和市场”这两项基本关系。经济体制改革是解决政府与市场的关系，而社会治理创新最核心的是体现在对政府与社会关系的调整上。社会管理对政府和社会之间关系的定性和定位，主要是“管”和“被管”的关系，“理”也主要是执掌在掌权一方、管者手中，被管一方完全处于受管地位、被动处境。社会治理则以人民为中心、公众为主体，使得公民参与社会治理的地位得到确立，社会主体的协同合作得到推动，公民投入治理的主动性、积极性得到激发，社会的文明进步因公众参与社会治理而得到促进。因此，改革管理、创新治理，推动社会管理向社会治理转变，非常必要，尤为重要。

善治（Good Governance）即良好的治理，社会治理做得好以至做到极致就

是善治。善治之概念，首先来自中国传统的政治语汇和思想。早在《道德经》第八章“正善治”中，老子提出了系统性的“善治”社会管理理论。其次是现代的新的治理理论。20 世纪 90 年代以来，在英语和法语的政治学文献中，善治概念的使用率直线上升，成为出现频率最高的术语之一。概括地说，善治的本质特征是政府与公民对公共事务的合作管理，是政府与市场、社会的一种新颖关系，体现了政府职能转变、社会管理方式转变以及社会发展目标愿景的转变，一言以蔽之就是“公共利益最大化的管理过程”。

栖霞的社会治理，因为做得好，并且已经树立成为一面旗帜，足以称之为“善治”。

栖霞区作为南京市的东门户，地处宁镇扬同城化发展核心区域，面积 395.44 平方公里，常住人口 72.75 万，由行政区、南京经济技术开发区、仙林大学城三个板块构成，下辖 9 个街道、120 个社区（村），是南京城乡二元结构明显、流动人口比重较大的区域，社会结构复杂，群众诉求多样，社会治理任务繁重，各种问题矛盾或显或隐存在，改革创新的机遇和挑战并存。栖霞区委区政府认真学习践行习近平新时代中国特色社会主义思想，坚决贯彻执行党中央国务院、江苏省委省政府和南京市委市政府决策部署，带领全区广大干部群众下真功夫、花大力气，改革管理、创新治理，积极探索社会化、法治化、智能化、专业化“四化融合”社会治理路径，推动政府、社会组织、居民群众等治理主体“协同共治”，朝着治理体系和治理能力现代化的总目标，走出了“民心所向、问题导向、试点开路、持续深化、复制推广”的善治之道，构建出“党委统领、人民中心、系统推进、科技支撑、法治保障”的社会治理体系。一是坚持将党的领导作为改革管理、创新治理的核心和关键。持续推进网格化党建，使党的领导覆盖、贯穿、通达社会治理的上上下下、方方面面、里里外外。二是坚持将聚焦为民作为改革管理、创新治理的宗旨和目的。紧紧抓住社会主要矛盾，着力解决发展不平衡不充分而引发社会矛盾的紧迫问题，努力满足广大人民群众日益增长的美好生活需要。诸如，深化“院府合作”，使群众更方便更容易地享受到优质医疗服务；组建优质资源教育共同体，让孩子在家门口就能上名校；创新“时间银行”，推动居家养老互助服务；构筑“桩钉工程”，推进群防群治社会安全自治。三是坚持将社会协同作为改革管理、创新治理的主体和支撑。围绕“共

全国先进基层党组织
中 共 中 央
二〇一六年七月一日

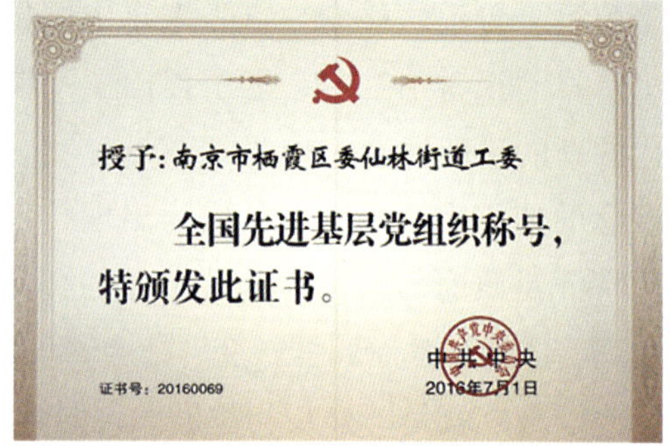
授予：南京市栖霞区委仙林街道工委
全国先进基层党组织称号，
特颁发此证书。
证书号：20160069
中共中央
2016年7月1日

全国社区治理和服务创新
实 验 区
中华人民共和国民政部
二〇一五年

全国社会治安综合治理
先进集体
2013-2016
中 央 综 治 委

中国样本
改革开放40周年经典案例
《中国发展观察》杂志社
2019年1月·北京

最佳案例奖

管理科学奖荣誉证书
证书号：2018-CMSA-5-6
第六届中国管理科学学会管理科学奖
专项奖（促进奖）
成果名称：以“放管服”集成改革打造最佳产业发展环境
申报机构：中共南京市栖霞区委员会
CMSA
中国管理科学学会
2018年6月30日

建共治共享”，嫁接线下网格和线上网格，逐步形成了立体式协同治理体系，变群众上门为干部下沉，变条块分割为网格集成，变政府独奏为社会合唱，动员和组织社会多元主体融入网格、参与共治，做到监管无盲点、服务无遗漏。四是坚持将科技赋能作为改革管理、创新治理的法宝和新招。以大数据、云计算、人工智能等信息技术，提升治理能力现代化水平。开创“掌上云社区”治理模式，社区党组织、居委会与社会多元主体“线上共在”，联系服务群众实现全覆盖；植入八大功能模块和智能机器人“小栖”，重构全天候社会治理新界面，让政府的服务窗口、服务机制“触手可及”，使公共服务更高效、社会治理更科学。五是坚持将系统集成作为改革管理、创新治理的“合纵”和“连横”。注重改革创新的系统性、整体性、协同性，成套化、集成式推进社会治理体系建设。“放管服”改革先在各个领域探索先行，陆续取得“不见面审批、全科政务、批管同步、陪办代办、综合执法”等专项突破。在此基础上，逐步整合集成为链条式、综合型“放管服”创新体系，创造出崭新的运行方式和服务业态。

经过几年持续努力，栖霞区社会治理创新成效日益显现。全国首份“不见面审批”营业执照诞生于此，“不见面审批”改革得到李克强总理批示肯定，被国务院第四次大督查评为典型经验向全国推广。“放管服”改革实践获中国管理科学奖促进奖。全科政务服务标准上升为国家标准。仙林街道党工委获评“全国先进基层党组织”。“实有人口动态分析系统”荣获全国公安基层技术革新一等奖。“掌上云社区”治理模式荣膺长三角城市治理最佳实践案例、“中国城市治理创新奖”优胜奖。成功创建“全国社区治理和服务创新实验区”，社会治理改革实践入选《中国发展观察》杂志社发布的“中国样本——改革开放40周年经典案例”。全区城市治理考评连续7年位列南京主城区第一。

栖霞经验全面而丰富，就其主要方面和核心要义而言，可以概括为以下12句话：

创新治理、推进善治，高扬时代旗帜
举旗争先、群策群力，打造共治治理
四化融合、科技赋能，力推智慧治理
固本强基、标本兼治，重抓长效治理
问题导向、驾驭全局，形成系统治理

党建引领、双网共治，强化源头治理

依托平台、改革体制，实施综合治理

规范制度、依法行政，践行依法治理

调整职能、优化流程，力行服务治理

激发活力、民主协商，完善民主治理

急民所需、改善民生，拓展民需治理

坚守初心、与时俱进，再创高质治理

就全局定位和根本指向而言，总的可归结为一句12字：

致力社会大治　聚力发展大局

事实表明，栖霞区创新社会治理的一整套做法和经验，是学习贯彻习近平新时代中国特色社会主义思想的重要实践成果，是栖霞区广大干部群众在社会治理上的思维创新和实践创造，既具有典型性、开创性，又具有时代性、引领性，具有典型示范意义和面上推广价值。

本书按照“源于实践、总结实践、指导实践”的原则和要求，对栖霞区基层社会治理的探索创新进行全景式总结呈现，以期用实践经验及其升华的理性认知指导基层实践，发挥对其他地区基层社会治理的比照借鉴作用，同时也为社会治理工作者、理论研究者提供鲜活生动的现实模样和研究对象。

上篇

善治一

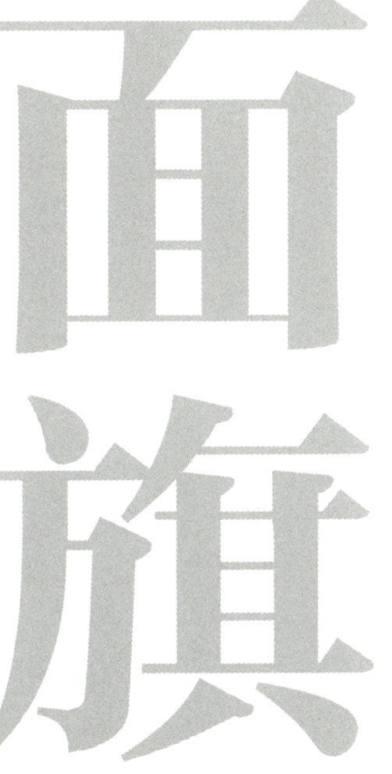

第一章

举旗争先、群策群力，打造共治治理

党的十八大以来，我国经济社会发展取得历史性成就、发生历史性变革，中国特色社会主义进入新时代，根本在于以习近平同志为核心的党中央举旗定向、掌舵领航，习近平新时代中国特色社会主义思想驾驭统领、科学指引。栖霞区委区政府高举新时代中国特色社会主义旗帜，始终与党中央保持思想上、政治上、行动上的高度一致，充分发挥广大干部和人民群众的主动性、积极性、创造性，把习近平新时代中国特色社会主义思想和中央决策部署同栖霞实际紧密结合起来，紧跟时代开拓创新，倾力打造新型治理。

栖霞区社会治理创新发展座谈会

第一节　党委统领：统率引领各方创新治理

栖霞区的社会治理，坚持加强和完善党的领导，由党委统揽全局、协调各方、统筹进行，促进政府和社会各司其职、各负其责、群策群力，切实增强社会治理的人民性、科学性、创新性，全力打造新型治理，强有力地促进和形成了栖霞之治。针对社会结构多样、矛盾错综复杂、治理力量分散的实际情况，大力强化党的领导建制和体制，将党的领导与政府主导、社会协同紧密结合，整合社会各方力量，充分发挥所有主体的主动性、积极性、创造性，解放思想，创新实干，全面提升社会治理能力和水平。

1. 健全党的组织体系。积极探索创新党组织设置方式，把党的组织机构延伸到各个领域、各个角落，采取分类、联合、挂靠等多种方式组建基层党组织，实现基层党的领导全覆盖。按照“扁平化”要求，打破行政隶属壁垒，推行街道“大工委制”和社区“大党委制”，有机联结辖区内单位、行业及新兴领域党组织，构建覆盖基层治理各领域的组织网络。充分发挥街道党工委的“轴心”作用，探索推进“党建+小区业委会”“党建+社区社会组织”“党建+社区居委会”，构建核心有力、统筹有方的区域化党建组织体系。

2. 构建党的联合组织。统筹区域内各种可能提供的公共服务，科学规划、配置各类资源，使所提供的公共服务更加精准，更能满足群众需求，更多地向嵌入式服务转变。在区级层面，区委、仙林大学城党工委与12所高校党委成立党建联盟；在街道层面，推动党工委与驻街单位全部成立“街道大工委”，建立党建区域联席会；在社会层面，在社会组织中单建或联建党组织45个，联系管理799名社会组织党员。同时，把党的政治和组织优势转化为基层治理优势，以公共服务引领带动社会资源、市场资源的整合，引导多元主体参与社区治理，促进基层治理创新方式，齐抓共治。

3. 加强党的网格领导。创建“小网格+大党建”“小支部+大片区”治理模式，指定网格内单位及社区党组织作为责任单位，实现组织共建、资源共享、机制衔接、功能优化，扎实做好党建引领社会治理的各项基础工作。实施“党建+互联网”，有机整合信息管理系统和党建服务、政务服务、社会服务及各

部门职能，切实解决群众参与基层治理“不愿意”“不方便”等问题。

【案例1】建立健全党的领导体系

▶ 创新背景

栖霞区地域狭长，东西长约45公里，大学城、开发区、行政区三区板块合一，社会结构复杂，群众诉求多样。新时代，栖霞区发挥党统领一切的职能作用，聚焦社会组织党建现实问题精准发力，秉持“在最具活力的领域打造最具活力的党建”目标理念，系统构建社会组织党建工作体系，通过推进“八个一”的创新举措，积累形成网络健全、保障有力、各方共建的行之有效的实践经验。

社会组织党委成立大会

▶ 创新举措

健全一张组织网。聚焦管理体制不顺畅、组织体系难健全的问题，在区委“两新”工委下设区社会组织党委，分地域在9个街道社会组织服务中心成立中心党支部，实现街道“草根型”社会组织兜底管；分领域在文化教育、体育卫生、公益慈善等条口组建行业党组织，推动“行业性”社会组织一体抓。

建设一批孵化器。聚焦社会组织发展快、工作覆盖难到位的问题，实施“三同步”，使党建工作全流程嵌入社会组织管理全过程，即与登记同步、与年检同步、与评估同步。在区、街10个社会组织孵化中心和“来栖霞吧”“虚拟养老院”等4个专项孵化计划中实施社会组织和党组织“同步孵化”。

制定一套工作规范。聚焦政治引领不够、组织运行不规范的问题，加强制度保障，将建立党的组织、开展党建工作纳入58个新成立社会组织的章程内容，还将全区45个社会组织党组织全部纳入换届范围，明确7个抓党建工作“责任清单”、5个方面“工作流程图”和党组织考核“年度对账表”，通过“清单定责、流程定标、述评定效”，推动社会组织党建工作规范开展。

建立一组志愿联盟。聚焦服务功能不足、组织优势不明显的问题，整合区域内社会组织，组建社区服务、公益慈善、矛盾调处、扶贫济困、绿色环保五大专业联盟，引导社会组织服务贴近自身特点、围绕服务群众开展活动，形成党组织引领社会组织、社会组织服务人民群众的新格局，为全区民生幸福建设群众满意度持续提升贡献力量。

建立一个工作室。聚焦党建氛围不浓、凝聚性不强的问题，区委选派了一名军队转业干部专职担任区社会组织党委常务副书记，在全市率先成立社会组织党建“唐大姐工作室”，建立社会组织党建6项“服务菜单”，开展“党旗领航·红色飞扬”12个系列党建沙龙，指导社会组织党组织工作创新、活动组织和品牌培育，以发挥领军人物的车头带动作用，释放党建集聚效应。

搭建一个智囊团。聚焦党建工作不会抓、思路不开阔的问题，聘请省市6名党建专家组建“智囊团”，围绕社会组织党建热点、难点问题，为区委决策提供理论参考和智力支持；与上海市静安区社会组织联合会签订合作协议，探索地区间优质社会组织和党建资源互利共享。投入20万元建成区社会组织党委“红色驿站”，设立远程教育终端站点，有效发挥党建枢纽平台作用。

集聚一个资金链条。聚焦社会组织自身底子薄、党建经费保障难的问题，专门建立每年50万元“两新”组织专项工作经费，列支每年总支5000元、支部3000元社会组织党建补助经费，全面推行“两新”组织党费全额返还，全面保障社会组织党建工作有序开展，增强社会组织归属感。

助力一批品牌典范。聚焦社会组织发展不规范、党组织和党员影响力弱的问题，

一方面，党建引领、助推“姚坊门”居家养老服务等项目打造专业标准体系，不断提升品牌影响力；另一方面，实行发展党员、推荐代表委员、评优评先三个“计划单列”，一批社会组织党务骨干力量受到表彰，社会组织的党组织、党员风采形象得到展示，党建工作的“出彩”也是激发社会组织不断发展的动力源泉。

▶ 主要成效

栖霞区通过建立“党委统揽、条块联动、横向到边、纵向到底”的“1+9+X”社会组织党建网络，有效实现了党的组织和党的工作在社会组织的全覆盖。区社会组织党委目前配备1名常务副书记、3名专职工作人员，统筹负责全区社会组织党建工作的组织领导和宏观指导。全区社会组织领域已建立39个单建党组织、6个联建党组织，799名社会组织的党员实现全覆盖管理。通过推进“八个一”的创新举措，让强基固本由“有空白”到“无盲区”，让工作推进由“缺资源”到“强支撑”，让党建要素由“碎片化”到“成体系”。全区现有注册登记社会组织1462个，另有数量众多的“草根型”城乡社区社会组织，万人拥有登记社会组织数达21个，在全市位居第一。协同区民政部门，实行社会组织管理和社会组织党建“三同步”制度，将社会组织的登记、年检、评估与党建工作同步，引社会公益齐参与，促进社会组织不断提升服务能力和品牌影响力，居民获得感日益增强。

社会组织党委举办工作培训会

第二节 人民中心：坚持为民服务根本宗旨

栖霞区在社会治理中坚持以人民为中心的思想，注重突出民心导向、需求导向、问题导向和目标导向，紧紧围绕民心所向、发展所需、社会所指、基层所盼、市民所急推进改革创新，让基层社会和人民群众成为社会治理的行为主体、服务对象和最大受益者。

1.“不见面审批”改革优化营商环境。坚持主动向基层放权、向窗口授权、向社工赋权，打出“不见面审批”、全科政务、综合执法等集成式改革组合拳。率先自主开发“不见面审批”软件系统，开出全国第一份“不见面审批”营业执照。“不见面审批”通过人脸识别、人证核对、人机互动等技术手段，实现“不见面办照、窗口刷脸办照、大厅自助办照、街道就近办照、银行联合办照”五位一体服务“新套餐”，94.6% 的新设企业通过“不见面”办理，区级审批许可事项“不见面”办理实现 100% 全覆盖。全科政务、一网通办改革做到“放权又赋权”，实现服务能力全科化、行政审批协同化、政务服务智能化。街道便民服务中心政务服务窗口全科率达 90%，全科窗口办件量占比 80%，居民办事时间节约率达 84% 以上，企业和群众综合满意率达 99.5% 以上。

2.“掌上云社区”提供全天候社会服务。面对经济社会发展不平衡等实际问题，主动运用新技术新手段建立高效便捷的政社协同共治平台。“掌上云社区”构建了一个党组织、政府与群众之间快捷畅通的沟通渠道，建立起多元主体同在的扁平化运行结构和问题快速反应处理机制，线上调动凝聚居民智慧力量，线下依托网格系统限期回复落实。2016 年 11 月起推行“掌上社区”治理模式，依托微信群、微信公众号，建立线上治理综合平台，并与线下网格相融合，居民打开微信即可参与社区事务，随时在线“发声”。2017 年，推出升级版“掌上云社区”，建立信息交流、工单流转、“不见面”服务、智能服务、协商议事、多群管理、党建引领和大数据分析等 8 个模块。在各微信群内植入“小栖”智能机器人，优化前台服务，同时在后台自动生成环境卫生、医疗教育等 10 类社情民意“数据集”，为提高治理效率和质量提供具体数据支撑。2019 年底，全区建立“掌上云社区”微信群 1000 多个，覆盖全部 120 个社区，吸纳线上成

员 19 万余人。

3. 扩大优质民生资源供给增进民生福祉。一是深化院府合作，让居民在家门口看名医。推进省人民医院、省中医院、鼓楼医院等“医联体”建设，提升基层医疗服务水平。2016 年 5 月，创建二级甲等医院，西岗社区卫生服务中心被评为国家级优质示范社区卫生服务中心。落实分级诊疗、双向转诊制度，在栖霞只需 9.8 元钱就能挂到三甲医院 100 元的专家号，群众对医疗服务满意率持续提高。二是强化教育联盟，让孩子在家门口上名校。先后引进南师附中、海门中学等优质教育资源合作办学 10 所，组建中小学教育共同体 7 个，小升初本地生源外出择校率由 5 年前的 25% 下降到 6.9%，成为“全国义务教育发展基本均衡区”。三是优化服务供给，让老人在家门口养老。推行社区养老，76 家社区居家养老中心实现“医养融合”，20 分钟步行半径内就有便民为老服务机构、场地或设施，形成了“高端养老有市场、中端养老有需求、低端养老有保障”的养老服务格局，被评为首批“全国社区与养老服务工程建设示范城区”。四是加强小区管理，让居民享受优质服务。从 2015 年开始，区财政每年安排 1300 万元资金，对区内居民小区进行星级评选和效能补贴，通过财政拨款奖励管理好的小区物业。各街道都成立物业管理公司，并对无人管理老旧小区、厂居小区兜底托管，各类小区物业管理全覆盖。实施“桩钉工程”和“实有人口动态分析”，推进社区综治警务一体化改革，通过成立二房东管理协会、组建专业“打传队”等措施，祛除传销顽症，各类案件发生率逐年下降，获得全国公安基层技术改革创新成果一等奖。

【案例 2】“不见面审批”改革：构建群众满意、企业便利的一流营商环境

▶ 创新背景

近年来，栖霞区深入贯彻“放管服”精神，着重解决商事登记过程中申请材料多、往返次数多、办结时间长、虚假身份注册等问题，坚持“让数据多跑路，让群众少跑腿”，将“不见面审批”改革作为“放管服”改革的突破口，充分运用信息技术，持续推进权力精简下放、审批流程再造和监管方式创新，不断提升政府审批效能，真正实现政务服务“零距离”。2017 年 4 月，中央编办何

建中副主任见证发放第一张商事登记“不见面审批”营业执照，上线运行商事登记“不见面审批”手机App系统1.0版，开启了从“群众跑腿”到“互联网信息跑路”的政务服务新模式。2018年3月，上线运行“不见面审批”微信2.0版，以用户思维提升客户体验，更加方便了用户操作。2019年3月，上线运行“不见面审批”掌上通3.0版，实现了企业开办全流程“一次不跑”。栖霞“不见面审批”实现了从无到有、从有到优、从优到全的系统集成改革，下一步即将拓展4.0版，持续推进“不见面审批”改革转型升级，争取为全国做标杆。

▶ 创新举措

● 1.0版实现了“零”的突破

1.0版以“网上办、不见面”为目标，在个体企业登记注册领域率先试点“不见面审批”改革，自主研发市场主体“不见面审批”系统。申请人只须通过手机App就可以在线办理商事登记执照申领，取件可选择快递送达，全面实现“审批不见面、网上面对面”。全区营商环境显著改善，当年新增各类市场主体18804家，增幅和增速均居全市第一。一是身份及时认证，信用联合查验，申请环节更简。运用互联网信息技术，将服务窗口、服务机制拓展到PC端和移动端，申请人通过电脑或手机登录系统，采用信用审查、人证核对、人机验证等在线提交办理，以“不见面”方式即可办结企业开业所有申请事项。二是受理审批分离，区街一网通办，审批流程更简。不见面审批按照“前台全科受理、后台同步审批、区街联网通办、证照立等可取”的改革目标，实施受理权、审批权相分离的全科政务改革，打破区街条块分割的体制机制障碍和属地办理局限，实行职权重组和流程再造，通过向基层放权、窗口授权、社工赋权，使一名全科社工就可承接进驻区街服务中心的所有政务，实现不见面审批“一窗受理、分类审批、综合出件”。以开办企业为例，申请人在线填写申请书，前台政务服务窗口的“全科社工”和后台市场监管的审批人同步进行“一审一批”，只要申请要件符合标准规范，即可办理申请事项，窗口效能同比提高120%。三是制定清单标准，全程规范办理，办事效率更高。栖霞区通过权力清单标准化建设，将182项不见面审批服务事项清单和办理指南全部标准化入库，向社会公布，并推行申报材料规范化、标准化、电子化，开展在线填报、批复和送达，真正实现全流程网上规范高效办理，将过去审批的“章”变成现在服务的“键”，企业、群众办事效率显著提升，办理时限从平均10个工作日缩短到0.5个工作日。

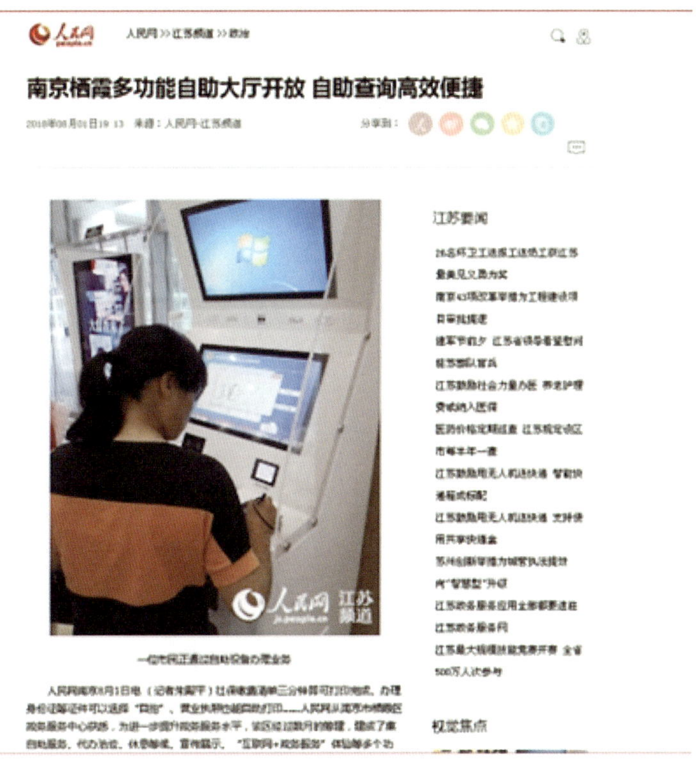

人民网 >> 江苏频道 >> 政治

南京栖霞多功能自助大厅开放 自助查询高效便捷

江苏要闻

视觉焦点

● 2.0版实现了“点”的优化

2.0版依托微信公众号开发，用户提交申请时，只须关注“商事登记不见面”微信公众号，无须下载注册任何软件或捆绑任何信息，就可轻松在线办理，避免了1.0版App系统需要下载安装、注册登录、覆盖面不够广、操作烦琐的弊端。2.0版不见面审批率从1.0版的60%增加到90%。一是提供五种方式，申领模式更多元。在系统升级之前，商事登记有线上线下两种方式，用户只能二选一。升级版的2.0系统构建了远程不见面办、窗口刷脸办、自助终端办、便民中心办、银政联动办“五位一体”的审批场景，实现了不见面的全领域、全过程、全覆盖。如有些特定人群不习惯线上申请，可以选择线下任何一种方式，无门槛、低难度，充分满足了各类投资人对营业执照的申领需求。二是实现无纸申请，审批过程更高效。通常情况下，商事登记申请需要经办人准备并提交一系列纸质材料，并经受理人员核对，费时费力。2.0 版全面取消 20 多页的纸质文书申请，原有的 6 个申领环节压缩为 3 个，申、批、领时间压缩至 20 分钟，真正做到“减无可减、放无可放”，极大地提高了审批效率，节省了申请人的企业开办成本。三是成熟技术助力，办理流程更智慧。2.0 系统借助更为成熟的人脸识别技术，不论是在手机、登记柜台还是自助终端上自己办理，还是在政务服务中心、便民服务中心、银政联办的银行窗口，只要人证核对无误，电子文书就会自动呈现，当事人进行电子签名或盖章后，由审核人员在线上实时审批、发放（邮寄）执照，完成所有远程商事登记业务办理。四是信用联合惩戒，市场环境更诚信。相比老系统，新版本通过技术验证手段的不断升级，强化信用约束作用，完善市场主体、投资主体双重点的信用归集机制，串联起事前事中事后各环节。通过后台数据对申请当事人进行更为严格的信用审查，把好投资主体市场准入关，使失信失联行为有了制约。

● 3.0 版实现了“线”的集成

无论是 1.0 版还是 2.0 版，只是解决了商事登记和部分政务服务事项的线上快速申办，而没有解决企业开办和政务服务的所有流程和事项。“不见面审批”掌上通 3.0 版将企业开办所有事项纳入一个窗口界面下并联办理，实现了 1 个系统办理，1 个工作日完成企业开办。一是搭建了政银企共享共用平台。自主研发“不见面审批企业开办掌上通”3.0 系统，满足审批部门、银行、企业等多方主体共同应用要求，保持数据信息的适度开放性，使各相关单位与信息平台对接，数据双向实时流转，统一在企业开办审批系统上开展申报、咨询、查询、各类投诉、监管、公示等事项，禁止在平台之外进行业务流转。同时，开发与企业审批系统互联互通的手机、平板电脑等移动端的应用，使数据推送、信息查询、资料上传、相互交流等功能可以实时完成，让企业申报和审批工作“触手可及”，提升了办事体验。二是建立了“流程驱动”审批模式。利用政银企共享共用平台，重塑企业开办全流程的逻辑，畅通市场监管、税务、公安、银行等部门之间的信息渠道，使企业开办申请一旦在系统内生成，即具有自我识别流程、配置审批需要、自动流转材料等能力。在各部门之间，上一道环节的结果作为下一道环节的重要依据和条件，如市场部门的电子营业执照是公安部门刻章备案

的重要依据，电子营业执照及公司章程、公安部门的电子印章是银行机构开户备案的重要依据，一环套一环、环环相扣、环环自动验证，实现企业执照申领、公安刻章、银行开户、税务申领、社保办理等5个环节审批自动流转、顺畅流转。以往企业执照申领到企业运营全流程办理所需3+10个工作日压缩到最快0.5个工作日，涉企事项网上可办率、按时办结率100%。三是构建了企业全生命周期审批服务闭环。3.0版“不见面审批”不仅实现了企业开办全流程“一次不跑”，解决了准入难，同时还破解了企业变更难、注销难的问题。通过“企业开办掌上通”系统，有效实现了公司设立联办、企业变更、备案、注销等全生命周期的登记“不见面”，企业变更、股权转让的股东不必再到现场，企业注销也能全链条“不见面”完成。

▶ 主要成效

栖霞区自2017年探索实施不见面审批改革以来，实现了从无到有、从有到优、从优到全的系统集成改革，相关做法得到国务院李克强总理的批示肯定，省委省政府将此定位为一项重要的制度创新，全省全市在栖霞区相继召开了“不

南京日报

新华日报

人民日报

江苏 办事可以“不见面”

栖霞：深化改革激活“满盘棋”

荣誉证书

授予：南京市栖霞区政务服务管理办公室

2017年度江苏政务服务改革创新成果奖

江苏省政务服务管理办公室

二〇一八年一月

见面审批”现场会，并荣获国务院第四次大督查通报表扬和《人民日报》头版头条宣传报道，并相继获得中国管理科学学会第六届管理科学奖、江苏省2017年度政务服务改革创新成果奖，入选2017年南京市社会建设创新案例评选“十佳案例”，“不见面审批”已成为栖霞最靓丽的改革名片。审批效能大幅提速。截至目前，商事登记审批环节从6个缩减为3个，审批时限从过去的平均10个工作日缩短到现在的0.5个工作日，申报材料从20多页变为全程无纸化审批，全区350项许可事项、超过90％的政务服务事项均实现了不见面审批，政务审批不见面率、政务服务不见面率始终位居全省前列。据国内民意测验权威机构零点集团的第三方评估显示，企业、群众对不见面审批改革的满意度评分达94.75分。营商环境持续优化。2017年，全区新增各类市场主体18804家、首次突破1万家，增幅和增速均居全市第一，全区营商环境显著改善。同时，不见面审批改革通过权力清单标准化、审批流程透明化，减少了主观用权空间，最大限度消除了权力寻租，有效预防和破解了“虚假身份注册、虚假材料登记”导致的监管失联问题，从源头杜绝了虚假商事登记案件的发生。干群创业氛围日益浓厚。不见面审批有效实现了对各部门审批流程的全网留痕监管，把政府内部的权力运行进一步关在制度的笼子里，推动了机关干部作风转变。同时，对在改革中敢闯敢试、成绩显著的干部优先提拔使用，树立了激励干部担当干事的“风向标”，改革创新氛围日趋浓厚。

第三节　协同共治：推动多元主体齐抓共建

把加强基层党的建设、巩固党的执政基础作为主线，创新多方参与机制，组织动员企事业单位、社会组织、人民群众参与社会治理，努力实现社会治理人人参与、个个尽力，自主自治、共建共享。

1. 充分发挥基层党组织领导核心作用。党的力量在于组织。加强和创新社会治理，关键是把组织优势、组织功能、组织力量充分发挥出来。栖霞区坚持以提升街道党工委组织力为重点，加强街道、社区党组织对社区各类组织和各

项工作的领导。引导基层党组织强化政治功能，推动街道党工委把工作重心转移到加强基层党组织建设、公共管理和公共服务，以及为经济社会发展提供良好公共环境上来。加强社区服务型党组织建设，着力提升服务能力和水平，更好地服务改革、服务发展、服务民生、服务群众。推进街道、社区与驻社区单位共建互补，深化拓展区域化党建工作。

2. 有效发挥基层政府主导作用。发挥基层政府在社会治理中的主导作用，是创新社会治理体制的首要前提和内在要求。针对社会治理任务的日趋繁重与政府社会管理职能的重叠或缺失问题，栖霞区强化街道公共服务职能，取消经济指标考核和街道招商引资、协税纳税职能，把街道从繁重的经济职能中解放出来，集中精力、全力以赴做好社会治理和公共服务，推进“6+X+1”模式改革，使街道机构牌子变少、关系更顺、效率更高。同时，依法厘清街道和基层群众自治组织权责边界，明确基层群众性自治组织承担的社区工作事项清单，以及协助政府的社区工作事项清单，建立街道和基层群众自治组织履职履约双向评价机制，加强对社区治理的政策、财力物力保障和能力建设指导，不断提高社区治理的能力和水平。

3. 注重发挥群众自治组织基础作用。群众参与社会治理是坚持人民主体地位的基本要求。从某种意义上讲，社会治理首先需要社会的自我组织和自我管理，这是维持社会和谐稳定和社会安全秩序的自动调节机制。栖霞区注重加强基层群众性自治组织规范化建设，促进群众自治与网格化服务治理有机衔接、良性互动。加快城市新建住宅区、流动人口聚居地的社区居民委员会组建工作，增强基层群众自治组织开展社区协商、服务社区居民的能力。推进居务公开和民主管理，充分发挥自治章程、居民公约在社区治理中的作用，形成法治、德治、自治三结合，赋予社区治理新内涵。

4. 统筹发挥社会力量协同作用。社会组织是打造共建共治共享社会治理格局的重要力量，是社会协同、公众参与社会治理的重要形式，是提高社会治理社会化、专业化水平的重要途径。栖霞区制定完善孵化培育、人才引进、资金支持等扶持政策，落实税费优惠政策，大力发展在社区开展纠纷调解、健康养老、教育培训、公益慈善、文体娱乐、邻里互助、居民融入等活动的社区社会组织。围绕居民需求和社区发展，着力构建以社区为平台、社会工作为核心、社会组织为纽带，“三社”协同合作新机制，推动和谐社区建设。建立健全以社区（村）党组织为领导核心、党群议事会为议事主体、居民委员会为执行主体、居务监督委员会为监督主体的“一核三体”基层治理工作体系，以及以社区党组织引领红色物业、业委会、志愿者队伍、社会组织的“五方共治”模式，让社区成为承载各项基层治理工作的融合体。开展社区与驻区单位双向服务活动，积极引导驻社区单位逐步将文化、教育、体育等活动设施向社区居民开放。

【案例 3】仙林街道把党的旗帜高高举起

——党建引领网格化治理的探索实践

▶ 创新背景

党的十九大和十九届四中全会提出，要完善党委领导、政府负责、民主协商、社会协同、公众参与、法治保障、科技支撑的社会治理体制。当前，随着社会经济成分、利益关系、生活方式的日益多元化，城市基层治理承担的社会公共事务较以往更加繁重复杂。基于这一背景，网格化治理模式应运而生。仙林街道作为全国城市社会治理创新的试点区域，从 2010 年开始就以网格化为抓

中共中央组织部调研仙林党群服务中心

手持续进行创新实践，探索构建了一套党组织统一领导、各类组织积极协同、群众广泛参与的基层治理体系。构建这一模式的出发点，源于街道在社会治理中面临的三个现实难题：一是区域内资源条块分割“难整合”。仙林街道是仙林大学城的核心区，辖区内有10个社区、12所高校、9个商业街区、近1800个驻街单位，在职党员、流动党员过万名。由于管理体制和隶属关系限制等原因，社会治理工作面广量大、情况复杂，各种力量共同参与治理的积极性不高，条块结合不紧密、协作联动不高效等问题突出。二是辖区内各方利益诉求“难满足”。街道集中了高等院校、商业街区、商品房小区、安置房小区等多种类型单元，居民构成中既有高学历高收入人群，也有外来务工人员，以及拆迁安置群众等，各种利益关系错综复杂，物业矛盾、就业矛盾、拆迁遗留矛盾等相互叠加，一些群众诉求很难及时得到解决。三是工作中传统治理方式“难奏效”。街道和社区承接了大量的行政管理、社会治理任务，虽然实施了社区减负，但受制于人手不足、经费有限等因素，服务群众常常有心无力，加之一些干部群众工作经验缺乏，往往依靠传统方式开展工作，导致很多矛盾纠纷没能做到及时发现、有效处理，封门堵路、越级上访、集体上访等情况时有发生。

发端于20世纪60年代的“枫桥经验”，秉持“发动和依靠群众”的理念，通过矛盾纠纷的社会化治理，实现小事不出村、大事不出镇、矛盾不上交。在纪念毛主席批示“枫桥经验”50周年时，习近平总书记明确指出要把“枫桥经验”坚持好、发展好。在新的时代条件下，如何借鉴“枫桥经验”，进一步加强基层党的建设，创新群众工作方法，是各级党委政府面临的一项全新课题。

▶ 创新举措

近年来，栖霞区仙林街道深刻领会“枫桥经验”实质，以党建为引领，以网格为载体，探索建立了“党建＋网格化”社会治理机制，形成了基层社会治理网格化、信息化、社会化、群众化、法治化、精细化“六化融合”的“仙林模式”，打造了城市版的“枫桥经验”。2019年，该做法成为南京市唯一获评中组部组织评选的全国城市基层党建创新40个最佳案例之一。

1. 坚持到边到底，做到网格管理“全覆盖”。一是打造三级网格。一级网格以社区为基本单位，二级网格根据地域面积、小区楼栋和人口数量进行划分，三级网格具体到驻街各单位。对规模较大的三级网格，继续细分延伸网格层次，确保没有“空白点”。二是重构机构职能。对街道内设科室职能进行优化重组，按基层党建、城建城管、人才商务等新成立 7 个“功能型”服务办公室，并明确每个服务办公室捆绑负责 1 个一级网格，与社区党组织责任共担、工作共抓。三是嵌入党建因子。建立与网格相适应的“1+3+N”基层党组织架构，即在一级网格设立党委（党总支），下辖社区居民党支部、服务办公室行政党支部、综合（两新）党支部，并按照楼栋、商业街区、项目工地、志愿者队伍等分类，设立若干个党小组。

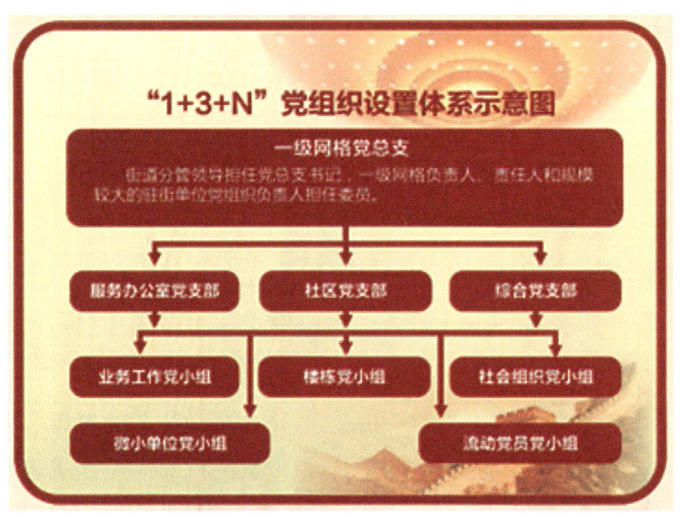

“1+3+N”党组织设置体系示意图

2. 推动力量下沉，打好化解纠纷“主动仗”。一是人在格中走。街道领导班子成员每人分管 1 个一级网格，街道社区干部每人负责 1 个二级网格，驻街单位法人和党员骨干担任三级网格负责人。街道社区干部下沉网格，身穿黄马甲，每天处于“上网在线”状态。二是事在网中办。把街道各项工作梳理整合为网格十项职责，建立网格“十联”工作机制，明确每个网格员都是“十联”办事员，对网格事务包干负责。三是服务零距离。常态化开展进万家门、访万家情、送万家暖、结万家亲“四万走访”活动，对每个走访对象登记造册，实现“一户一档”，动态掌握群众服务需求。

3. 突出源头管控，下好矛盾预防“先手棋”。一是“四步走”化解矛盾。第一步：将网格内城管协管员、绿化队员、环卫保洁员等“网格十大员”作为

信息员，全面收集问题信息；第二步：通过网格当场处理、街道会办处理等方式，做到第一时间发现、第一时间处理；第三步：定期对化解的信访矛盾“回头看”，安排网格人员上门回访，确保不出现反复；第四步：建立群众诉求表达、网格巡访问访、矛盾化解督查等机制，对苗头性倾向性问题发现在早、处置在先。二是“全时空”网格管理。组建街道信息化服务中心，整合银行、商场、交通等社会资源，建立区域性视频监控平台，并通过在商业网点、市民广场等人员流动密集场所设立“网视通”，确保群众随时反映情况，网格人员经手机移动终端实时接收、及时处理反馈。三是“多形式”群众自治。在辖区小区普遍订立居民公约，制定基层群众自治组织依法履行职责事项和协助政府工作事项“两份清单”，建设小区“居民之家”，畅通居民参与协作治理的渠道，引导居民自我管理、自我监督。

4. 推进共治共享，实现驻街各方“大合唱”。一是推动区域共驻共建。强化街道党组织统筹协调功能，与所有驻街单位逐一签订共建协议或共建责任书，建立党建联席会议制度，共同担负加强基层党建、创新社会治理的责任。二是培育发展社会组织。建立社会治理创新促进中心，同步建立联合党支部，在孵化社会组织的同时培育党员骨干、开展党的工作。引进培育各类社区社会组织，引导高校社团融入社区开展各类服务。三是建立志愿者队伍。采取党组织倡议、党员带头的方式组建志愿服务队，建立志愿者培养激励机制，开辟成长通道，充分调动志愿者持续发挥作用的积极性。比如，通过组建“百事帮”法律服务队，发挥专业法律人士、专科法援师生等志愿队伍作用，做到“一小区一法律顾问”，每月开展一次“法制服务日”活动。

5. 强化队伍建设，建强基层治理“主心骨”。一是抓思想教育。发挥思想政治工作优势，在各级党组织落实谈心谈话、“三会一课”等基本制度，常态开展“党旗辉映网格行”等主题党日活动，推动党内组织生活严起来、实起来。二是抓监督管理。选聘老教师、老干部和优秀党员志愿者组建“盯得紧”督导考核队，全程参与和监督党员干部的网格工作。街道党工委每年初和“七一”召开千人规模的党员群众大会，向党员群众和驻街单位报告工作、作出承诺，自觉主动接受群众监督评议。三是抓示范带动。开展“红栖霞”先锋行动，引导党员比作风看表现、比实干看效能、比创新看能力。例如，获评市“三八红旗手”和“最美仙林人”的邹小美，作为一名60多岁的老党员，具有非常强的责任心，经常舍小家顾大家。一次，孙女生病住院，她忍痛把还在发烧的孙女送去上海让儿子照料，自己则继续完成手头的工作，坚持在社区基层一线无怨无悔地付出。

▶ 主要成效

仙林街道通过实行党建引领网格化治理模式，连续62个月在南京市城市管理月度考核中排名第一，群众满意度始终保持在95%以上。网格化党建工作相继得到《人民日报内参》、《新华社内参》、中央电视台新闻联播等媒体报道，街道接待包括台湾等地区在内来自34个省市区的交流团共达1000多批次。2016年7月1日，仙林街道党工委被中共中央授予“全国先进基层党组织”光荣称号。2017年7月，在上海召开的全国城市基层党建工作经验交流座谈会上，仙林街道党工委做了交流发言。2019年10月31日，仙林网格化党建模式获全国第二届党建创新案例金奖。中央政治局委员、中央组织部部长赵乐际在时任江苏省委书记李强的陪同下到仙林街道视察调研，详细了解社区党组织开展党建工作的做法和成效，对仙林街道建立网格化体系，有效解决群众“有话和谁说，有事找谁办”问题，给予了充分肯定。仙林街道通过多年的探索实践，在社会治理上取得了“四个提升”的明显成效：

1. 提升了组织政治功能。通过网格化，街道党工委进一步把工作重心转移到基层党组织建设和公共服务管理上来，强化了抓党建、抓治理、抓服务的机构和力量；身穿黄马甲的党员干部全天候活跃在网格中，当好党的政策宣传员、服务群众贴心人，基层党组织的功能作用显著增强。例如，仙林新村经济适用房小区投入使用初期，地下室均被群众抢占用于自住、出租、经营，环境十分脏乱、安全隐患突出。面对这一“烫手山芋”，街道上下实行分片包干、挂图作战，最终群众由刚开始的怀疑、抵触，变成了理解、认可和参与，街道很快啃下了这块“硬骨头”。

2. 提升了街道服务效能。在不加编制、不变职级的前提下，网格化打破以往街道科室职能界限，改变了传统层级分工关系，实现网格、服务办公室、社区的合而为一。街道社区干部每人负责一个网格，解决了以往科室2—3名干部负责条线工作管不细、管不住的问题，形成了“我为大家干、大家帮我干”的

良好氛围，促进了街道工作协调发展、整体提升。

3. 提升了社会治理合力。以网格为平台，以区域化党建为抓手，能够将各类组织有效凝聚起来产生聚合效应，特别是依靠党委政府对多元化纠纷解决机制建设的领导，真正把党的领导和社会主义制度优势转化为社会治理效能。例如，仙林街道区域内共有 12 条河道，数量占栖霞区的三分之一，水环境治理任务非常重。为了争取驻街高校、单位的支持，街道社区党员干部坚持示范带头、干在一线，一家一家做工作、聚合力，最终在较短时间内完成了水环境治理任务。

4. 提升了群众满意程度。通过建立网格化机制，能够零距离、全方位地做好为民服务工作，切实打通联系服务群众的“最后一公里”。实践证明，以尊重人民群众意愿和群众最能够接受的形式来开展工作，把政府决策过程变成尊重民意、化解民忧、维护民利的过程，能够很大程度上疏导群众的不满情绪，帮助群众解决实际困难，从而进一步密切党群干群关系。

仙林网格化模式获全国党建创新案例金奖

第二章

四化融合、科技赋能，力推智慧治理

随着各项改革进入攻坚阶段，传统的治理机制、治理方式面临严峻挑战。如何找到化解社会转型期“疑难杂症”的良方？栖霞区积极探索、不断创新，从原有的网格化、信息化、社会化“三化融合”，发展上升为“四化融合、科技赋能”的社会治理模式，以社会化、法治化、智能化、专业化为主轴，以“放管服”集成改革为核心，大力推行“网格化+”“互联网+”全覆盖，在全省乃至全国较早较快地推行智慧治理，全区社会治理更加科学先进，彰显出现代化智慧治理的优越性。

第一节　四化融合：整合优化社会治理体系

社会化、法治化、智能化、专业化“四化融合”是有机整体，“你中有我、我中有你”，对治理体制与组织架构、政府与社会、治理载体和社会力量等方面进行统筹兼顾、通盘考虑，将“四化”工作融合到党委、政府和相关部门的社会治理工作之中，发挥“乘数效应”。

1. 社会化突出一元主导、多方参与。坚持在党委领导和政府主导下，动员组织各类社会主体和广大人民群众积极参与社会治理，汇聚社会各方智慧和力量，推动共建共治共享。

加快转变政府职能。理清政府与社会的关系，通过明确政府责任清单、转移职能清单，改变过去对社会治理事务大包大揽的做法，打造权力瘦身的“紧

身衣”，补齐监管和优化服务的“短板”，充分发挥社会力量和百姓公众在社会治理中的协同参与作用。坚持问题导向，以“放管服”改革为抓手，强力推进政务服务便民化，探索“不见面审批 + 强化监管服务 + 综合行政执法”新型治理体系，以集成式改革着力破解制约社会治理与服务的体制机制障碍，以运行创新提高政务效率和服务效能，推动社会治理助力经济社会发展全局。

扩大开放公共服务市场。通过政府购买服务、健全激励补偿机制等办法，鼓励和引导企事业单位、群团组织、基层群众性自治组织以及其他各类社会组织积极参与社会治理。制定出台《栖霞区公益创投项目实施方案》，通过政府购买服务扶持社会组织发展，拓展社区治理和社会服务。全区万人拥有登记注册社会组织数达 21 个，每个社区都有 3 个以上社会组织，既充实完善了社区服务功能，也减轻了社区工作负担。从 2013 年开始，借鉴招商模式，每年举办“社会组织与社区服务洽谈会”，与 500 多个社会组织签订 470 个公益项目，涉及资金 3500 万元。广泛开展志愿服务，成立区级平安志愿者、青年志愿者等各类协会，全区注册志愿者 14.3 万人，占常住人口比例约 20%，涌现出全国“最美志愿者”喻小萍、燕子矶街道平安志愿者协会等优秀代表，以及姚坊门居家养老“时间银行”等新型志愿服务模式。

持续推进居民群众自治。突出社区居民的主体地位，通过政府引导、民间自发投入、社会组织帮扶，自下而上形成了居民自治的新模式，充分发挥了居民在社区治理体系、社区协商机制、社区共建共享中的主体作用，激发出社区治理创新的内在原动力。把提升居民自治意识、社区自治能力放在突出位置，通过开展系统性的增能赋能活动，打造社区共建共享的骨干力量。按照谁主张、谁受益、谁负责的原则，建立社区居民及社区组织自主解决社区公共问题、促进基层民主协商的长效机制。借助“掌上云社区”在线协商模块，开展“美好社区共同营造”社区微幸福项目，通过项目线上发布、居民意见建议收集、项目培训、项目公示、项目实施、考核验收等，让居民及社会组织参与“边角料”空间改造，培养居民自治意识，激发公众参与社区治理的热情。2018 年启动实施以来，全区实施微更新项目 37 个，入围市级微更新项目 5 个。

2. 法治化突出依法行政、良法善治。坚持以法治思维和法治方式推进改革、规范治理，有效发挥法治对社会治理的引领、规范和保障作用。

推进两权分离、综合执法，破解基层执法难题。推行“行政检查权”与“行政处罚权”相分离的综合行政执法体制改革，将区级执法力量和1313项检查事项下派街道，组建街道综合执法大队，突破条块分割的体制障碍，推动部门的行政检查权、执法人员与街道监管力量有效整合，有效破解“看得见管不着、管得着看不见”的基层执法难题，做到了对98%以上的违法违规行为第一时间发现、第一时间处置。

推进信用监管、联合惩戒，构建共治监管体系。建立区市场主体信息归集机制、信用约束与激励机制，以信息化手段为市场主体精确“画像”。在部门专业监管基础上，构建共治监管体系，对失信主体和人员实施联合惩戒。将“不见面审批”服务系统链接到省市法人信用库、自然人信用库，根据失信等级采取相应的监管措施。自主开发“商品市场远程信用管理系统”，实现对农贸市场及经营户远程信用监管，通过远程监控、后台监测、管理用手机、检查留痕迹、结果自评分、网上即公布、摊前挂红旗等多种信用约束与激励手段提升经营者的自律意识。

推进依法治理、依法调解，有效化解矛盾纠纷。针对发展叠加期矛盾，制定法律顾问制度实施意见，聘任12名专业律师作为区和街道法律顾问。推行“一社区一法律顾问”制度，实现社区、村居法律顾问全覆盖。组织社区律师深入基层开展法律知识普及宣传、调解群众矛盾纠纷、提供法律援助服务。建立“法润民生微信群”，实时发布法律知识和法律风险提示。设立城管巡回法庭、公安警务室、公证服务室、法律援助室、行政调解室，实现司法与行政的有机结合，推动民事手段与行政手段统一协调，群众和执法相对人的满意度不断提升。

3. 智能化突出信息集成、全域治理。适应社会治理从单向管理向双向互动、从线下向线上线下融合、从单纯政府监管向更加注重社会协同治理的三个转变。

强化目标定位。“掌上云社区”治理旨在打通政府、社区、居民、物业、社会组织等主体的多维参与交流机制，运用信息化手段更好感知社会态势、畅通沟通渠道、辅助决策施政，不断增强社区的自治功能，为提升全区社会治理整体水平夯实基础。“掌上云社区”治理由社区党组织、居委会主导，协同社区居民、驻区单位、物业和社会组织，依托微信群、微信公众号等移动互联网平台，综合运用大数据、云计算、人工智能等信息技术，在线治理社区事务，

并与线下网格相融合，促使社区治理精准精细、落实落细。

完善组织架构。“掌上云社区”以居民小区或自然村落、商业街区为范围进行划分并建群，一个微信群对应一个网格，常住人口家庭全覆盖，实行实名制管理。微信群群主由社区书记、副书记、居委会主任或专职委员担任，将社区全体工作人员、兼职网格员、社区民警、社区法律顾问、社区自管物业工作人员、协作良好的商品房小区物业公司负责人、区机关部门进社区履职的公职人员、在社区开展公益服务的社会组织负责人、社区所辖范围内企事业单位代表等纳入“掌上云社区”，承担线上社区治理任务。

4. 专业化突出全科服务、精细管理。在全区全面推行网格化服务治理，做到统一划分、资源整合、信息一体、服务全面。

网格连心，构建上面千条线、底下一张网的治理格局。按照构建全区基层社会治理“一张网”的要求，综合考虑城乡差异、属性特点、管理状况、资源力量、工作任务等因素，以人口规模适度、服务管理方便、资源配置有效、功能相对齐全作为标准，既相对统一标准，又因地制宜实施。经过社区划分、街道审核、区里备案，全区9个街道共划分为796个综合网格、121个专属网格，拥有楼栋长、党员、保洁员等群防群治人员及社会组织、社会团体人员等网格服务力量3万多名。推进三级网格化服务管理中心建设，区网格化服务管理中心与区政务工作中心融合联动，街道网格服务管理中心与街道政务（便民）服务中心融合联动，社区（村）网格化服务管理中心与社区综治中心合署办公。网格不仅成功地将上面的“千条线”集合归结到街道和社区工作上，还架起了党员与群众的“连心桥”，消除了社会管理与服务的空白和盲点，做到了“横向到边、纵向到底”。

整合资源，推进“网格化+”，打好治理组合拳。链接重点工程、工作品牌，推进“网格化+”系列创新，提升社会治理实效。一是创新“网格化+党建”。将党组织延伸覆盖到所有网格，有条件的在网格建立网格党支部，暂时不具备条件的在网格建立党小组，全区共建立网格党小组576个，入网格党员3.2万人。每个网格内建立一个网格党群驿站，面对面服务群众，切实发挥党的阵地堡垒作用。街道党工委组织发起大学校区、科技园区、企业厂区、公共服务区、物业小区等辖区内的党组织建立区域党建工作联席会，组成网格党建“红色联盟”，定期召开会议，共商共议区域内党建等社会治理工作，形成“网格是我家，治理靠大家”

的网格之家。二是创新“网格化 + 雪亮工程”。建立社区网格化综合指挥平台，将“雪亮工程”的视频监控全部纳入网格管理，实现“网络 + 网格”“线上线下”融合治理。三是创新“网格化 + 红色物业”。推动物业公司建立每个党小组联系服务 1 个网格、每个党员联系服务 2 个物业楼栋制度，形成党组织主导，业委会、物业公司、社会组织、居民骨干参与的“五方共治”。四是创新“网格化 + 桩钉工程”。在保障房片区招募 12000 多名“桩钉工程”信息员，参与网格治理，构筑小区治安防范屏障。五是创新“网格化 + 志愿服务”。按照实有人口 5% 的比例，在每个网格建立一支平安志愿者队伍，常态化开展“我为大家巡逻一天，大家为我巡逻一月”“平安志愿进网格、和谐社区一家人”等活动。

打造专业化党建队伍，创建“党建微课堂”，实现党建教育“全天候、不掉线”，加强商业街区、社会组织、物业公司等社会组织队伍建设，把业务骨干培训成党的先锋队。推进全科政务服务改革，通过培训、帮带、考核、选拔，提升服务窗口人员综合能力。全区 76 个专业窗口调整为 35 个全科窗口，减少服务人员一半以上。积极推行“师徒制”，让老党员、老同志与年轻社工结对子。将社区居家养老等社会服务委托给第三方专业组织，积极与社会公益组织团队合作，吸引更多的专业化志愿者队伍参与社会治理。

服务为先，让居民更有获得感、归属感。建立“网格 + 组团”架构和大走访任务清单机制，将 70 个部门、9 个街道、5 个园区分成 10 个组团，叠加到网格上，党员干部全部下沉到网格内，实施精细化服务。沉到网格中去的干部就如同一个个反应灵敏的“棋子”，随时随地发现网格中发生的问题并及时发出警报，随时随地了解群众的需求，切实解决群众“有话和谁说、有事找谁办”的问题。拓展网格治理服务内涵，每个网格都承担群众工作联做、科教人才联享、发展平台联办、精神文明联建、区域党建联动等工作职责。将区城市管理、环境保护、住房建设、安全生产、市场监管、劳动保障、农业林业、水务交通运输、文化旅游等 10 个领域的 1313 项行政检查执法职能下交给街道、下沉至网格。例如，将出租房和流动人口管理纳入网格化综合执法日常工作，坚持以房管人、动态管理，两项数据登记准确率均在 95% 以上。

标准引领，不断提升专业化服务水平。主动打破条块分割的体制机制障碍和属地化办理局限，通过向基层放权、向窗口授权、向社工赋权，推动政务服

务向跨区域、跨层级、跨部门、综合化服务转变。开展“全科服务”，在全省率先推行全科政务服务改革，强化中心功能、窗口功能、人员技能和审批流程全科化服务，通过审批部门向区、街服务中心全科窗口让渡授权，实施受理和审批同步运行，一名“全科社工”通过一个窗口、一台电脑就可承接进驻区、街服务中心的所有业务，有效打通服务群众的“最后一公里”。推行“代办服务”，成立投资建设代办服务中心，构建区、街、平台分工协作、分级代办、上下联动的三级代办服务体系，推行专职代办、首问负责跟办、市区联动代办等服务模式，把项目单位“多头跑、无序跑”的外部流程转变为政府服务的内部流程，为企业群众提供“保姆式”全事项、全流程、全覆盖的服务。开创“标准化服务”，编制全科政务标准体系，明确215条管理标准、业务标准和服务标准，并在日常运行中不断调整，为全科政务服务提供示范样本，2017年通过全国社会管理和公共服务标准化终期评估，升级为国家标准。

第二节　科技赋能：增强智慧治理技能效能

近年来，随着互联网技术的快速发展，网络在居民日常生活中发挥的作用日益增强。联系服务群众，与科技同行，才能更好适应新时代党建工作要求。习近平总书记在全国宣传思想工作会议上指出“要使互联网这个最大变量变成事业发展的最大增量”，为新时期基层治理工作指明了前进方向。栖霞区运用互联网、人工智能、大数据、云计算等现代科技，植入人工智能机器人“小栖”，聚合多个微信群，与线下网格一一对应，将社区党组织、居委会与居民、物业、驻区单位、社会组织在线联系起来，实现服务“24小时不打烊”，这一党建创新模式让群众更有获得感，让组织更有吸引力。栖霞区坚持用大数据、云计算、互联网、人工智能等信息技术提升社会治理水平，将服务窗口、服务机制拓展到PC端和移动端，推动社会治理更加智慧、高效，更有创新力和影响力；发挥移动互联网、大数据、人工智能等科技手段支撑作用，构建综合型智能化的“掌上云社区”全域社会治理平台，优化社区服务、畅通交流渠道、激发自治活力。

1. 创建信息化治理平台，快速响应服务需求。综合运用互联网、物联网、多媒体等新型信息化技术构建网上虚拟“服务窗口”，开发网上行政许可审批系统。依托“人脸识别”、“远程操作”监控、信用数据自动审核等多种技术手段，把好商事登记准入关。实施“E 网通”远程查档终端社区（村）全覆盖工程，即到即查、即查即出。建立居家养老服务需求和服务数据库，通过数字电视、微信平台等渠道，随时接受老人及家属发送的服务需求，实现居家养老服务多渠道、快速化、社会化和全面响应。

2. 推行规范化治理标准，强化制度标准的刚性执行。一是“一网通办”实现服务管理整齐划一。把区、街道和社区三级所有对外服务窗口统一接入政务服务平台和业务专网，实现一个窗口就可承接区、街道服务中心所有业务。二是“一表申请”促进服务管理廉洁客观。建成区、街道网上服务大厅，完善标准化服务清单，群众和企业使用手机 App 即可查阅、填报网上办事“不见面”清单和电子化表单。“网上办”很大程度上避免了非制度性因素对服务管理的影响。三是“一站审批”强化服务审批公开公正。使用统一的政务办理平台和审批标准，所有申请材料、办理结果通过网络实时传递，有效强化了制度标准的刚性执行。

3. 强化互联网思维，建立云社区。利用互联网扁平化、交互式、快捷性优势，叠加网格化社会服务管理功能，推进互联网与社区治理和服务体系的深度融合，引导社区居民依托“掌上云社区”密切日常交往、参与公共事务、开展协商活动、组织邻里互助，满足多元需求，促进社区和谐。比如，在智能服务方面，集成与社区生活息息相关的政务服务、生活服务、商业服务、基本公共服务，并与居民个性化需求精准对接；在“不见面”服务方面，建立“掌上云社区”与全区政务服务系统数据信息、办理流程的网络链接，居民通过“掌上云社区”即可办理政务事项；在协商议事方面，结合微信群和微信公众号，建立线上居民协商议事平台，将社区内的重要公共事务提交居民讨论商议，通过意见建议征集，集思广益，群策群力，共建共享。

4. 加强大数据应用，用数据研判、凭数据决策。对接区级智慧中心政务平台、区综合信息指挥平台数据库，同步共享“掌上云社区”治理数据，充分利用大数据进行综合比对、分析评估，为公共事务科学决策和社区治理高效运行提供数据支撑，每月以街道为单位形成居民关注热点难点问题分析报告；运用大数

据分析技术，开展社会治理数据监测分析，增强对各类社会矛盾和风险隐患的预警能力，精准把握社区居民多元需求，提供有效应对处理方案，提升社区治理整体效能；汇聚全区社会治理多种数据和信息，定期形成全区社区治理分析报告，做到“用数据研判、凭数据决策”，使治理服务更精准、居民共享更充分。

智慧治理理念的本质在于依托新技术、汇集众智实现精细治理。首先，现代信息技术是智慧治理的技术基础。随着人类跨入数据时代，物联网、地理信息技术、网络通信技术、大数据、云计算和社会计算等关键技术在数据收集、数据传输和数据处理方面发挥着至关重要的作用。数据时代使得智慧治理成为必然，而作为技术基础的前述先进技术则为智慧治理提供了可能。在信息和数据技术的支撑下，收集城市治理客体的动态数据已经成为现实。对所收集的城市治理数据进行技术分析，可以前瞻城市问题和城市治理的规律，进而选用和调整城市治理的方法，实现城市治理方法的弹性化，从而增进城市治理的效果。其次，结合“小聪明”和“大智慧”是智慧治理理念的关键。历史地看，技术是经济社会变革的重要动力，也是治理革命的重要助推器。但历史也一再表明，只有结合相应的制度等其他文明要素，技术才能更好发挥其正向作用。智慧治理不同于电子政务和大数据治理中的技术治理取向（其本质是智能化和自动化），而是认为技术服从于理念、价值等因素的实际需要。智慧治理是结合了治理中的“小聪明”（技术）和“大智慧”（理念、制度、体制、机制），强调城市治理在制度、体制、机制和技术等方面都要全面实现智慧化并深度融合，将城市规划、建设、管理与城市治理决策、执行和评估等有机结合，创新体制机制和管理模式，实现城市治理制度、体制、机制和技术的适时更新与城市治理模式的动态调整，构建弹性、权变、可持续的城市治理模式。再次，精细治理是智慧治理理念的必然要求。粗放的城市治理浪费城市资源，贬损治理者的公信力，拉低治理绩效和城市品位，是短视和缺乏智慧的表现。智慧意味着从公共利益出发，对相关治理要素及其关系的完全了解并据此采取恰当的治理行动。因为现代信息技术的出现，城市这台机器的零部件和整体都有了精细生产、调试和维修的可能。换言之，城市治理的精耕细作时代已经来临。智慧治理理念下的城市精细治理要求：城市治理体系精密构建，城市治理主体精明能干，城市治理客体精准界定，城市治理手段精确匹配，城市治理成本精打细算，城市治理绩效精益求精。

【案例4】掌上云社区：城市基层大数据治理的创新实践

▶ 创新背景

社会治理嵌入中国恰逢移动互联网的崛起，当公众还未习得线下社会治理的核心要义时，“云协商”“掌上社区”等线上社会治理模式已在栖霞基层悄然兴起。近年来，为适应全区人口规模、结构和居住方式大规模变化的新形势，有效提升居民的获得感和幸福感，栖霞区根据习近平总书记关于基层社会治理三个转变的判断，以及强化互联网思维，用信息化手段更好感知社会态势、畅通沟通渠道、辅助决策施政的要求，探索推进“网格化+”与“互联网+”融合，依托南大社会学院的智力支持，全面推行“掌上社区”社区治理建设。目前，全区1000多个微信群已吸纳居民成员19万余人，月均信息交流量35万条。

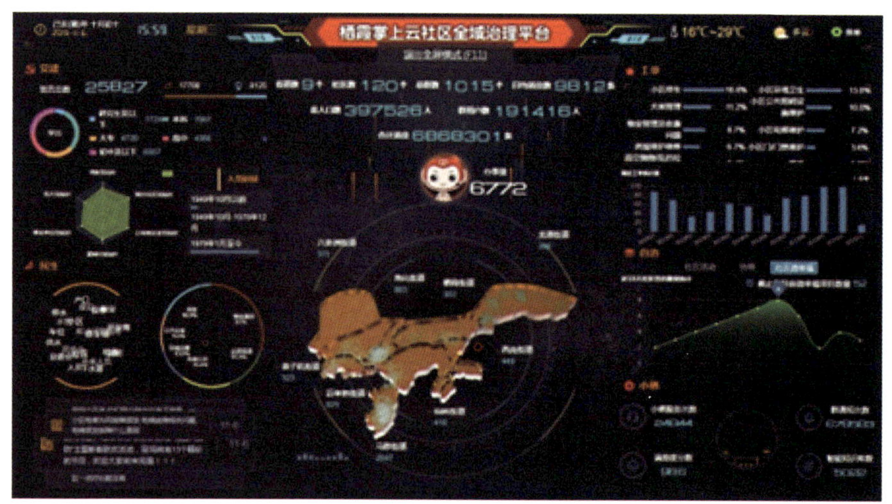

“掌上云社区”全域治理平台

▶ 创新举措

“掌上社区”治理是指社区党组织、居委会主导，协同社区居民、驻区单位、物业和社会组织，依托微信群、微信公众号等移动互联网平台，在线治理社区事务，并与线下网格融合，提升自治能力，共建社区家园的新型基层治理模式，为新形势下的社区治理提供更加有力的工作平台。“掌上社区”治理模式的主要工作内

容包括：一是两“网”联动。发挥网格化的资源整合优势和互联网的社会动员功能，通过“掌上社区”工作平台，破解中青年人社会治理缺位难题，变被动处置为主动服务，借助网格化治理的坚实基础，以“网格＋网络”，推动基层治理、服务更加便捷、高效、贯通。目前开发包括党建云社区、信息交流、智能回复、“不见面审批”、工单流转、协商议事、多群管理及大数据分析八大功能系统。二是两“线”互动。线上及时回应诉求、意见，协调解决矛盾、问题；丰富资讯发布内容，在“吸粉”“留粉”上下功夫；同步将线下资源嫁接入线上，提供多元服务，并推动线下的社区治理协商，通过“双线”融合互动，强化服务居民的能力，提高居民的幸福感和获得感。目前，延伸出以居民参与为目标的“社区微幸福”项目，以能力提升为目标的“社区学院”平台，以公益汇聚为目标的“掌上云家园”空间。通过在各微信群内植入完全自主知识产权的人工智能政务机器人“小栖”，实现24小时“不打烊”在线“秒回”服务。三是两“评”推动。一方面是评需求，发挥网络传播互动、体验、分享的优势，找准群众关注的焦点、社区治理的难点、民生保障的短板，精准对接发力，促进协同共治。另一方面是评服务，将“掌上社区”治理模式的推广运用纳入社会治理考核评价体系，重视居民体验评价，完善运行监督机制，推动实现以信息化平台高效服务广大居民。

▶ 主要成效

“掌上社区”自2016年11月推行以来，经过三年多的探索实践，目前，全区建立“掌上云社区”微信群1000多个，覆盖全区9个街道、120个社区。通过网聚各方资源力量，实现了治理多元主体互联互通，优化了工作机制和实施路径，探索了大数据城市治理创新模式。其创新实践获得《南京日报》、新华报业“交汇点”新闻客户端以及龙虎网跟踪报道，“掌上社区”理论成果分别在中央党校《学习时报》、江苏省委宣传部《理论之光》刊登。人民网还以《江苏：用好线上“阵地”打通基层治理任督二脉》为题进行了专题报道；省政府办公厅《每日要情》评论，“掌上社区”实现民生服务和信息沟通“24小时不打烊”。“掌上社区”先后获评首届“长三角城市治理最佳实践案例”、首届“中国城市治理创新奖”优胜奖，在2017年南京市社会建设创新案例评选中获评“优秀案例”。在2019年6月中央组织部、民政部联合举办的基层政权建设和社区治理专题研究班上，栖霞“掌上云社区”作为大数据基层城市治理专题进行示范授课。此外，“掌上云社区”治理模式已被石家庄桥西区、盐城等多地复制推广。

“掌上云社区：城市基层大数据治理创新”入选首届长三角城市治理最佳实践案例

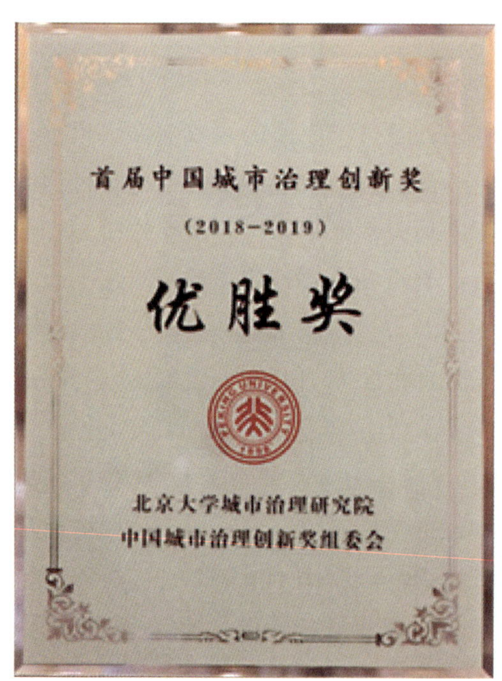

“掌上云社区”荣获北京大学城市治理研究院举办的首届“中国城市治理创新奖”优胜奖

第三章

固本强基、标本兼治，重抓长效治理

栖霞区委区政府在社会治理上，坚决不搞急功近利、短期行为，不搞虚浮不实的花架子，坚持扎扎实实做好打基础、谋长远、让老百姓长期获益得实惠的大事实事。从顶层设计和运行机制抓起，建立健全党委领导、政府负责、社会协同、公众参与、法治保障的社会治理体制。同时，致力于筑牢基层党组织抓治理根基，加强社会治理人才队伍建设，加大软硬实力投入建设的力度。

第一节　完善领导体制工作机制

党的十九届四中全会指出：完善党委领导、政府负责、民主协商、社会协同、公众参与、法治保障、科技支撑的社会治理体制。栖霞区针对区内城乡二元结构明显、保障房片区多、厂居老旧小区多、外来务工人员多、高校师生集聚等实际，坚持党的领导，运用系统性思维，强化基层党组织建设，用党建团结动员群众、领导基层治理、推动深化改革、创新体制机制、破解治理难题，把党建贯穿于加强和创新基层治理的始终，探索出一套"党委统领、人民中心、系统推进、科技支撑、法治保障"的基层治理新体系。

1. 坚持党委统领，凝聚各方力量，促进协同共治。坚持党对一切工作的领导，把党组织建立到最基层，将基层党建与基层治理充分结合，用党建引领各个领域、各类组织、各类人群、各种力量，激发创造热情，释放强大动力，推动社会进步。

网格化党建，解决居民"有事找谁办"难题。推动网格化治理向"网格化 +"

转变，在全区推广仙林街道网格化党建治理模式，以网格为单位，优化党组织设置，筑牢党在基层的阵地，发挥各级网格内党组织的战斗堡垒作用、党员的先锋模范作用，有效解决了群众“有话和谁说、有事找谁办”的问题。仙林街道党工委被评为“全国先进基层党组织”，仙林网格化党建治理模式在全国城市基层党建工作经验交流座谈会上得以推广。

合作化共建，解决党派群团“服务缺抓手”难题。民主党派有收民情、集民意、解民忧的社会功能，栖霞区搭建“同心社”等平台，把党外干部、非公经济代表人士、港澳台和海外统战对象代表人士聚集起来，通过举办“缘聚栖霞”等活动，鼓励社会新兴阶层参与社会治理。推进群团组织社会化改革，更加凸显社会职能，不断增强群团组织对社会资源的吸纳与聚合能力。

区域化互建，解决社区“小马拉大车”难题。针对区域高校集聚的实际，发起成立校地党建联盟，探索大学校区、科技园区、城市社区“三区联动”，通过联手开展组团式服务，打通高校党员参与社区建设的渠道，促使地方与高校党建阵地、党建资源、党建需求能够相互开放、互享互用，以区域化党建带动区域协同。

社会化联建，解决社会组织“整合不充分”难题。充分发挥社会组织和志愿者组织服务社会功能，在区级成立社会组织党委，全面推动社会组织党建联建，单建党组织 39 个，联建党组织 6 个，实行党员联管、资源联享、场所联用、活动联办，切实以党建为“龙头”，促进服务效能提升。

2. 坚持人民中心，解决现实难题，高质普惠民生。坚持以人民为中心的发展思想，把解决群众最关心最直接最现实的利益问题上升为制度性安排，努力化解不平衡不充分矛盾在栖霞的具体症结，满足群众对美好生活的向往，着力提升群众的幸福感和满意度。

高质量提升生态品质，打造“美丽栖霞”。近 10 年来以强烈的危机意识和进取精神，持续淘汰落后产能，累计关停、搬迁各类相关企业 2000 余家，投入约 10 亿元完成 43 家大型企业、约 3500 亩土壤及地下水综合治理工程，全域基本消除劣 V 类水体，空气优良天数比率提升到 70% 以上，PM2.5 浓度相比基准年 2013 年下降 46%，城市治理考核连续 7 年位居全市第一名。

高起点营造安居环境，打造“平安栖霞”。坚持以法治方式化解社会矛盾。

对涉及全局的重大决策和涉及群众切身利益的重大事项，严格执行公众参与、专家论证、风险评估、合法性审查、集体讨论决定。连续8年依法开展积案化解行动，累计化解积案154件。组织开展打击传销、出租房整治等专项行动，全区连续7年获评全省“社会治安安全区”，燕子矶街道被评为全国社会治安综合治理先进集体。

高标准补齐民生短板，打造“幸福栖霞”。每年实施为民办实事工程，民生支出超过公共财政总支出的80%。推行精准脱贫长效机制，脱贫人数达1150人，经济薄弱村平均增收18万元。在全市率先出台临时救助办法，保障和改善困难群众生活。引进省市名校打造教育共同体，小升初本地生源外出择校率从25%下降到6.9%。突出就业创业富民，年均新增城镇就业1.8万人，培育自主创业3300人。

3. 坚持系统推进，深化改革成果，优化营商环境。认真落实探索性发展、创新性发展、引领性发展的要求，结合全区近年来在“放管服”改革中探索的成果，坚持系统思维、整体推进，将专项化的创新实践进行重新组织，形成集成式改革，方便群众和企业办事，创造出具有栖霞特色的治理体系。

简审批，联网通办，展现“栖霞速度”。在全省率先自主开发“不见面审批（服务）”系统，首家推行“审批权与受理权”相分离的全科政务服务模式，通过政务一张网实现“一次不跑、事情办好”。自2017年4月27日成功办理出全国首张“不见面审批”营业执照至今，94.6%的新设企业能够实现不见面在线办理，商事登记实现2小时立等可取。实施“不见面审批”改革的第一年，新设企业首次突破1万家，同比增长近80%，增速全市第一。

严监管，批管同步，呈现“栖霞力度”。强化事中事后监管，全面推行“行政检查权与行政处罚权”相分离的综合执法改革，在街道成立综合执法大队，街道负责检查、部门负责执法，每天将审批结果同步推送到综合执法信息平台，3个工作日内上门服务，指导企业规范经营，有效解决街道“看得见管不着”，部门“管得着看不见”的基层执法难题，98%以上的违法行为解决在萌芽状态。

优服务，容缺代办，体现“栖霞温度”。在全市率先出台《建设工程项目行政审批容缺受理实施意见（试行）》，大幅压缩项目评估和审批时限，施工许可办理环节从16个简化为6个，承诺办结时限由7个工作日压缩为1个工作日。

搭建为企服务平台，建立区、街、平台三级代办体系，明确每个项目的代办人、路线图、时间表，提供全流程“保姆式”服务。

4. 坚持科技支撑，变革治理手段，提升治理成效。按照习近平总书记关于社会治理“三个转变”的要求，借助大数据、人工智能等互联网信息技术，提升社会治理整体水平。

运用现代科技，再造治理平台。开创“掌上云社区”治理模式，依托微信群，建立“不见面审批”、民生服务、诉求回应、数据分析应用等八大系统，实现社区党组织、居委会与社区居民、驻区单位、物业、社会组织在线联系，实行服务“24小时不打烊”，平台现已吸纳居民19万余人。据南京大学民调显示，入群人员对“掌上云社区”内信息发布的关注度超过95%，遇到问题先找社区的比例在栖霞达到52%，高出全国五个同类抽调城市16个百分点。

应用数据共享，重构治理场景。建立政务大数据中心，实行区、街政务服务一体化改革，打破政务服务属地化办理限制，60项便民服务事项送到群众“家门口”。再造治理流程，通过权力让渡、力量整合，实现前台窗口全科受理、后台远程同步办理，彻底解决区、街服务中心存在的“审批授权不足、网上运行不畅、窗口忙闲不均、人员主体不一、绩效考核不平衡”等问题。

利用信用信息，提升治理能力。建立市场主体信息归集机制，推进区部门通过市场主体监管系统平台将各自掌握的主体信用信息及时录入系统，构建以信用为核心的监管体系，运用大数据为市场主体精确“画像”，对失信主体实施联合惩戒。应用互联网技术建立“商品市场远程信用管理系统”“智慧能源及碳排放监测管理云平台系统”“安全生产监测预警系统”“智慧在线场所管理系统”四大平台，实施现场实时监控，实现精准治理。

5. 坚持法治保障，推进依法治理，实现良法善治。这是根本途径，也是社会治理生态的定海神针和压舱石。法治是社会治理的最优模式，举足轻重，不可或缺。栖霞区以法治思维和法治方式推进改革、规范治理，法治对社会治理的引领、规范和保障作用得到有效发挥。

推进两权分离、综合执法，破解基层执法难题。坚持依法授权、持证上岗、综合巡查、分类处置的原则，推行“行政检查权”与“行政处罚权”相分离的综合行政执法体制改革。将区级相关执法力量和1313项与群众密切相关的检查

事项下派街道，组建街道综合执法大队，突破条块分割的体制障碍，街道负责综合巡查，对多发性轻微违法行为力求当场解决，屡禁不止的由主管部门依法履行执法程序。“两权分离”的综合行政执法，是“放权又放人”的改革，不新增编制和人员，推动部门的行政检查权、执法人员与街道监管力量有效整合，有效破解了“看得见管不着、管得着看不见”的基层执法难题，做到了98%以上的违法违规行为第一时间发现、第一时间处置。

推进信用监管、联合惩戒，构建共治监管体系。信用监管是企业自治、政府善治、社会共治的重要前提。创新建立区市场主体信息归集机制和信用约束与激励机制，以信息化手段为市场主体精确“画像”，将信用监管贯穿事前事中事后全过程、全领域。在部门专业监管、联动监管、街道综合执法检查的基础上，利用社会监督力量，构建共治监管体系，对失信主体和人员实施联合惩戒。在严把商事登记准入方面，将“不见面审批”服务系统链接到省市法人信用库、自然人信用库，自动查验办理当事人是否有失信记录，根据失信等级采取相应的监管措施。在加强商品流通领域监管方面，自主开发“商品市场远程信用管理系统”，实现对农贸市场及经营户远程信用监管，通过远程监控、后台监测、管理用手机、检查留痕迹、结果自评分、网上即公布、摊前挂红旗等多种信用约束与激励手段提升经营者的自律意识。

推进依法治理、依法调解，有效化解矛盾纠纷。针对经济结构调整、城市更新改造引发的企业劳资纠纷、拆迁利益诉求等矛盾，制定法律顾问制度实施意见，聘任12名专业律师作为区和街道法律顾问。推行“一社区一法律顾问”制度，实现社区、村居法律顾问全覆盖。组织社区律师深入基层，服务群众，开展法律知识普及宣传、调解群众矛盾纠纷、提供法律援助服务。建立“法润民生微信群”，实时发布法律知识和法律风险提示，拓宽法律援助渠道。在重点保障房、经济适用房片区设立14家法律诊所，为居民提供法律服务。设立城管巡回法庭、公安警务室、公证服务室、法律援助室、行政调解室，实现司法与行政的有机结合，推动民事手段与行政手段统一协调，群众和执法相对人的满意度不断提升。

6. 坚持制度创新，构筑治理优势，提高治理效能。制度问题更带有根本性、全局性、稳定性和长期性。栖霞区打破社会管理中政府“包打天下”“单打独斗”

的惯性思维，用制度化解实际工作中长期存在“各管一段”互不衔接和“共管一段”责任不清等问题，调动一切有利于社会和谐的积极因素，用制度明确各部门、各主体权责。

建立健全制度体系。明确制度体系是社会治理依据的重要意义，建立健全科学合理、符合栖霞实情的制度体系。强化自上而下的制度延续与落实，严格把上级党委政府的精神要求转化为具体条文方案，先后出台《栖霞区深化简政放权放管结合优化服务改革的意见》《栖霞区深入推进网格化治理的实施意见》《栖霞区“不见面”审批改革工作实施方案》等文件。坚持因地制宜、精准施策，结合栖霞本地社会治理实际需求，制定科学合理、操作性强的规则制度，创新构建区域社会治理评价指标体系，确保基层社会治理有章可循。进一步强化网格责任，由“扬汤止沸”的运动式管理向“和风细雨”的长效式服务转变。建立长效监督机制，通过网格自评、上下互评、社会评议等环节，综合考评网格化管理工作，促使各项平安创建活动常态化、长效化。

提高制度执行力。明确奖惩制度，扎实推进社会治理考核制度，让真抓实干者得实惠，让不作为者受惩戒；制定出台《关于建立改革创新担当作为容错纠错机制实施办法》，从制度层面通过正面激励和反面惩戒来规范与提高干部参与社会治理的积极性。严格落实制度管人管事，出台《“四个一线”培养锻炼干部管理办法》，将管人用人制度严格落实，制定工作推进计划表，通过时间倒逼等方式使基层干部在工作中提高紧迫感。在制度层面，明确领导干部带头提高执行力，以身作则、以上率下，通过实际行动，带动全区干部投身社会治理，提高执行力。

第二节　筑牢党组织抓治理根基

基层党建水平高不高，就看基层基础牢不牢、基本建设实不实。栖霞区把基层党建工作放到更高的格局、更宽的视野来谋划和推进，深化推进“网格+网络”双网融合，全面开展党支部“双优提升”建设年行动，分季度开展“村

社区书记大讲堂”等，切实把基层党建与推动乡村振兴、基层治理以及改善民生等中心工作、重点任务结合起来，做到在工作中服务群众组织群众凝聚群众，使党建与发展相协调，永葆基层党组织生机与活力。

1. 系统思维推进基层党建。栖霞区运用系统思维集聚多元社会治理主体力量，服务社区、服务群众，实现了在服务中政治引领群众的显著成效，激发新时代党建工作的新动能，探索党建工作新思路新方法。

打造区域化党建新格局。区委以政治建设为统领，出台《全面加强新时代党的建设的实施意见》，专题学习习近平总书记在全国组织工作会议上的重要讲话和新时期党的组织工作路线，分专题系统部署推进区域党建、党支部建设、党员发展、党费收缴使用等基础性工作。建立区委常委党建联系点，在全市率先实行基层党建“重点项目、重点任务推进月”制度。区委与南京大学等12所高校党委联动，成立运行省内首家校地党建联盟，组织高校组织部长看栖霞，实施校地党建共建项目30个。9个街道党工委、21个区部门党组与高校、院系党组织结对共建，18名高校青年教师、博士生到区挂职，300多名大学生到社区兼职，500多个学生社团活跃在社区、服务在群众身边。举办驻区党组织参加的“初心使命、砥砺奋进的栖霞”纪念建党97周年庆祝大会，评选区域贡献党组织和党员，逐步形成具有特色的区域化党建新格局。

以全域突破推动全面提升。坚持全域理念推进全域党建。围绕提升“党建+”美丽乡村成效，选派11名“第一书记”到村任职，按照110万元、130万元、150万元标准给予28个区定薄弱村补贴，建成桦墅等“美丽乡村+党性教育”基地。加速“两新”领域党的覆盖，图灵研究院、新浪江苏等45个党支部实行重点“两新”党组织双重管理和书记述职制度，代表南京市接受省委组织部基层党建暗访和“两新”党建检查并获充分肯定。践行“三项机制”举措受省委书记娄勤俭批示肯定，“三项机制”典型案例被江苏组工信息专刊推介。

以改革方法优化功能保障。把解决问题作为全区抓基层的重点。立足增强街道工委功能，围绕有权有人办事，将1313项事项下放到街道，成立9个街道综合执法大队及党支部，将交运、城管、市场监管等执法力量下沉到街道，由街道统一管理、统一考核。细化住建部门抓“红色物业”的党建责任，推行物业党建区街联席会议，建立“星级物业”评比听取社区党组织意见的工作机制。

着眼提升社区、村党组织功能，领办大数据“党建云社区”书记项目，覆盖120个村居，19万余党员群众加入，开发智能党建“小栖”，24小时在线服务、办理行政许可和公共服务项目，被评为首届“长三角城市治理最佳实践案例”。统一标识完善党群服务阵地，建成2000平方米的栖霞高新区党群人才服务中心，新建小区“党群之家”、村民小组“党群驿站”“老党员”工作室和商业街区党群综合体等130余处，“红栖霞”党群之家覆盖全区。

2. 创新理念引领组织建设。栖霞区创新网格化城市基层党建模式，建设“掌上党建云”红色社区与园区，“网格 + 网络”双网融合，旗帜鲜明大抓基层夯实基础，进一步激发基层党建活力、创新力和凝聚力，不断强化基层党组织的政治功能。

党组织设置嵌入网格。将党组织延伸覆盖到所有网格，按照“1+3+N”党组织架构，在街道成立一个网格党总支，下辖社区、服务办公室、综合管理等3个党支部及楼栋、社会组织等若干个党小组，使党建工作从街道的一个个“点”、一条条“线”，有机织成了覆盖社会各单位和辖区群众的一张“网”，每个网格都起到战斗堡垒的作用，推动维稳工作落地落细。区仙林街道开创的网格化城市基层党建模式，先后获得16项国家级荣誉，被党中央表彰为全国先进基层党组织，中央政治局常委（时任中组部部长）赵乐际同志专题视察指导。2017年省委在栖霞召开仙林街道党建工作经验交流会，向全省全国推广栖霞经验。

党组织统管社会组织。栖霞区将全区1462个社会组织全部纳入党建云社区，并在线上线下成立社会组织党委，统管全区社会组织党建工作，单独建立党支部39个，联合建立党支部6个，各街道同步建立社会组织党支部，形成了社会组织党建体系。区、街道、社区三级以政府购买服务方式支持社会组织发展，先后引进爱德基金会、上海屋里厢、帮帮团等国内专业社会组织。全区社会组织万人拥有量21个，位居南京第一，共产党员在社会组织成员中占比超过1/3。同时，通过线上线下开展教育培训、落实组织生活制度和评优创先活动，强化社会组织服务能力，使党组织、社会组织和经济组织形成同心圆。

党组织统筹社会治理资源。党组织凝聚党外干部、非公经济代表人士、港澳台和海外统战对象代表人士力量，开展合作化共建。着眼各民主党派、社会群团、专家学者、科技人才云集的特点，成立“同心社”“素心社”等六家“心

社”，组织引导专家学者、民主党派人士和新社会阶层等 1500 多人参与治理，促成共建项目 9 项，科研成果转化 10 余项，为社会捐资捐物计 600 余万元。统筹辖区内 18 所高校、20 余万师生及各类科技园区纳入党建云平台，发起成立校地党建联盟，建立大学校区、科技园区、城市社区“三区联动”党建机制，完善区域党员志愿服务制度，搭建高校社团与社会组织服务中心、党建中心的平台，融合推动各方力量参与社会治理，促使地方与高校及园区党建阵地、党建资源、党建需求信息互联、开放互动、共享互用。

3. 党建引领激发社会治理活力。栖霞区充分发挥党组织核心作用，始终抓住党建引领这条主线，有效激发社会治理活力，努力将党的政治优势、组织优势转化为基层社会治理优势，增强党组织的凝聚力和战斗力，同心协力办实事、做好事、真干事、干成事，不断满足人民群众新期待。

党建引领自治共治一体推进。建立健全以社区（村）党组织为领导核心，党群议事会为议事主体、居民委员会为执行主体、居务监督委员会为监督主体的“一核三体”基层治理工作体系。社区（村）党群议事会做到“有工作章程、有议事机制、有特色标识、有固定场所，确保规范运行”的“四有一规范”要求。以专职社工、党小组长、居民小组长、党员志愿者等为骨干，在每个二、三级网格组建“一网格一议事会”项目议事平台，在社区（村）党群议事会指导下就具体项目、围绕群众需求开展议事，将社区（村）“为民办事资金”项目等重点工作纳入议事内容，定期开展网格民主恳谈会、民主听证会、民情沟通日等工作。完善“四议两公开”制度，推行党务、居务、财务公开工作进二级网格，经党群议事会审议后，每季度至少公开 1 次。完善社区（村）党组织与物业服务企业、小区业主委员会的组织和工作衔接，鼓励物业公司、业主委员会中的党员负责人或党员骨干，担任兼职的社区（村）副书记、副主任，支持街道成立国有物业服务公司及其党组织，积极推荐党员居民参与业主委员会选举，增加社区（村）党组织在“星级物业”评比中的评分权重。

党建活动凝聚合力。栖霞区以党建活动为载体，以党员为骨干，发动和凝聚更多的党员、群众参与到网格共建共治共享中。2014 年在全市率先成立平安志愿者协会，招募平安志愿者 3.8 万余人，建设平安守望岗、平安护学岗、党员示范岗，开展巡逻值守、发现隐患、调处矛盾。注册志愿者 14.3 万人，占常住人口比例近20%，涌现出了“全国最美志愿者”喻小萍、“全国模范人民调解员”郭凤萍、退休不退岗的“全国人民满意公务员”包明昌等一批优秀代表。

充分传递社会正能量。在线上开展党内教育、党内生活，推动基层支部把旗帜树起来，把党员身份亮出来，把组织生活熔炉热起来。该区每年开展线上党建活动2000多场，参与人数超过30万人次。2018年1月天降暴雪，党建云社区及时同步动员，超1万栖霞居民自发加入政府扫雪队伍，创造了“一夜雪无、交通无阻”的奇迹。线上“直播”教育引导了更多群众，让群众明白惠从何来，更加坚定地跟党走。2019年在党建云社区中推出“云家园”在线空间，招募爱心单位和个人，开展“小栖·霞益行”、上门探望孤老等公益行动200余场次，参与群众近万人。

第三节　加强基层人才队伍建设

加强基层社会治理人才队伍建设，是改善民生、加强社会建设的需要，是构建文明社区、促进社会和谐的需要，是创新基层治理、提高管理服务水平的需要。基于新时代社会治理的新特征做好社会治理人才队伍建设工作，对我国社会的稳定发展意义深远。栖霞的实践表明，只要紧跟时代潮流，集聚优秀人才，优化社会治理手段，改善社会服务方法，基层社会治理创新的效率就会不断提高，现代化治理能力和治理格局就会加快形成。

1. 加强基层社会治理党员队伍建设。党员干部具有先进性、纯洁性，在社会各项事务当中起着举足轻重的作用。在社会治理和服务过程中，唯有每个党员干部都充分发挥先锋模范作用，每个基层党组织都充分发挥战斗堡垒作用，才能带领广大群众共襄大业，共同推动整个社会发展进步。

强化网格化基层党建骨干队伍建设。栖霞区结合仙林北部片区社区中心建设，成立仙林网格化城市基层党建工作培训学校，建成后利用一年左右时间实现全区基层书记、党务工作者、社会工作者网格化党建培训全覆盖。推广“网格思想统一法”，建立街道党工委班子成员与街道社区（村）党员干部、与党

员骨干、与普通党员群众谈心谈话制度，掌握思想动态、凝聚思想共识。选优配强书记队伍，从区街机关干部、社区（村）专职工作者、社会公益组织负责人、物业公司管理人员、大中专毕业生、退休党务工作者中拓宽发现和使用的渠道。按职数 1∶2 比例，建立社区（村）和“两新”组织书记后备人才库，加强跟踪培养。按照每 300—500 户 1 名的标准，采取区民政部门统一招录、分配使用的方式，配齐社区（村）专职社工队伍，其中“全科社工”占比不少于 50%，探索推进社工分岗培养、分级取酬等保障机制，区民政部门要制定专门社工管理办法。每年招聘不少于 10 名“两新”专职党务工作者，单建“两新”党组织专职党务工作者配备率不低于 80%。

扎实推广党员干部“网格一线”工作法。全面实现街道社区（村）党员干部人人有网格“责任田”，普遍推广进万家门、访万家情、送万家暖、结万家亲“四万走访”有效经验，以一级网格为单位每年至少走访所有居民家庭一次，对各类困难家庭做到定期走访、思想沟通、化解矛盾、解决问题“四到位”。在党员干部大走访全覆盖基础上，按照职能相关、服务相关、共建相关原则，全方位建立党员干部联系网格支部、联系服务对象、联系困难群众、联系科技人才等工作制度，推进党员干部大走访常态化、见成效。向社区报到的在职党员，统一编入二级网格党支部（党小组）发挥作用、服务群众。

引导党员干部深入社区走进群众。在全区开展党员干部大走访工作，建立“网格 + 组团”架构和大走访任务清单机制，将 70 个部门、9 个街道、5 个园区分成 10 个组团，叠加到网格上，党员干部全部下沉到网格内，全区 3000 余名党员干部联系走访群众 22 万多户、企业 2800 多家，解决问题 1.3 万多条。

2. 强化网络化政务服务体系的人才培养。为了最大限度提升政务服务成效，必须保证全科政务队伍更加专业化、职业化和全能化，加快构建“不见面审批（服务）”办事模式，用简政放权的“减法”，换取便民服务的“加法”和市场活力的“乘法”。区政务办自制全科培训手册与考试试题，多次组织全科政务工作人员参加集中培训考核，结合轮岗锻炼，实现对 27 个局（部门）的所有业务熟练掌握。区政务办建立了线上全科政务培训管理平台，目前已汇集 19 个部门 2200 余道题目的题库，实现全科政务工作人员网上课件学习、试卷考核、知识分享的网络化管理，并根据学习考核的分数对人员进行星级评定，作为个人绩效考核依据。实行“全科社工”统一招聘、系统培训和星级管理，培养“前台全科受理、后台同步审批、区街联网通办、证照立等可取”的“不见面审批”综合人才。

围绕“主动服务、简化程序、减少环节、优化流程、提高效率”的目标，多角度培养锻炼干部，为投资者提供更加快捷、高效的全程代办服务。建立分工协作、上下联动的两级代办服务网络，组建覆盖区、街道、部门的专职代办队伍，区代办中心设置专职代办员 6 名，明确要求涉及项目建设的行政审批职能部门安排业务骨干作为项目专办员，街道（园区）须明确分管领导与承担代办服务责任部门，确定 4 名工作人员为街道代办员（园区 1 名）。加强代办员队伍建设，形成“二级机构、三级功能”的代办服务网络。全区现有 350 多名代办人员，区代办中心 6 人可代办 12 类商事登记业务、198 项投资建设类项目（包含 27 项市对区考核重大项目、43 项区重点建设项目及 128 项城市精细化管理项目）；街道（园区）代办队伍共 40 多人，可代办本辖区内 132 项商事登记、投资建设项目和公共服务事项；社区 300 多人代办陪办 60 类公共及便民服务事项。

3. 加强社区工作人才队伍建设。栖霞区高度重视社区工作人才队伍建设，建立健全人才激励机制，努力拓宽社区人才队伍来源渠道，留住人才、用好人才，进一步推动社区人才队伍本土化、专业化、多元化。

用常态化教育提升专业化水平。自 2013 年起，栖霞区民政局充分利用区教育资源丰厚的优势，与区内 5 所设有社会工作专业的高校合作，开展考前培训班，并要求街道、社区凡年龄 45 周岁以下符合要求的社区工作人员，必须报名参加全国社工职业资格水平考试。社工只要在网上通过了该考试的资格初审，就可以免费参加区里组织的 72 课时的初级培训课程或 96 课时的中级培训课程。加强社工队伍建设，实施社工职业资格考前培训，持证专业化率达 82.8%，万人持证社工数达 13 人，位居全市前列。

用创新机制激发社工队伍积极性。高质量的社区工作者队伍是栖霞区社会治理高质量发展的重要保障。2018 年南京出台《南京市社区工作者管理办法（试行）》《关于规范城市社区工作者薪酬管理的指导意见（试行）》之前，栖霞区就出台了《栖霞区社区专职工作者管理办法》等相关文件。在社工队伍职业发展的基础上，尝试探索社区工作者机关锻炼与新进公务员社区挂职机制，增

进上下级关系之间的理解与顺畅衔接，增强社区工作者的职业自豪感。

用灵活的方式保障人才队伍的稳定性。栖霞区紧紧围绕建设一支高素质社工人才队伍的要求，勇于创新，着力营造优秀社工晋升的竞争环境，着力构建社工成长的良性机制，不断完善社区、街道部门后备干部选拔培养机制，加强社区后备干部选拔培养和使用工作，让优秀社工脱颖而出，为打造幸福、美丽、宜居的栖霞做出更大的贡献。为了让招进来的人能留得住，栖霞区和各个街道健全和完善社区大学生社工激励保障机制，从健全社区干部结构性报酬制度、完善报酬正常增长机制、统一社会保障制度及提高社工组织工作经费保障水平入手，实现以待遇留人。该区招聘的社工中，有的走上了社区领导岗位，有的独当一面成为社区工作的主力军。

4. 加强志愿者队伍建设。栖霞区不断探索志愿服务制度化、项目化建设，鼓励群众参与志愿服务活动的积极性，充分营造了该区“我是志愿者，我光荣”的良好社会风尚。

做实制度机制。进一步完善《栖霞区志愿者管理条例》《栖霞区志愿服务活动实施方案》，进一步明确志愿者权利义务、志愿服务组织的服务范围等，每年年初排定“社区志愿服务集中行动日安排表”，确保志愿服务长效常态开展。落实保障机制。每年拨付专属活动经费予以保障，为长期在户外复杂环境中开展志愿服务活动的志愿者购买意外伤害保险，依托社区（村）党群服务中心向志愿者免费开放会议室、图书室和活动室等。注重学习培育。依托栖霞区志愿服务学院和志愿服务素质拓展基地，邀请知名志愿者和专家学者定期为志愿者开展业务培训、素质拓展培训等，不断提高志愿者的服务技能。

做强组织队伍。在9个街道志愿服务总站实现全年规范化运行的基础上，外引内培各类公益组织，常态化为居民开展爱心助餐、便民维修、课业辅导等志愿服务活动。将街头治安岗亭、警务站打造成城市志愿服务驿站，为行人提供免费饮用水、急救药品、充电等服务项目；将公园值班室、景区游客服务中心打造成文明旅游志愿服务站点，为游客提供指路、轮椅借用、零钱兑换等服务，更好地满足了群众的各类需求。

做优特色项目。按照“一街一品、重点打造、以点带面”的工作思路，在全区挖掘一批志愿服务特色创新项目，探索建立志愿服务的社会价值与社会需求、志愿服务的运行机制与社会目标“双结合”的有效机制。培育优秀项目。每年征集志愿服务特色创新项目，持续对列入区级重点培育的姚坊门“时间银行”等项目进行跟踪服务，指导标准化试点、研发新服务项目等。打造特色项目。做响“善行栖霞　文明出行”文明交通志愿服务品牌，常态化组织志愿者定人定岗定时段提供文明交通引导服务，开展业务培训、座谈交流和宣传教育进学校、进社区活动，全面提升该区交通秩序面貌。

第四节　加大资源投入下沉力度

推动社会治理重心向基层下移，必须加大投入。无论是城乡社区社会治理，还是城乡社区基础设施建设、社会事业发展以及困难群众的生活保障，都离不开财力的支撑。栖霞区不断加大政府对社会治理的投入力度，将财政支出的重点转向公共安全、公共卫生、公共教育、社会保障和公共基础设施建设；积极拓宽投资渠道，充分发挥民间力量，动员企业、民间团体和个人投入公共服务事业，形成多元筹资融资机制，为社会治理提供更多的资金支持。

1. 强化财政兜底保障。栖霞区准确把握和主动适应当前我国社会结构的深刻变化，使政府从基层社会治理的单一主体转变为主导力量和兜底保障。政府的作用更多体现在以改革激发社会活力、凭规划引导社会预期、用政策保障社会公平、靠监管规范社会秩序，实现从管治向服务转变。近年来，栖霞区聚焦解决民生领域发展不平衡、不充分的问题，补短板，惠民生，创特色，不断完善社会保障体系，全面实施《栖霞区临时救助办法（试行）》，编印了全区《社会救助政策汇编》，委托第三方社会组织开展临时救助入户调查和医疗专家评审。持续加大对社会治理和公共服务的投入力度，民生兜底保障功能不断提升，养老服务事业快速发展，社会福利和社会事务管理成效明显，基层社会治理活力彰显，社会组织管理更加规范，群众的幸福感、满足感、获得感明显增强。

2. 拓宽资金筹集渠道。经过多年的实践，栖霞区探索构建由财政专项、政府采购、公益基金等构成的社会公共服务资金结构，为各类企业和社会组织进

入城乡社区服务领域提供便利。近五年，栖霞区累计投入社会组织公益创投资金超千万元。先后引进爱德基金会、上海屋里厢、帮帮团等专业社会组织，全区持证社工达933人，万人持证社工数达13人。枫盛、颐和、彩虹、启蒙、爱邻、德法等品牌机构在为老、为小、助残、临终关怀、司法矫正、社区发展中各具特色，成为参与社区服务的核心组织。

3. 提高资金使用效能。栖霞区结合区情实际，规范社会治理资金管理制度，建立健全基层治理方面专项经费保障机制实施细则，结合社会治理的现实需求，制定专项经费支出标准，加强统筹力度，明确资金使用方向和范围，对经费进行专款专用、单独核算、专人管理，保证资金管理规范、安全。强化监督管理，提升专项资金使用效能，扎实落实基层治理资金使用监督管理机制，坚决防止虚报冒领、挪用侵吞基层治理资金的行为，确保社会治理各项资金的使用和管理在阳光下运行。加强对资金绩效目标落实情况的监控跟踪，完善绩效评价和信息公开，结合绩效结果优化资金安排，提高资金使用效益，确保社会治理专项资金的投入达到预期目标要求。

善治一
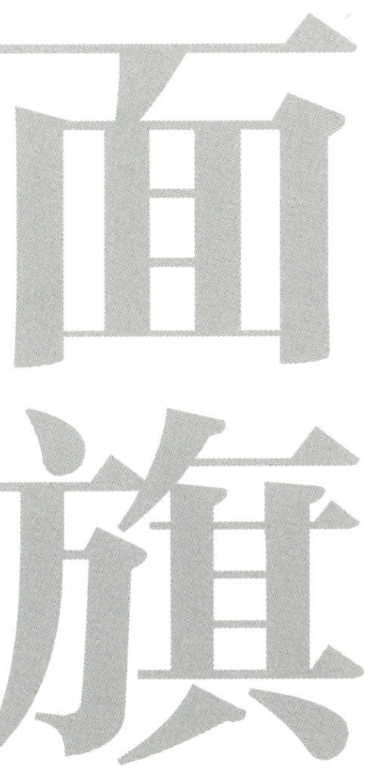

中篇

第四章
问题导向的系统治理

党的十八届三中全会紧紧围绕"完善和发展中国特色社会主义制度，推进国家治理体系和治理能力现代化"的总目标，对创新社会治理体制进行了全面部署；党的十九届四中全会对坚持和完善共建共治共享的社会治理制度提出了明确要求，为新时代加强和创新社会治理指明了方向。习近平总书记指出："治理和管理一字之差，体现的是系统治理、依法治理、源头治理、综合施策。"这为我们加强和创新社会治理，更好地建设社会主义和谐社会提供了新思路、拓展了新视野、开辟了新途径。栖霞区在社会治理创新过程中牢记总书记的要求，着眼于维护最广大人民根本利益，勇于向问题聚焦、以重大问题为导向，抓住人民群众反映强烈、影响社会和谐稳定的突出问题，以试点开路，通过大胆试验、自主创新，实现了一系列治理专项的创新突破。在创新过程中注重驾驭全局，树立系统治理理念，综合施策，以系统集成的方式整体推进治理创新，形成了社会治理综合效应，有效维护了社会稳定、安全秩序，实现了人民安居乐业。

第一节　驾驭全局：整体推进基层社会治理

栖霞区位于南京主城东北部，由行政区、国家级南京经济技术开发区、仙林大学城三个板块构成。行政区建有约 536 万平方米的保障房，集聚了 20 万拆迁安置人员，还驻有金陵石化、中石化等 153 个老旧小区和 19 个厂居社区，社会治理任务十分繁重。开发区集聚企业 4000 多家，产业工人超过 10 万人，大多数是外来务工人员，抓好区域治理、提升投资环境一刻也不能放松。区内拥有 18 所高校，集聚了 20 万师生，这一庞大的敏感性群体是全社会关注的焦点。对此，栖霞区主动作为、精准作为，在不增加编制和人员的情况下，通过体制重构、方式创新、结果导向，有效激发党员的模范带头作用、各网格成员的责任意识、各岗位人员的全科潜能、各条口执法的职能整合以及全体居民的线上线下参与热情，将社会转型时期的“后单位”组织和碎片化的个体重新整合起来，将地区的每个角落都纳入全景式精准治理的范围，努力实现社会管理向社会治理的充分转变。

用党的领导驾驭全局。栖霞区把党的领导贯彻落实到社会治理各个领域，坚持以人民为中心，坚持改革创新，着力固根基、扬优势、补短板、强弱项，把改革任务落实到位，强化制度执行，增强制度意识、法治意识，把制度优势转化为治理效能，不断推进社会治理体系和治理能力方面的体制机制改革。贯彻问题导向推动整体治理。栖霞区结合实际，突出问题、需求、目标“三大导向”，加快社会化、法治化、智能化、专业化“四化融合”，从深层机制、实践方式、工作结果三个方面同向发力，推动社会治理从单向管理向双向互动、从线下向线上线下融合、从单纯的政府监管向更加注重社会协同治理的“三个转变”，探索出以“网格治理、网络应用、综合执法、全科服务、协同共治”为主要内容的系统集成式全景社会治理模式。

1. 突出问题导向，改革治理体制，解决现实难题。仙林街道率先在全区试点网格化治理，起初以城管为重点，随后逐步拓展，从网格化向“网格化 +”转变，将辖区内人、物、地、事、情、组织全部纳入。2012 年网格化治理在全区全面推开，目前全区设综合网格 796 个、专属网格 121 个。栖霞区通过不断织密网格，实行扁平化、精细化治理，充分利用网格全覆盖优势，整合执法与网格人员，实行信息互通联动，采取联合快速处置，一举解决了大学城黑车、出租房混乱等群众反映强烈的治理顽疾。为了方便群众和企业办事，栖霞区改革行政审批制度，把政务服务一张网延伸到街道、社区和村，并赋予区级办理权限，打破属地化办理限制，把服务送到百姓家门口。同时，推行不见面审批、全科服务，实现了一个窗口、一台电脑、一名全科社工即可办理或代办、陪办 50 多项公共服务，全科服务形成国家级标准。以办理个体工商营业执照为例，过去平均要 10 个工作日，现在 30 分钟就能现场领照或不见面快递寄送。栖霞区地域面积 395.44 平

方公里，东西长近45公里。为缓解治理区域大、执法力量弱的矛盾，在现有法律框架下改革执法体制，将区级相关执法力量和1313项与群众密切相关的检查事项下放街道，组建街道综合执法大队，有效解决了街道“看得见管不着”、部门“管得着看不见”的执法难题，98%以上的违法行为解决在了萌芽状态。为缓解社区与物业、业委会遇到问题相互扯皮的现象，栖霞区改革社区组织架构，让部分物业公司、业委会负责人兼任社区党组织副书记或居委会副主任，形成了有效解决问题的合力。据南京大学民调显示，遇到问题先找社区的比例在栖霞达52%，高出全国五个同类抽样调查城市16个百分点。

2. 突出需求导向，创新治理方式，满足群众所需。安居乐业是群众的最大需求。栖霞区对无人管的老旧小区、厂居小区进行兜底托管，实现各类小区物业全覆盖，实行星级物业评选并给予一定的奖励，促进物管水平提升。大力实施“桩钉”工程，在全区设置3200多名小区楼栋长、单元长、楼层长，把每一名楼栋长打造成“一根桩”，每一名单元长和楼层长打造成“一根钉”，筑牢治安屏障。迈皋桥街道成功摘掉“全省社会治安重点整治地区”的帽子。同时，对安全生产、环境保护、社会治安等重点领域加强治理。栖霞区连续五年被评为全市安全生产先进单位，环保信访投诉近三年降幅达44%，2017年以来侵财性案件万人发案率六城区最低，公众安全感从2012年的89%上升到96%。在连续八年开展的信访积案化解行动中，栖霞区共化解积案154件。针对八卦洲街道八卦花园社区产权证办理等长年积压的信访难题，专门成立工作组，实时跟踪督办，及时反馈信息，在矛盾化解过程中争取群众理解，维护干群关系。扩大群众就业，是实现社会长治久安的根本所在。栖霞区从就业培训、鼓励创业、扶持重点群体入手，五年累计新增城镇就业12万人。引进省市名校打造教育共同体，提高办学质量，全区小升初本地生源外出择校率由五年前的25%下降到2019年底的6.9%。与江苏省人民医院开展院府合作医改模式，促进优质医疗资源下沉。三甲医院100元的专家号在栖霞只需9.8元，栖霞医院成功升级为二甲医院，群众将其作为首选就医的比重超过60%，百姓在家门口就能享受到一流服务。

3. 突出目标导向，加强协同共治，促进多元参与。栖霞区推行“互联网+社会治理”，依托微信群、微信公众号等移动互联网平台，将社区、居民、驻区单位、业委会、物业全部纳入，建立全覆盖的“掌上云社区”，并与全区线下网格嫁接，形成“网络+网格”模式，通过线上发声、线下解决，激发居民主动参与。栖霞区还积极推动大走访成为社会治理的一种方式，将其与网格治理和“掌上云社区”衔接，“掌上云社区”反映的问题全部纳入大走访，问题解决率超过90%。同时，进一步整合“掌上云社区”、大走访平台、网格化信息指挥中心与综合执法信息平台，将区内1.7万余路视频监控接入，实现数据对接和信息共享，形成线上线下服务互补。栖霞区还相继成立区级平安志愿者、青年志愿者等各类协会，大力开展志愿服务，全区注册志愿者达14.3万人，占常住人口比例超过20%，涌现出全国“最美志愿者”喻小萍、燕子矶街道平安志愿者协会等优秀代表，以及姚坊门居家养老“时间银行”等新型志愿服务模式。此外，栖霞区从2013年开始开创“社会组织与社区服务洽谈会”，连办七届，与500多个社会组织签订470个公益项目，涉及资金3500万元，万人拥有注册登记社会组织数位居全市前列。

4. 突出“一把手”牵头，加强全面领导，强化保障机制。科学制定规划和常态化的领导协调、部门联动机制。任何一个成功的改革都不是一个单项工作，而是一项渗透性工作和系统性工程。栖霞区的社会治理创新体现在决策、部署、落实等方方面面，全面准确地厘清对本地经济社会发展制约最大的问题，有的放矢地抓重点补短板出实招，使各项工作更加紧密地适应形势变化和事业发展。社会治理改革的落地生根涉及理念、技术、体制、机构等方面，需要在区委的坚强领导和综合协调下，区发改、编办、公安、税务、市场监管等各职能部门通力合作，尤其涉及编制的增减、机构的撤并、信息的共享、人员的变动等部门核心利益问题，不是某个职能部门能够居中协调和解决的，需要“一把手”亲自披挂上阵，亲自组织协调，亲自制定方案，亲自召集会议，亲自协调部门间利益，亲自确定责任划分。“一把手工程”的重要作用体现在：一是“顶层设计”，有的放矢地抓重点补短板出实招；二是全盘考虑，避免重复建设，推动社会治理改革的全面展开；三是建立常态化的领导协调机制和部门联动机制。2011年栖霞区在南京市率先成立区委社会建设工委，同时成立由区委区政府主要领导任组长、区相关部门和各街道共同参与的社会建设工作领导小组，建立起社会建设的区、街道和部门以及社区三级工作网络。区委、区政府在深入进行社会调研的基础上，专门研究制定了《栖霞区2011—2015年社会建设五年发

展规划实施意见》《栖霞区2016—2020年社会建设五年发展规划实施意见》，每年制定印发全区社会建设工作重点、目标任务等规范性文件，扎实推动社会治理的制度化、规范化建设。

5. 突出工作重点，强化工作抓手，确保扎实有效。栖霞区在推进社会建设五年规划过程中，重点围绕落实年度社会建设工作目标，着力抓好三个方面工作：一抓督促落实。按照责任分工，每月召开社会建设工作推进会，通报工作进展情况，及时研究、协调、解决社会建设工作的重大课题和重点问题。创新督查机制和整合督查力量，邀请区人大代表和政协委员采取现场视察、集中办公、专项督办、网络问政等多种形式，加强对社会建设工作的督促检查，推动工作落实。二抓强化考核。提出“要像考核经济指标那样去考核社会建设和社会治理工作”，研究出台关于社会建设工作的考核机制，着重完善个性化考核细则。在考核内容上，对城区街道和涉农街道求同存异、各有侧重。在考核方式上，除由责任单位自评、考核小组考评、人大审议外，还引入社会民调组织进行随机抽样调查。在考核标准上，将群众对工作的知晓度、认可度、参与度、满意度作为考核工作成效的关键指标，把人民幸福指数作为评价工作的第一标准。三抓创新突破。全面建立“网格化”管理责任服务体系，实施“贴民心、安民心、暖民心、知民心、凝民心”“五心”计划，构建社区治理、综治维稳、公共安全、人口服务、社会舆情、社会共建六大体系，着力推进工作创新、实践创造。并及时总结创新做法，推出典型案例，进行典型示范。像迈皋桥街道的“诚信红谷（基层党建创新）”、尧化街道的“姚坊门时间银行，营造邻里互助新生态”、马群街道的金陵驿社区“双线”协商提升社区治理成效、“‘掌上云社区’开辟社区治理新空间”及“‘不见面审批’让服务零距离”等做法，通过总结提炼、宣传推广，产生了正效应，有力推动了面上的社会治理创新。

第二节　系统集成：提升科学治理整体水平

坚持立足全局和长远，以系统性思维、集成式改革，有力有序推进社会治理体系和治理能力建设。

1. 基层党建、网格综治和在线治理三管齐下。一是加强基层党建，让治理主体聚起来，成为共同开展社会治理的联合体。二是强化网格综治功能，让治理主体强起来，成为攻坚克难的工作队和战斗队。三是发挥在线治理优势，使治理主体实起来，成为掌握情况迅速、处置及时有效、协作合作紧密的治理生力军。

2. 科技增效、人员赋能和机构赋权协同推进。坚持将平台、队伍和机构的整体升级统筹谋划、一体推进，不断推进平台、人员和机构的高度融合与匹配，推动治理体系升级。以“互联网+”模式改造审批平台，再造审批流程，把移动互联网、人脸识别、大数据分析、手机App等现代科技优势转化为治理效能。通过全科培训、业务交流和定期轮岗提升人员业务技能，培养能够一口清导办、一门式受理、一条龙服务的“全科社工”队伍。以权力下移为手段赋予基层行政机构权力，把权力尽量集中到服务群众和企业的最前端，集中到服务效能最高的审批平台，基层治理重心有效下移。

3. 实践探索、经验总结和标准创设环环相扣。主动在网格化党建、“不见面审批”、全科政务、批管同步、社会组织培育、社区养老等方面，增强改革的思想自觉和行动自觉。注重总结经验教训，主动委托南京大学、省城市调查队等第三方机构开展民意调查、监管职能评估、行业评议等，调整改革路径，优化治理方法。十分注重提高政府社会治理行为的规范性和长效性，将实践中形成的成熟经验及时转化成为行业标准，如“全科政务”国家标准就由“栖霞造”，栖霞已成为首个国家级“全科政务”服务标准示范点。

【案例5】尧化街道“全要素”网格

▶ 创新背景

尧化街道地处城乡接合部，经适房、拆迁房、安置房较多，区内外来务工人员等占总人口的70%，社会结构复杂，居民对政务诉求多样。尧化街道主动作为，探索建立“全要素”政务服务网格，让网格员成为老百姓的贴心人。“编织幸福网，服务零距离”，这是所有尧化街道网格员对居民们的一句承诺。

▶ 创新举措及成效

服务入网，责任在心。2012 年，尧化街道正式启动网格化服务管理工作。2013 年，围绕“互联网 + 网格化”，成立网格化信息指挥中心。2014 年，开通“家住姚坊门”微信公众号。2015 年，扩大“干部进社区”覆盖面。2016 年，选取试点社区开展“掌上云社区”工作。2017 年，街道将“大走访”与“入网格”深入结合。2018 年 8 月，街道全面推进“全要素”网格服务管理工作。2018 年 9 月，街道下发《尧化街道社区网格调整实施方案》。2019 年，街道初拟《“全要素”网格工作实施方案》，出台《“全要素”网格员职责清单》《网格服务流程规范》等文件，制定全科网格员培训计划。

网格在线，百姓在心。网格走访暖民心。通过网格员每日巡查走访，摸清各个网格的党员、特殊群体、流动人口等详细数据信息，及时收集与反馈各类信息和问题，使得百姓的问题和困难可以在网格解决，密切了干群联系。六年多来，街道网格员共走访居民 10.3 万人次，收集各类信息和问题 17.1 万余件，解决率达 99%，真正做到了“人在格中走，事在格中办”，居民服务满意度从 68% 升至 92%。一是服务热线畅渠道。2013 年，街道开通了网格服务热线电话“85860280”，为地区居民群众提供了更便捷、更高效的诉求处置通道，居民诉求办结率 100%，群众满意率达 90% 以上。二是网格巡防保平安。尧化街道以“五员联防”（“五员”：社区党员义工、小区物管员、治安志愿巡逻员、保安协管员、社区和科室网格员）、“三队联动”（“三队”：城市长效管理巡逻队、社会综合治理特勤队和交通秩序联合执法队）的方式开展网格巡防。自主开发电子巡更系统，通过制定巡更路线、规定巡更时间、核定巡逻密度，确保巡防质量。近三年来，街道可防类案件发案率降幅高达 45% 以上，地区居民对地区安全感满意度由 78% 上升至 89%。三是线上网格不打烊。作为网格化服务的线上延伸，尧化街道共建立了 103 个“掌上云社区”居民群，累计入群人数 1.7 万余人，收集民情意见 1200 余条，为居民解决了 2900 多个问题。线上“不打烊”的为民服务，在调动居民参与社区治理、提高社区服务效能、增进邻里情谊等方面发挥了重要作用。

脚步不停，不忘初心。按照集成改革工作要求，“全要素”网格工作围绕打造全科网格队伍、优化网格精致服务、创新网格精准考核，推行网格全科化、服务精致化和考核精准化，达成了“多网合一，一网运行”的社会治理“一张网”

建设目标。一是打造全科网格队伍。按照省市区网格化治理工作要求并结合尧化特色，制定全科网格职责清单和网格服务流程规范，明确网格员的工作规范及职责，同步制定和落实网格员培训计划。二是优化网格工作流程。完善"掌上云社区"工作规范，依托信息技术抓取"掌上云社区"群内工单数据，将其中涉及城市治理、物业管理等诉求生成工单，流转给职能科室、社区，在街道内部形成"第一时间发现——第一时间解决"的问题处置机制；建立完善网格"智慧库""人才库"，调动多方力量共同参与网格服务，实现网格服务与社区自治功能的整合。三是全面推进网格信息化。将已采集的网格信息数据植入网格GIS地图，在完成二维地图功能的基础上进行三维地图建模，逐步实现街道层面所有菜单在信息平台中的运用。

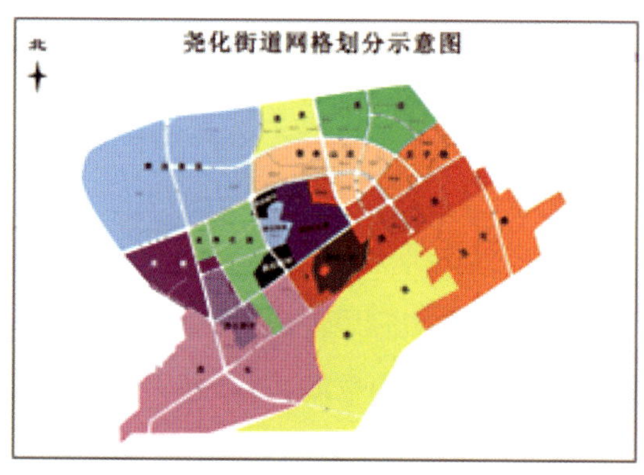

尧化街道"全要素"网格划分示意图

第三节　优质高效：形成社会治理综合效应

"四化融合、科技赋能"推进了社会治理体系和治理能力现代化，栖霞区社会治理水平得到明显提升，为推动高质量发展做出了新贡献。2019年，栖霞地区生产总值达1500.46亿元，总量和增幅在全市各区中均排名第一方阵，人均GDP位居全市前列；完成一般公共预算收入148.1亿元，直比增长10.8%，处于苏南板块前列；全社会固定资产投资、社会消费品零售总额分别同比增长10%

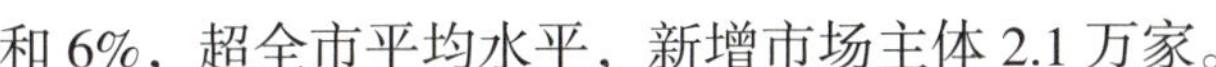

和 6%，超全市平均水平，新增市场主体 2.1 万家。

1. 显著提升了党建引领能力。通过党建区域化建设，把各级党组织和党员的作用充分发挥出来，让党建工作成果在社会治理中得到充分体现。党组织在社会治理中的作用得到明显增强，网格化党建、社会组织党建、园区党建、社区居民楼党建发展势头良好，带动党员积极参与社会治理，战斗力凝聚力明显增强。

2. 显著提升了统筹发展能力。通过“四化融合、协同共治”，全区形成了社会治理“一盘棋”，提升了部门、街道、驻区单位、社会组织共同开展工作的效能，促进了社区服务治理难题的解决，形成了工作上下联动、左右互动、整体行动。

3. 显著提升了社会动员能力。在社会治理创新中，以“四化融合、协同共治”为载体，形成了社会动员工作的合力，特别是在区域化党建、网格化治理、“三社联动”等工作中，社会动员力量得到了整合，形成居民之间、居民与社会组织之间、社会组织与社区居委会之间的良性互动，促进了政府行政管理与社会自我调节、居民自治无缝对接和默契合作。

4. 显著提升了综合服务能力。适应群众对公共服务、公益服务等方面的新要求，促进服务资源整合、服务向基层聚集，转变服务作风，强化技术支撑，大幅度提升服务能力，特别是“互联网 +”“掌上云社区”为社区服务插上了高科技新翅膀，使综合服务能力更强、水平更高、质量更优、评价更好。

5. 显著提升了城市管理能力。栖霞凸显区位优势和战略地位，在宁镇扬一体化中充分发挥“桥头堡”作用，围绕产业、创新、生态、人文、城建、民生等方面，提高城市规划、建设、管理水平和能力，推进平安城市、和谐社区建设，为改革发展、开发开放、生产生活创造更好的条件和环境，城市治理考核连续七年位居全市第一方阵。

点评一：

随着城市化进程的加速，城市问题不断涌现，推进城市治理体系和治理能力现代化建设的要求日趋迫切，加强和创新社会治理模式越来越受到各级党委政府的重视，全国各地涌现出不少治理创新举措。不过，许多地方的创新只限于在单一维度、某个领域、某个问题上有所突破。与其他地方不同的是，栖霞区的治理创新是一个抓住主要矛盾，由多措并举与整体性体制机制创新构成的聚合系统，体现了系统治理的特质。

“系统治理”的理念是系统思维的体现。从根本上说，城市是一个包含多种要素和问题的聚合系统，由此决定了城市治理是一个系统工程，需要系统治理。系统治理首先要抓住主要矛盾。对于城市的区级政府而言，社会治理的系统性创新需要正确处理区政府与街道、社区的关系，街道、社区与居民的关系，以及城市管理、社会治理与民生建设的关系这三个主要矛盾。上述矛盾构成了城市社会治理系统工程的三大核心问题。如何处理好这些矛盾，是治理创新的关键所在。栖霞区自觉以党建为统领，按照系统治理、源头治理、综合治理、依法治理的理念，以区街同权改革、社区网格化服务管理、辖区民生保障建设三大系统性改革为抓手，直面上述三个矛盾，聚焦这三个根本性问题持续用力。同时，突出“九大专项”精准发力，狠抓信息化综合指挥平台建设、标准化制度建设、公共安全防控体系建设、行政管理流程再造、社会组织与志愿者服务队伍培育、医疗卫生体制改革、教育现代化建设、普惠化养老服务建设以及环境与物业建设等专项，项项举措抓落实、见成效。

栖霞区的系统治理还体现在以整体性体制机制创新破除局部主义、部门主义。系统治理要求注重问题之间的关联性，拒绝“头疼医头，脚疼医脚”的孤立思维，打破部门割据，进行综合治理。除了抓主要矛盾、抓项目落实之外，栖霞区无论是推进行政管理体制改革、转变政府职能，还是保障和改善民生、建设和谐社区，均系统地考虑问题的关联性和各相关方的利益，以系统性思维来破除局部主义和部门主义所导致的治理碎片化，以制度创新、体制机制改革和技术支撑保障治理绩效。

在这方面，栖霞区的主要经验是，“一把手”亲自上阵系统整合制度、体制、机制、工具、方法，实现制度体制机制与工具手段、治理方法的有效衔接和有机组合。在实践中强调顶层设计和全盘考虑，避免重复建设，同时建立常态化的领导协调机制和部门联动机制。在具体实施中紧紧抓住人民群众反映强烈的突出问题，在深层机制、治理技术支撑、治理方法创新三个方面同向发力，不仅以网格化管理作为试点开路，而且在创新过程中注重运用系统思维，通过大胆试验和创新，把过去单一的网格化管理提升为多功能的“网格化+”，并以此为依托进行综合施策，形成了以“网格治理、网络应用、综合执法、全科服务、协同共治”为主要内容的全景社会治理模式，最终以整体性体制机制重构的方式实现了社会管理向社会治理的转变。以仙林街道为例，其网格化治理最初只是以城管为重点，目的是解决新城区的市容环境和流动人口管理难题。随着创新的推进，逐步拓展深化，从单一的网格化向系统性的“网格化+”转变，即以网格为依托形成一个系统化的治理平台——社区信息服务网络平台。这个平台具体包括社会管理、民生服务“两大系统”和居民呼叫、治安控制、信访联动调解、社区综合治理、社会组织管理等“五大服务中心”，构筑了街道—村居—楼栋（村民小组）无缝对接的工作责任体系。

栖霞区通过这个体系和平台系统地整合了街道领导、机关科室、社区人员、各类协管员、志愿者和社区范围内企事业单位等多元力量，将辖区内的人、物、地、事、情、组织全部纳入；与此同时，其功能也拓展到市容环境服务、流动人口服务、便民为民服务、平安和谐服务和商业网点服务等五项服务（即5S）。栖霞区通过不断织密网格、前移网格关口的方式，充分利用网格全覆盖的优势，整合执法与网格人员，实行信息互通联动，采取联合快速处置，一举解决了大学城黑车、出租房混乱等群众反映强烈的治理顽疾。为了方便群众和企业办事，栖霞区改革行政审批制度，把政务服务一张网延伸到街道、社区和村，并赋予区级办理权限，打破属地化办理限制，把服务送到百姓家门口。

此外，从资源的角度来看，系统治理还需要统筹考虑各种治理因素和资源，进行综合施策。在这方面，栖霞区委区政府一方面是把物业管理、社会治安、安全生产、环境保护等重点领域的治理难题有机统一起来系统考虑，另一方面则是把实现城市管理和公共服务职能的各种资源集中起来，统筹使用，同时注重培育多元社会组织，在公共服务供给上实现了单一制向多元复合制的跨越，达到了很好的服务和治理成效。

系统性思维不仅仅体现在创新社会治理上，还体现在创新社会治理与保障改善民生并举上。栖霞区从系统治理理念出发，高度关注就业、教育、医疗、保障等重点民生建设问题，通过创新“院府合作”医改模式，促进优质医疗资源下沉，引进省市名校打造教育共同体，提高办学质量，加强就业培训、鼓励创业、扶持重点群体等方式，在民生建设上综合发力，与基层社会治理创新互为补充，实现了社会的长治久安。

总体来看，栖霞区是以整体性思维来驾驭全局，统筹考虑各种治理因素和资源进行综合施策，重点抓住主要矛盾，突出“九大专项”，从制度、体制、机制和技术上全面探索和优化城市社会治理的创新方法，共同构成一个行之有效的治理体系，推进了基层社会治理的整体性创新。在具体施策时，一是以多功能的“网格化+（管理、服务、党建、流动人口管理、社会治安等）”为主线来进行系统集成，从而将社会转型时期的“后单位”组织和碎片化个体重新组织起来。二是以“放管服”改革为抓手，探索“不见面审批+强化监管服务+综合行政执法”新型治理体系，以集成式改革着力破解制约社会治理与服务的体制机制障碍，以服务创新提高政务效率。三是不断拓宽民生建设覆盖面和提高民生建设水平，民生保障建设与社会治理创新双管齐下。通过这三个方面的良性循环、持续发力，一个系统性的社会治理创新——“栖霞之治”展现出了现实模样。

第五章

党建引领的源头治理

栖霞区深入学习贯彻习近平新时代中国特色社会主义思想，坚持以人民为中心创新基层党建，在基层党组织的统领下调动运用社会各方力量，形成和发挥思想政治、体制机制、现代科技等各方面优势，多措并举，同心同德，凝心聚力，共同打造服务社会、造福人民的“栖霞之治”。在治理环节上，从偏重事后处置向更加重视源头治理转变，把工作重心从治标转向治本，将治理重心落实到社会治理的源头——基层社区，夯实社会治理的基层基础，做到关口前移、重心下移，以网格化管理、社会化服务为方向，健全基层综合服务管理平台，及时反映和协调人民群众诉求，从源头上预防和减少社会矛盾。

第一节　党建塑魂，增强核心领导力

完善党委领导、政府负责、民主协商、社会协同、公众参与、法治保障、科技支撑的社会治理体系，是党的十九届四中全会提出的战略任务，也是栖霞区加强和创新社会治理的奋斗目标。为了实现这一目标，栖霞区首先依靠党组织和党建塑魂，增强社会治理的核心凝聚力、前行引导力和工作推动力，真正形成了党建引领、网格连心的社会治理新局面。

1. 党建融入网格治理，党的领导直达社会治理末端。栖霞区探索的网格化治理模式，起初是以城管为重点，后来逐步拓展，从网格化向“网格化 +”转变。按照网格统一划分、资源统一整合、人员统一配备、信息统一采集、服务统一标准的要求，全区划分为综合网格796个、专属网格121个。每个网格统一编码，绘制网格地理信息电子地图，将人、物、地、事、情、组织全部纳入。综合网格长由社区（村）“两委会”成员担任，专属网格长由单位分管领导担任。同时发动楼栋长、老党员、志愿者等担任兼职网格员。仙林街道成立“一往情深”区域党建红色联盟，覆盖专属网格成员单位67个，党员1.2万人。常态化开展网格“大家谈”“党旗辉映网格行”“三比五看”等党建活动，激发党员发挥先锋模范作用。街道还组建了“万家欢”“爱飞扬”“百事帮”“搭把手”“管得宽”等56支、4900多人的志愿服务队，同时成立党组织，注入红色基因，形成党员积极带动、居民主动参与的良好局面。目前，全区共有网格党小组576个，下沉入网党员超过3.2万人，各级网格员“人到格中去，事在网中办，难在网中解，情在网中结”，不断提高服务居民、服务单位、服务发展水平，全区网格化治理群众满意度高达90%。

2. 党建整合辖区资源，党旗聚集各方力量。栖霞区集聚南大、南师大等大专院校18所、在校师生20多万人，还有数十家各类科技园区。栖霞区委联合仙林大学城工委与仙林高校，共同发起成立校地党建联盟，建立大学校区、科技园区、城市社区党建机制，完善区域党员志愿服务制度，搭建高校社团与区社会组织服务中心、党建中心的链接平台，融合推动各方力量参与社会治理，显著增强辖区社会治理能力。着眼辖区专家学者和科技人才云集的特点，成立“同心社”“素心社”等六家“心社”，组织引导专家学者、民主党派人士和新社会阶层等1500多人参与社区治理。先后促成校地民生保障共建项目9项、科研研究成果转化10余项，为社会捐资捐物600余万元，共同做好困难补助、求学资助、医疗救助、就业帮助、法律援助、爱心捐助、弱势扶助等服务工作。目前，仙林党群服务中心集聚社会组织24家、群众公益服务队56支、高校社团335个，将社区居民、单位和居民自治组织凝结成服务社会的重要力量。东方天郡二期小区居民不到5000人，社区治理志愿者达到1100多人，成为排查隐患、化解矛盾、提供服务的重要力量。

3. 党建植根社会组织，红色基因激活治理细胞。发挥政府主导作用，建立区级社会组织发展平台和9个街道级社会组织发展中心，区、街道、社区三级以政府购买服务方式支持社会组织发展。发挥市场引导作用，运用市场机制先

后引进爱德基金会、上海屋里厢、帮帮团等国内专业社会组织，共产党员在社会组织成员中占比超过1/3。2015年12月，成立社会组织党委，统管全区社会组织党建工作，单独建立党支部39个，联合建立党支部6个，各街道同步建立社会组织党支部，形成了社会组织党建体系，并通过开展教育培训、落实组织生活制度和评优创先活动，强化社会组织服务能力，使党组织、社会组织和经济组织形成同心圆。2009年成立的迈皋桥物业公司管理的60多个老旧小区，普遍存在“脏乱差”、违建多、居民抵触物业问题。2015年物业公司成立党支部，企业组织力、凝聚力和服务能力明显增强，有效改变了居民小区服务的历史问题。2017年，迈皋桥物业公司管理的7个物管项目成为南京市物业管理示范项目。

4. 网格党建发挥引领作用，扩大基层党组织影响力。以社区党建工作为统领，依据路网结构和社区单元，构建“区、街道、社区、片区”四级网格组织体系，形成区委主导，街道党工委牵头，社会治理职能部门、社区党组织、居民自治组织、物业管理公司多方治理格局，确定属地主体责任图，厘清网格责任边界，形成社会治理“一张网”。各街道在发挥网格优势广泛联系群众、扩大基层党组织工作影响力的同时，依托网格体系加强党的基层组织建设，以网格为纽带，以党员为骨干，开展多种形式的组织宣传和服务，最大限度发挥基层党组织在社区、群众中的影响力。加强社区一级网格建设，铺开“实用型”“简易型”社区二级网格建设，如高校、工地、商圈等，不漏不重全覆盖。将平安建设纳入社区网格化党建工作，实现一条“主线”抓到底。

5. 建设“红栖霞”党建阵地，推广网格党建模式。栖霞区于2017年9月4日正式出台党建“十项举措”，包括推进街道社区（村）网格党组织覆盖、实施党员干部“网格一线”工作法、深化城市各领域党建工作互动互融、完善党组织领导下的社团服务群众机制、培育网格化城市基层党建工作骨干队伍等。其中，“十项举措”首次确定拿出建设“红栖霞”党建阵地专项资金2000万元，在社区（村）—小区（自然村）—城乡公共空间等领域，实现“红栖霞”品牌服务阵地建设全覆盖，实现每个小区、每个自然村、每个较大的城市公共空间都有党建之家、党建活动基地。在小区内按照不少于200平方米标准推广建设“红栖霞·居民之家”，在村组推广建设标准化“红栖霞·党群驿站”，在绿地景观的亭台、走廊等公共空间建设“红栖霞·党建微空间”。同时，全面推行“掌上”“网上”红色社区、红色园区、红色街区等“线上”阵地建设，不断增强城市基层党组织的生机与活力。

【案例 6】党建云社区把群众紧紧团结在党的周围

党建云社区运用现代信息技术，提供便民服务、投诉受理、舆情收集，并同步嫁接“不见面审批”、党建引领、协商议事、数据分析等系统，优化了工作机制和实施路径，实现了多元主体的互联互通，汇聚了更多的资源力量。互联网联动党群干群，依托线下全覆盖的网格党组织，在线上对应构建网络基层党组织，让党组织、党员与广大群众线上“共在”，使得各类主体不再缺位，群众随时随地打开手机就能找到组织，登录微信就能获得服务，真正实现了把党组织建立到最基层的网格上和离群众最近的网络上，让群众时刻感受到党组织就在身边，触手可及。机器人秒回群众诉求。设计开发“小栖”IP 形象，建立的涵盖 3800 多条可在线自动识别回复的信息“小栖”智能知识库，在各微信群内植入智能机器人“小栖”，协助社工，按关键词对群众的有关诉求自动应答、自动流转，实现 24 小时全天候“秒回”，减轻社工负担。大数据分析获取民情。建立数据分析系统，对接区大数据中心、街道综合指挥平台等数据枢纽，收集民情信息，后台自动生成“民情民意、党务政务、智能服务、协商自治”四大数据系统，并聚合成物业管理、环境卫生、医疗教育等十类民情，分析结果同步供党委政府参考，有效提高了决策的科学性、精准性。智能化促进协商共治。借助党建云社区在线协商模块，开展社区微幸福项目，通过线上发布、居民意见建议收集、项目公示实施、项目考核验收等让居民参与到社区治理中，提升了基层组织自我管理能力和居民民主自治、民主协商的能力，形成了共建共治共享的格局。

坚持服务为要，充分传递社会正能量。在线上开展党内教育、党内生活，推动基层支部把旗帜树起来、把党员身份亮出来、把组织生活熔炉热起来。全区每年开展线上党建活动 2000 多场，参与人数超过 30 万人次。2019 年在党建云社区中推出“云家园”在线空间，招募爱心单位和个人，开展“小栖·霞益行”、上门探望孤老等公益行动 200 余场次，参与群众近万人。组织开展济困救急，

针对群众的急事、难事，开展义务帮扶。龙潭村一名重病患儿在北京急须救治，村党组织通过党建云社区动员，党员带头响应，该村 20 小时内即紧急募捐到 12 万元医药费，孩子获得了“第二次生命”。青田雅居社区有失智老人迷路走失，社区党支部将老人照片和寻人启事发送至党建云社区，经过入群居民三天的“爱心接力”，入群货车司机终于在句容市宝华镇认出流浪路边的老人，将其平安送回家。有效应对负面舆情，运用网络及时了解社情民意，通过网络回应群众关切、做好群众工作。党建云社区建立以来通过“@群主”回应服务群众 10 万次，“12345”工单年均下降 60%。

强化科技支撑，赋能基层组织。党建云社区通过人工智能技术开发，从更宽广的维度链接多方主体、各种资源，充分放大了基层党组织在经济社会各领域的治理能力。打破了传统基层治理的时空限制和信息不对称瓶颈，建立起区、街、社区全天候、协作式工作体系，该区实现了从传销“高发区”到“归零区”的转变。建立党建云社区智能服务，补办市民卡、社保缴费单打印、享受低保待遇证明等 590 项行政许可和公共服务项目，居民只须在微信群内 @“小栖”，足不出户即可在线完成办理。栖霞区“社区（村）服务管理满意度”在全市民生幸福建设群众满意度测评中稳居前列。赋能干部队伍，将党建云社区建设与基层治理能力建设统筹谋划，一体推进，以与平台高度匹配为目标加强队伍建设，通过全科培训、业务交流，培养了一支能够为群众“一口清导办、一门式受理、一条龙服务”的全科社工队伍。目前全区有近 600 名 35 周岁以下本科学历的社工活跃在云社区中，多数社工和社区干部都是在群内先“认识”群众，再在线下“面对面”沟通，尤其在新成立的社区中，这一功能发挥得尤为明显。

坚持保障为基，赋能体制机制。注重提高党建云社区及相关治理行为与党建机制的规范性、长效性，将在实践中形成的成熟经验及时转化为制度和行业标准。“不见面审批”重构了区、街、社区三级服务体系，成为省服务业标准化的标志性品牌。建立栖霞区“社区学院”，定制化开发党的建设、事件应对、协商参与等 10 项课程，制度化对社工居民进行培育。出台社区协商议事机制与流程、党建云社区提升社区治理成效工作意见等制度，成功编制网格化社会服务管理的省级、市级规范标准，全科政务服务形成省级、国家级标准，有效提升了党建引领基层治理的制度化规范化水平。

【案例7】仙林地区校地党建联盟

▶ 创新背景

栖霞区是行政区、开发区、大学城三区合一管理体制。作为全市重要的科教中心，仙林大学城正处于向仙林科技城转型提升的重要发展阶段，区域内集聚了南大、南师大等大专院校12所，在校师生20多万人，科教、人才、智力和党建理论资源十分丰富。区委组织部联合仙林街道工委、仙林大学城工委组织人事处，依托三区融合的独特优势、立足高校集中的重要特点，服务区委、仙林大学城工委与仙林区域内的高校党组织，共同发起成立校地党建联盟，加强地方党建与高校党建联动，推动区域化党建向深入推进，积极融入“两落地、一融合”，探索大学校区、科技园区、城市社区融合联动发展路径，创新社会治理，促进区域经济社会事业协调发展。

▶ 创新举措

强化理论共建。将政治建设嵌入校地党建联盟工作，服务区委中心组、大学城工委中心组与区域内高校党组织，开展联组学习、结对共建，探索研究党

的政治建设理论。充分利用高校理论优势，借助高校专家党员资源优势，联合开展课题调研，对仙林网格化党建、“掌上云社区”、城市基层党建创新等党建工作进行理论和经验提炼、复制推广。

推动人才共育。建设区域化人才引进、干部培养基地，校地间常态化推进科技镇长团、党员领导干部进高校选学等干部和人才的双向交流、培养锻炼工作。借助“七一最美”评选、“仙林一家亲”等平台，积极选树区域内涵盖校地各方的优秀党员典型，评选和宣传跨隶属关系的党组织、党员，为党员人才、党员社会骨干、党员大学生成长成才搭建平台、形成支撑。

服务科技共促。按照市委部署，充分发挥“两落地、一融合”的栖霞优势，将“在宁高校科技成果项目落地、新型研发机构落地”作为重中之重，落实责任人、责任制、责任事，加强校地对接、校企合作，依托栖霞产业园区、创新载体、大学生创业中心等平台，推进产学研一体合作，推动创新成果孵化转化，深化科技园区发展，提升产业能级。

推进机制共创。推动校地党建联盟成员单位互相开放党建阵地、相互开放党建需求、相互开放工作和党建资源，推进区域党建资源协调共建共享。深化区域化党员志愿服务制度，拓宽各类党员特别是高校党员参与社区建设的渠道，建立评价反馈制度。搭建高校社团与区社会组织服务中心、党建中心的链接平台，让各方力量更加融合发展、形成合力。

促进发展共商。以校地党建联盟为渠道，定期召开工作例会，通报和交流区域内经济社会发展情况，驻区高校参与栖霞区、仙林大学城以及仙林街道区域内的地方决策建议和商讨路径进一步拓宽。推动区域协商民主，采取党代表、人大代表、政协委员约见等方式，主动听取高校党组织、党员的意见建议，及时回应各方诉求，推进和完善政府决策。

落地服务共帮。加强和创新社会治理，仙林区域内，街道社区党组织与高校院系党组织推进服务项目合作，共同组建有特色、能落地的服务团队，联手开展组团式服务，共同做好困难补助、求学资助、医疗救助、就业帮助、法律援助、爱心捐助、弱势扶助、需求协助等服务工作，开发形成更多专业化、高层次的需求服务。

仙林街道“一网情深”巡回宣讲队

▶ 主要成效

以“六共”为主要内容的校地联盟产生了显著成效。破除了组织藩篱，区域单位“联”起来了。成立仙林校地党建联盟，开展实地走访、座谈调研，组织问卷调查和学习考察，区委、大学城工委与相关高校党委校地联动、融合发展的区域化党建理念更加牢固。建立了理事会、执行委员会两级组织架构，形成联盟《章程》，建立重点合作项目申报制，开展党建、人才、科技等六大共建行动，校地联动发展运行机制集聚了校地党员群众，党群凝聚力全面加强。

【案例8】南化新村社区党建文化引领社区治理

▶ 创新背景

南化新村社区位于燕子矶街道西北部，居民总户数1945户，常住人口约6000人，多为原南京化工厂和燕江化工厂职工，60岁以上老人占总人口约

1/3。现有房屋60余幢，始建于20世纪50至90年代，房屋老旧。所辖小区长期缺少资金投入和正规物业管理，加之种种历史遗留原因，违建遍布，基础设施陈旧，盗窃案件频发，卫生环境脏乱，居民安全感满意度不高。

▶ 创新举措

为切实改善老旧小区面貌，提升社区治理水平，丰富群众业余文化生活，回应居民群众新期待，2016年以来，社区坚持以“党建文化引领，服务社区居民，建设美丽社区”为宗旨，在燕子矶街道工委、办事处的坚强领导下，凝心聚力，团结带领全社区党员群众参与社区建设，共同解决了一系列民生服务问题。

党建文化引领，服务社区居民。一是加强党建文化氛围营造。为引领广大党员群众参与到社区建设中来，社区充分发掘社区文化，在各小区制作了形式多样的党建文化宣传墙，安装了文化道旗，开展了党建文化进楼道活动，在全社区范围内宣传党的历史、方针政策、社会主义核心价值观及支部开展的各项活动等。在提升社区党建文化内涵，营造“处处是课堂，时时受教育”的浓厚氛围的过程中，使广大党员群众在耳濡目染中增长知识、在潜移默化中感受社区文化，在凝聚人心、丰富居民业余文化生活的同时，也调动了居民参与社区建设的积极性。二是培养文化队伍开展服务活动。社区以居民需求为出发点，依托社区学校开设舞蹈班、时装班、锣鼓班、书法班、声乐班等课程，满足社区居民多样化的文化需求。同时，社区结合传统节日开展各种类型的文化活动，其中，春节迎新春晚会、庆祝三八妇女节、端午节包粽子送粽子、重阳节做重阳糕等活动均已连续举办多年，成为社区品牌活动，营造了社区的和谐氛围。此外，社区还坚持“支部搭台、党员唱戏”，在文艺骨干的引领下，每年共发动党员群众300余人参加夜间治安巡逻、清理卫生死角、帮助独居老人、清扫积雪等服务，获群众点赞。三是开辟渠道主动向居民报告工作。建立“燕子矶街道南化小报”微信公众号，安排专人负责维护，规范运行，每周推送不少于2期的专刊，发布社区党建、民生工作动态，弘扬社区好人好事，宣传正能量。开辟“为民服务工作汇报”专栏，每周更新数据，向居民汇报社区为民服务相关工作情况，让居民直观感受到社区民生工作的动态。

改善社区环境，努力提升满意率。一是改善社区硬件设施。2014年以来，街道陆续对社区所辖老旧小区进行出新改造，社区面貌发生很大的变化。充分利用为民服务专项资金，在每个小区安装电子显示屏发布民情信息；在社区治安防范重点区域安装路灯和监控系统，压降了盗窃发案率；新建和升级部分户外活动场所，丰富居民户外生活，以实际行动让居民感受到社区变化，肯定社区工作。二是探索社区网格化治理路径。以大走访活动为契机，社区制定了自己的走访居民制度，将走访常态化。按照网格化治理要求，形成支部书记负责社区、支部委员负责片区、党小组长负责楼栋、党员负责家庭的“多级网格负责”机制，集中力量，定期下网格走访服务，做好问题收集与分类，定时召开例会，商讨解决方案并进行跟踪，实现在支委、居委任期内班子成员和党员在群众中的知晓率达到80%，努力营造过去那种村书记“振臂一呼，众人呼应”的良好氛围。三是真心实意解决难题。根据街道《关于建立“三众一站”为民服务新模式的实施意见》的要求，成立民生服务工作站。社区始终坚持“有困难找社区”的为民服务口号，利用 “线上党支部”“幸福南化人”微信群和“南化兰”微信公众号，及时处理和发布居民反映的问题和为民服务工作。坚持群众有诉求社区领导带头办、各方齐心办、小事不过夜、大事两三天、事事有记录、件件有回应制度，2019 年社区“12345”群众诉求工作连续 9 个月满意率达 100%。

打造教育平台，创新党员管理模式。一是成立社区党校。社区认真总结党员教育培训工作经验，积极探索党员教育管理工作新模式。2017 年 2 月，社区支部筹建了党员学校，经过一年的摸索与实践，建立健全了党校各项规章管理制度，出台了《南化社区党校党员学习积分管理办法》《支部优秀党员评比条件》等文件，评选出“最具人气党课”、“最受欢迎党课”和“最具实践性党课”，同时，通过《积分管理办法》进一步提高党员管理的规范化科学化水平，通过积分激发了社区党员学习的热情，增强了党员的党性认识、责任意识。二是丰富学习内容。社区党校建立了校务委员会，负责党校日常教学管理，得到栖霞区委党校、南师大马克思主义学院、金科院人文学院、燕子矶社区教育中心等多家单位的支持和帮助，组成社区党校讲师团队。同时，不定期邀请社区老模范、老军人、老教师、老干部等结合自身经历开展“我来上党课”活动，使支部党课不再“枯燥”。支部每年还要求党员做到“三个一”，即每人每年参加一次公益活动、做一件好事、提一条合理化建议。三是成立文艺党小组。在社区文艺骨干队伍中增设党小组，旨在通过发挥党员文艺骨干引领作用，带动社区居

民参与社区建设，实现党的工作全覆盖。实践证明，文艺党小组在党建引领、治安巡逻、矛盾调解、防汛扫雪、文化活动、精神文明建设等社区工作中发挥着巨大的作用，得到了各方的肯定及南京电视台等媒体的报道。

发掘各方资源，当好党建共建“搭桥人”。党建共建，资源共享，群众受益。南化社区党支部与武警南京边防检查艇党支部开展守护长江活动，现场共100人参与宣誓；与南京电台FM106.9频率“区街议事厅”栏目组开展“美丽南化，清洁一夏”活动，为辖区100户困难家庭、独居空巢老人、老党员免费清洗空调，获居民好评；与栖霞区总工会开展“职工书屋”阵地建设活动，为广大职工学习教育提供了新的场所；联合南化公司行政事务中心工会每年举办“居民趣味运动会”，营造了全民健身的氛围，使热爱锻炼的居民朋友有了展示的舞台。

▶ 主要成效

南化社区在街道工委的正确领导、关心和帮助下，以习近平新时代中国特色社会主义思想为指引，紧紧围绕党建引领、文化聚力、服务居民三大主题，积极探索、大胆创新、务实求进，全面提高了社区党组织的战斗力和辖区居民的凝聚力，实现了社区党建工作的全覆盖和为民服务水平的新跃升。坚持党建文化引领社区治理，发挥社会组织的资源整合作用，丰富了社区文艺党小组的服务内涵，促进了辖区各单位的联动共建，牵头成立了党员突击队、文化艺术团、李大叔矛盾调解工作室、社区长者食堂等多个群众团体，为居民提供定制式和多样化服务，极大地增强了居民群众的幸福感。成立物业管理公司，为居民提供保安、保洁、车管等物业管理服务，小区的公共设施得到有效维护，“两类”案件的发案率长期保持零，居民安全感不断提升，居住环境得到大幅改善，受到了居民群众和社会各界的一致好评。

社区在深化党建引领和治理创新工作中的实践与探索，多次得到市区相关领导的肯定，各级媒体纷纷报道。社区先后荣获南京市十佳整治项目“最具幸福感”小区、江苏城市频道《退休好时光》百佳敬老社区、栖霞区先进基层党组织等荣誉。

第二节　三社联动，提升社会协同度

三社联动，是指政府引入社会组织专业力量进行政社合作，将外部的专业支持与社区内在的资源有机整合，推动社区内外各类组织之间、各个利益群体之间、各种社会力量之间的良性互动，形成以社区为资源配置平台、以社会组织为组织载体、以社会工作人才队伍为专业支撑，三方资源优化配置，以培育社会组织、发展社会工作、促进社区参与为格局的“三社联动”机制。

1. 发挥社区基础平台作用。围绕居民需求和社区发展，着力构建以社区为平台、社会工作为核心、社会组织为纽带，“三社”协同合作新机制，推动社区和谐建设。建立健全以社区（村）党组织为领导核心、党群议事会为议事主体、居民委员会为执行主体、居务监督委员会为监督主体的“一核三体”基层治理工作体系，以社区党组织引领红色物业、业委会、志愿者队伍、社会组织的“五方共治”等模式，让社区成为承载各项基层治理工作的融合体。制订出台《栖霞区公益创投项目实施方案》，通过政府购买服务扶持社会组织发展，拓展社区治理和服务。协助并参与专业社工开展针对社区社会组织的孵化、培育活动；协助专业社工引入社会资源服务社区；协助并参与专业社工开展针对居民的直接服务，丰富社区服务内涵；促进民办社会工作服务机构扎根社区，增强社会互动，激发社区活力；为社区社会组织提供场地、资源和参与服务自治的空间，协助专业社工指导社会组织开展自助互助服务。

2. 强化社工机构服务功能。社工机构是承载主体，通过承接服务项目，链接社会资源，参与社区建设、服务居民，激发社区活力，促进社区发展，提高社会服务的精细化水平，丰富社区服务内容，降低行政成本。特别是发挥民办社会工作服务机构整合社会工作资源、设计服务项目和方案、提供社会工作服务等专业作用，编制符合本地区实际的专业服务规范和指导意见。培育和扶持各类社区社会组织发展，在街道层面成立社区社会组织联合会、协会、指导中心等，协助社区社会组织建章立制、规范管理、登记备案，提高居民组织化程度，提升社区社会组织服务能力。目前，全区每个社区都有 3 个以上社会组织，既补充完善了社区服务功能，也有效减轻了社区工作负担。

3. 突出社会工作专业人才支撑作用。坚持专业引领。社会工作专业人才通过开展社区建设与服务的需求调研，策划服务项目，督导项目实施，评估项目成果和影响。动员和组织社区居民、驻区单位、企业、社会组织等力量参与社区建设。识别社区需求，参与社会资源、专业资源和社区资源配置，为社区工作者和志愿者提供专业督导与实践指引。培育社区居民骨干、志愿者骨干，建立社区工作人员与社工、志愿者队伍联动服务机制，形成一支专业素质高、服务能力较强、社区居民满意的社区服务队伍，积极推进社区党员和社区居民参与社区志愿服务活动。目前，全区共有社工 933 人，893 人取得全国社工职业资格证，万人持证社工人数达 13 个 。

4. 明确各主体的联动关系。“三社联动”是有机的整体。在政府主导下，通过“三社联动”，建立社区、社会组织和社会工作专业人才相互依存、联合互动的关系，形成基层社会治理的共同体。在社会工作专业人才的引领下，促进社会组织、社会资源和各类社区主体有序参与，增强社区治理的专业能力，提升社区服务的专业化水平，满足居民服务需求，形成社会治理、社会服务和社会组织、社会工作融合发展的新型社会治理模式。

【案例 9】迈皋桥街道万谷慧党群服务中心

▶ 创新背景

为了进一步强化党在商业综合体的引领和指导作用，近年来，迈皋桥街道党工委坚持“党委领导、党建引领、服务发展”的总体思路，在万谷慧生活广场新建了楼宇党群服务中心，纳入街道两新工委管理，目前是全南京市唯一一家在纯商业领域广场打造的党群服务中心。街道工委通过开展各类党群活动，使党的领导和党建工作在商务楼宇中逐步打开局面、站稳脚跟，为楼宇经济快速健康发展指明了正确的政治方向，提供了坚强的组织保证。街道工委以万谷商业有限公司党支部为有力抓手，着力打造“诚信红谷”品牌形象，以此来引领“正版正货”街区建设，取得了党建成效和经济效益的双丰收、双促进。

国务院发展研究中心调研万谷慧党群服务中心

▶ 创新举措

万谷商务楼宇党群服务中心取名为“红谷”，建站理念是“党委领导、党建引领、正版诚信、共谋发展、方得始终”，中心分为五个区域板块：“红谷正版正货示范街区”“红谷文化长廊和党员组织生活馆”“红谷青少年教育基地”“红色影院”“党支部书记工作室和员工之家”，将党史党性教育很好地融入商务楼宇企业之中，将红色元素与正版正货相结合，全方位呈现万谷正版正货的理念和做法。万谷党支部采取“333”工作机制，将支部工作延伸到楼宇党建中，渗透到商务楼宇的每一个商户中，通过党建引领、零距离服务，来增强非公企业能动性，优化商户经营建设软环境，凝聚社会公益力量和员工归属感。同时，中心还充分激活各类组织的党建共建元素，与周边的社区党组织和驻街单位形成区域化共建，引导广大“两新”党组织积极融入区域化党建格局，也为迈皋桥地铁核心区域商圈的党建奠定了良好基础。例如，中心的“红谷青少年教育基地”与社区的“四点半”课堂相结合，发挥“社区学校”的功能作用，提供服务载体；还与街道工会、妇联、关工委、南师大志愿者联盟、蓓蕾手工坊开展合作，每周推出不同类型的活动，馆中融入体感互动游戏，让小朋友学得开心，寓教于乐；中心还与喜满客影城形成共建合作机制，定期推出“红色电影周展播”。市场的辐射力，也从迈皋桥地区辐射到主城区。

"诚信红谷"党群服务中心

▶ 主要成效

"诚信红谷"引领的党建创新，为市场建设赢得了良好的口碑和声誉，带来了实实在在的效益，使党组织在市场经营户中的地位明显提升，在推动市场发展中所起的凝聚人心等作用越来越大，也使万谷商业管理有限公司感受到了党组织的重要作用，因而也更支持党支部的活动。同时，周边非公企业党组织也在万谷党群服务中心的优质服务以及党建引领氛围的带动下，积极向组织靠拢，规范党组织生活，优化企业经营秩序，争做先锋模范企业。

第三节　双网共治，强化源头动态管理

栖霞区认真贯彻习近平总书记关于基层社会治理"三个转变"的判断，以及强化互联网思维，用信息化手段更好感知社会态势、畅通沟通渠道、辅助决策施政的要求，积极推进"网格化 +"与"互联网 +"融合，创新社区服务管理和基层组织建设工作。

1. 全覆盖划分网格。网格的划分不局限于小区和社区，划分好的地理区域

内的所有单位都属于这个网格，比如高校、“五小”行业、幼儿园、商圈等。以社区为基础单元，将全区划分成综合网格796个、专属网格121个，全部纳入“一张网”进行服务管理，“一张网”横向到边。

在“一张网”横向到边的同时，纵向到底。结合社会管理对象的特点，按照完整性、便利性、均衡性的原则，把街道地域划分成多层级的网格状单元。一级网格以社区为基本单位，二级网格根据地域面积、小区楼栋和人口数量进行划分，三级网格具体到驻街各单位。对规模较大的三级网格，继续细分和延伸网格层次，确保没有“空白点”。比如在三级网格金鹰奥莱城，将经营楼层、独立门店划分为四级网格，再将独立柜台划分为五级网格，等等。

2. 全要素整合资源。以网格为中心搭建服务平台，全体人员下网格。网格划分好之后需要力量去管理，街道在不增加现有人力财力的前提下，依托各部门和社会各方的力量，努力构建党委领导、政府负责、社会协同、公众参与的社会治理格局。

干部“上网”当先锋。对所有干部岗位职责进行重新分配，除保留少量机动人员外，街道工作人员全部下沉到一级或二级网格。如仙林街道，将95名街道和社区党员干部的办公室设在了网格，使每个干部都有一片“责任田”。全体人员下网格，街道工作人员和社工都作为二级网格负责人，每天下网格。社区工作人员重点会在居民区，都安排下到网格，29个部门合并成7个服务办公室，负责重点和业务相关。其中，一级网格由1名街道领导牵头、2—3名街道机关科长和社区党组织书记担任责任人；二级网格由机关科室人员、社区工作人员、网格党小组长担任责任人，同时吸收民警、辅警、保洁保绿等力量参与，共有服务管理人员近400人。街道、社区85%以上的工作人员全部下沉到网格，4300多名网格员活跃在三级网格中，承担着包括城市环境、食品安全、社会治安等在内的日常巡查职责。三级网格责任人就是这个单位的负责人，比如小区的物业经理、幼儿园园长、烧烤店店主等。每个单位会挂有责任牌，确保全员参与。

“七办一中心”做保障。打破传统科室的职能界限，将办公室、城管科、劳动保障科、社会事务科、经济科和七站八所的职能进行整合，设立“七办一中心”。其中，社会管理“网格化”服务中心负责统筹协调、专业推进网格中的各项管理实务，下设基层组织、城建城管、人才商务、经济发展、安全民生、

群众工作、文化事业等七个服务办公室，把网格、科室、社区工作的职能紧密结合起来，使干部由单兵作战转向团队作战。

社会力量齐参与。明确三级网格及以下层级网格由企业法人、居民群众代表等担任负责人，促进企业和群众自我管理、自我服务。引进和培育各类公益性社会组织 20 多家，人数超过 200 人，为群众开展养老服务、少儿培训、法律援助、创业指导等社会服务。发动各高校 50 多支近 2000 人的青年志愿者队伍，加入网格服务中，在满足企业和居民个性化需求的同时，进一步带动网格中负责任的企业、有爱心的居民积极参与公益活动。

3. 全网格双线互动。栖霞区“掌上云社区”治理模式结合基础深厚且成效显著的网格化治理，以社区为单位建立一个或多个微信群，以街道为单位建立“疑难杂症”处理、经验案例分享微信群，建立区级指导交流微信群“全景掌上云社区”；有的则是群众根据小区、楼栋或者共同的兴趣爱好自发建立微信群，邀请网格员入驻，实现“网格 + 网络”，推动基层管理和服务更加便捷、高效、贯通，充分发挥“掌上云社区”在线治理的平台作用，变被动处置为主动服务。

线上及时回应诉求意见，协调解决矛盾问题，丰富资讯发布内容，在“吸粉”“留粉”上下功夫；线下打造协调组织能力强、沟通技巧掌握好、素质过硬的微信服务团队，并培养热心居民、社区“意见领袖”等骨干队伍，使之成为线上的“掌红”和“掌老”，组织引导居民开展线上线下社区自治协商。通过“双线”融合，提高社区居民的共治自治能力，增强幸福感和获得感。“掌上云社区”推行以来，栖霞区全区各街道各社区 12345 投诉工单数量显著下降。依托群众的好评，其创新实践获得多家媒体及理论刊物的宣传报道，《南京日报》、新华报业“交汇点”新闻客户端以及龙虎网均以较大篇幅进行了报道，“掌上云社区”理论成果分别在中央党校《学习时报》、江苏省委宣传部《理论之光》刊登，人民网也以《江苏：用好线上“阵地”打通基层治理任督二脉》为题进行了专题报道。江苏城市频道《零距离》播报了龙潭街道龙潭村通过“掌上社区”24 小时筹集 12 万元捐款救助患儿的暖心事，并为这一快速集聚的公益力量点赞。省政府办公厅《每日要情》也评论栖霞区“掌上社区”实现民生服务和信息沟通“24 小时不打烊”。

【案例10】“双网融合”服务外籍人员

▶ 创新背景

栖霞区外资企业众多、知名高校林立、生态环境优良，越来越多的外籍人员选择来栖霞工作、学习和生活。目前，全区共有来自韩国、印度、美国等118个国家的常住外国人4319人，近3年外籍人口数量持续以20%以上的速率增长。为打造平安稳定的涉外环境，提升外籍人员在栖霞生活的便捷度，栖霞区首创“网格＋警格”双网融合管理服务模式，推动外籍人员成为栖霞高质量发展的“增量”因素，全面助力城市国际化进程。该做法获得国家移民管理局刊发推广。

▶ 创新举措及成效

一是织密涉外网格，做实精细化管理。结合外国人多样化的入境事由和社会化的活动范围，全区共梳理涉外网格232个。抓好高校源头，突出学习“格”。划分7个高校网格，通过警校合作，建立以高校自管为基础、社区民警为主体、出入境和外事管理部门为指导的三层管理体系。拓宽工作思路，采用“以外管外”工作方法，物色42名外籍网格员，明确其纠纷调解员、沟通联络员、信息采集员、法律宣传员、义务服务员的“五员一体”职责，当好学校、政府、留学生群体的“粘合剂”。立足以房管人，明确居住“格”。将常住外国人的房屋分为自住、内租、外租、空置四类，标以红橙黄绿四种颜色，实施分类管理。据统计，辖区外籍人员租房共计718间。成立“外租房”协会，将向外国人提供租房服务的房东、中介作为兼职网格员，定期召开例会并组织业务培训。目前，“外租房”微信群成员已达192人，仅2019年上半年借助该群掌握临住信息51人次，处罚违临案件11起。在外国人居住人数较多、物业比较完善的小区实行“物业外包”模式，将外国人的信息采集、住宿登记、上门走访等工作外包给物业。先期开展试点的东方天郡小区外国人住宿申报率、准确率、及时率均达100%。依托工作场所，划定活动“格”。全区境内有常住外国人就业的单位（外资企业、外语培训机构、涉外酒店、酒吧等）85家，将其按属地原则划分为43个工作网格，通过与单位责任人签订责任书，明确对外国员工管理的主体责任，并由出入境管理大队会同派出所、涉外主管部门、行业管理部门定期上门检查走访，对存在非法就业情况的列入“不放心”单位名单，增加上门检查频率和下次违规处罚力度。

二是推进数据赋能，掌控动态化信息。借助智慧卡口、实有人口动态分析系统，对外国人“住、行、消”等基础数据开展全面采集，提高基础管控和动态情报获取能力。布建无感采集网。建立和完善外国人居住地可视化电子楼盘表，在中医药大学留学生宿舍、东方天郡小区等试点区域设置人脸识别智慧卡口，对进出外国人进行无感抓拍采集，并与辖区现有常住外国人数据库进行比对，对非在库外国人通过移动警务通向社区民警推送，便于实时掌握外国人动态信息。仅 2019 年 6 月就发现了 3 起他校留学生违反临住规定跨区留宿事件。构建智能分析网。优化“实有人口动态分析系统”，实时记录常住外国人居住房间的水电气数据，并结合智慧卡口、智能门禁等设备采集情况，对异常数据进行研判分析，实时掌握外国人动向，防止非法集会、暗中串联等行为失管漏控。2019 年，根据该系统推送的 162 条涉外待核查信息，共查处违反临住登记案件 45 起。

三是主动回应需求，完善多元化服务。秉承寓管理于服务的理念，坚持需求导向，以双向促进，细致、贴心、优质的涉外服务为外籍人员排忧解难，使其在内心深处爱上栖霞、扎根栖霞。布局一个载体。通过积极对上争取，南京市涉外服务协会于 2019 年 3 月落户仙林，成为栖霞集聚涉外资源、对外宣传推介的崭新窗口。协会成立以来，与区政府联合承办了全市首届“外事日”活动，与区外事、公安、民政等部门共同成立了仙鹤国际社区外国人议事会、中外居民联合巡逻队，并主动邀请出入境管理部门入驻设点，为外籍人员提供手续办理、信息咨询等方面的服务。成立一支队伍。根据网格相靠、语言相通、文化相近的原则物色外籍志愿者，成立美洲、非洲、东南亚等 5 支个性服务队，协助社区民警向外籍人员提供证件到期提醒、法律法规宣传、纠纷矛盾调解、信息线索采集、咨询推荐等服务。打造一个平台。通过走访涉外机构、召开意见征集会、发放调查问卷等途径，收集外籍人员的服务需求，在此基础上，由区外办、区公安分局联合开发“栖小外优服”管理服务平台，一键解决临住登记、到期提醒、政策咨询、法律解读、困难求助等问题，同时，汇集栖霞境内文教卫、吃住行、游购娱等生活服务信息，为外籍人员提供实用方便的精准服务。开展一系列活动。聚焦中外文化交流交往主题，积极申报国际化重点项目，组织百余名留学生参加“读创栖霞、缘聚中华”经典诵读、七夕乞巧手工制作等特色活动，增强外籍青年学生对中华传统文化的体验和认识。策划中外家庭亲子植树、车淘义卖等社交活动，加强了外籍人员与本地居民的互动交流，有利于外籍人员更好融入栖霞生活。

点评二：

随着城市化建设的加快，加强和创新城乡社区治理，越来越受到各级党委政府的重视。正如习近平总书记所指出的，社会治理的重心在基层。社区是基层社会治理的基本单元和各种矛盾及问题的源头。习近平总书记明确指出，“基层是一切工作的落脚点，社会治理的重心必须落实到城乡、社区”。社会治理的重心下沉到基层，是我国城市管理体制从管理向治理逻辑转变的必然要求，可以使政府治理工作抓在基层，成效也体现在基层。将治理重心转移到基层，从源头抓起，创新社区治理模式，提升人民群众幸福指数，已成为社会治理创新的重要目标。

一直以来，社区给公众和居民的感觉是比较弱势，没有为居民群众做多少事情，老百姓对社区的存在感、归属感、认同感都不强。解决这个问题，需要健全以社区党组织为核心，社区自治组织为主导，社区居民为主体，社区群团组织、社区社会组织和驻区单位多元参与的社区治理结构。但是，党组织的核心作用如何发挥？居委会如何主导？居民和其他各方面的主体如何参与？这些问题看似简单，说起来也不复杂，但在实践中却很不容易找到一种成熟的、可以落地的实践方式。

栖霞区在基层治理中着眼于源头治理，强调从源头抓起，在这些社区治理难题上进行了积极探索，找到了一种行之有效的方式方法，创新性地提出了一个以党建引领社区治理的网格化社会服务治理模式。这是一种以网格化管理为支撑，以基层党组织的组织力建设为龙头，以社区党组织为核心的多元主体参与的社区治理结构。这个社区治理结构具有两个方面的意义：一方面，实现基层社会治理目标必须加强党的领导，而推进基层社会治理又是巩固党的执政基础的必然要求，这一模式使得基层党组织的管理和服务对象从街道的“面”精确到居民楼的“点”，实现源头治理，使得社区的基层党组织能够及时掌握民情民意，第一时间发现和解决问题，充分发挥了基层党组织协调和综合社会利益、引领社会和组织动员的作用，在基层社会体现了执政党对社会的领导。另一方面，以“善治”为目标导向，要求多元主体参与共治，强调国家、政党和社会等多元主体的参与互动与协调，重视社会自治力量的成长，这种模式可以有效激发社会的活力，实现多元主体的协同共治。

栖霞区之所以能够创新性地提出网格化社会服务治理模式，是因为栖霞区委区政府历来高度重视网格化社会治理，在这方面已经积累了丰富的经验，打下了良好的基础。自从党中央提出要打造党委领导、政府负责、社会协同、公众参与、法治保障的社会治理体系以来（党的十九届四中全会进一步指出，完善党委领导、政府负责、民主协商、社会协同、公众参与、法治保障、科技支撑的社会治理体系，对此栖霞区也早已布局和推进），区委区政府鼓励区属各街道进行探索，仙林街道作为网格化管理的示范单位，率先进行网格化党建探索，将基层党建融入社区网格中，让“党旗在网格中高高飘扬”，使网格化管理转向了以党建为基石所引领的基层治理。仙林街道探索的网格化党建模式，不仅实现了在城市街道和社区党的组织和工作全覆盖，让基层党组织能更好地整合资源力量、服务居民群众，而且也形成了以“网格连心、服务为先、多元联动、协同发展”为主要内容的社会治理创新“仙林模式”，走出了一条城市基层党建引领城市基层治理的路子，实现了市域社会治理现代化的重要一步。仙林街道探索的网格化党建是以基层党组织的区域化设置为前提，就是以一定的区域作为党的建设的基本单元，按照区域统筹的理念，综合运用现代管理科学和信息科技手段，科学设置党的基层组织，统一管理党员干部队伍，整合使用党建资源阵地，统筹开展党的活动，实现资源配置最优化、组织效能发挥最大化、教育管理效果最佳化、组织工作成本最低化和工作力量配备最强化。

基层党组织的网格化设置是党组织区域化的具体形式，即依托社会网格化结构建立党组织。网格化结构的本质，在于综合考虑社区所辖范围、人口分布情况、企业和社会组织情况等，依据一定的标准把城乡基层社会划分成为“单元网格”，并以此对原有的社区资源、信息、服务体系进行重新整合与协调。可以说，区域化和网格化的基层党建突破了传统纵向控制为特征的“单位建党”模式，凸显了扁平化管理和基层资源统筹协调的基本思路，与多元参与、互动协商、合作共赢的社会治理理念相融合。同时，基层党组织建设的区域化与社会治理区域性具有内在关联性，是实现基层党组织领导力向社会基层治理延伸的有效途径。在基层社会治理中，推动基层党组织的区域化和网格化设置，有利于党组织结构与社会网络结构的匹配，有利于统筹把握、协调“单元网格”

内的社会各方资源参与基层治理，有利于调动多元社会治理主体的积极性和建设性，提高社会治理绩效。其中最为重要的是，以培育社区党员志愿者和积极分子，以社区党组织和社区共同体的建设来打造网格，同时把网格与互联网技术和社会化媒体（如微信）结合起来，使单一的、科层制下的“网格化管理”变成全方位的、政府与社会良性互动的“网络化治理”。

总的来看，仙林街道的网格化党建治理模式具有两个方面的重要特色：

一是创新城市党组织建设、社区管理服务职能、信访与网格的融合机制。把网格、科室、社区工作的职能高度融合，促进资源整合与下沉，及时就地解决信访矛盾。基层政府（街道）在不增加现有人力财力的前提下，依托各部门和社会各方的力量，构建了一个党委领导、政府负责、社会协同、公众参与的社会治理格局。

二是扩大了网格的内涵与职能，使之成为多功能的治理单元与载体平台，并与信息化有机结合起来。网格不仅是基层政府行政管理中的一个责任单位，还是一个活动载体，更是服务平台。网格不仅使政府过去那种缓慢的被动应对问题的管理方式转变为利用信息化平台积极主动地去发现问题、解决问题，实现了管理手段的数字化、精确化、动态化和标准化、流程化，提高了社区管理的水平，而且实现了民生保障、经济社会发展的联帮联办，提升了社区居民的幸福满意度。

此外，在地方政府治理创新上更具有重大意义的是，栖霞区仙林街道的网格化党建与社会服务治理模式，不仅体现了重心下移、源头治理的理念；而且还能与依托平台的综合治理、优化流程的服务治理、激发活力的民主治理等新型治理模式有效衔接，从而全面深化了街道社区管理体制机制改革。自网格化服务治理启动以来，它便在电子政务信息平台基础上，按“1+N”模式（总平台＋各部门子系统），把与群众利益相关的政府职能融入网格，这为后来的区部门以“放管服”改革为契机，加快简政放权步伐，优化街道机构设置，打破“条块分割”，以网络集成的方式强化公共服务职能，提供了重要的前提和借鉴，最终形成了一个“网格化＋互联网”双网驱动、四化融合的公共行政与社会服务治理新模式。

第六章
平台依托的综合治理

当前基层社会治理基础总体还比较薄弱的一个重要原因是条块分割、部门各自为战，基层各类服务管理资源分散，形成不少服务“盲点”、管理“真空”。近年来，针对这些问题，栖霞区积极探索，在区、街道、社区建立面向居民群众，集行政管理、社会事务、便民服务于一体的服务管理平台，整合基层资源，为群众提供“一站式”服务，有效解决了基层社会治理中条块分割、资源分散、部门各自为战、服务“盲点”多的问题，在化解矛盾、维护社会安全稳定、服务民生等方面发挥了重要作用。

第一节 健全综合执法信息平台，全过程精细化治理

在不违背保密规定的前提下，将政府及公安、城管、民政、人社、卫健、应急管理、规划和自然资源等职能部门掌握的信息，以及面向群众的各类网络服务资源全面整合进网，加强数据维护和动态更新，使网格化平台成为全市各地各部门信息交换、融合、共享的总平台，以更好发挥数据集成分析功能。区综合指挥中心每天将企业设立、夜间施工等审批数据推送至区综合执法信息平台，交由综合执法大队检查及上门服务。在综合执法改革中，利用互联网技术实现精细化管理，建立区、街两级综合执法信息平台和移动客户端执法应用程序，1.7 万余路视频监控被整合进来，近 3 万家驻区企业信息被录入数据库，平台注册工作人员约 900 名，全部按检查事项清单、人员责任清单、检查任务清单，

典型案例库、法人库、处置标准库的“三单三库”要求进行信息传输，并将处置过程和结果公开，实现事件处理全过程精细化管理。

综合执法平台与数字城管、“掌上云社区”、社会治理等信息平台对接，汇聚了7.5万多个市场主体的信用信息。依托网络信息传播，大力实施“批管同步”改革，将每天新增的商事登记审批结果同步推送至区综合行政执法信息平台。区综合指挥中心将区、街服务中心受理审批的企业及个体设立、夜间施工等审批结果，做成检查任务单派发到街道综合执法大队，要求3个工作日内上门服务、综合检查。市场监管局设立维权与执法指挥中心体系，将12315、12365、12331、12345、96106等多种渠道、多个电话、多个网络进行整合，以原消费者投诉中心为基础，转型为行政执法指挥中心，实现与各科室、各分局的高效联动，每年受理各类投诉举报件15000多件，区12345申投诉平台工单按期处理率、12315平台投诉调解率及办结率均达100%。

第二节　连接区街社区网格员，构建立体监管体系

栖霞区紧盯商品交易、能源消耗、安全生产和社会治安重点场所监管四个领域，升级手段力保监管跟进，针对性推进“商品市场远程信用管理系统”“智慧能源及碳排放监测管理云平台系统”“安全生产监测预警系统”“智慧在线场所管理系统”“物联网智慧消防系统”等监管平台建设。这些平台以网络技术为支撑，紧扣行政主体和行政对象两端，集成现场实时监控、问题预警应对、数据存储利用三大功能，接入区街社区网格员监管体系，有效实现了管理动态化、自主化、规范化、精确化和一体化的“五化”目标。

“商品交易市场远程信用分类监管系统”在区内四家菜场测试成功后已应用于南京40多家市场，市民只须微信扫码即可查询货源信息、商家信用等级、投诉举报方式等，市场主办方也对经营情况实时公布，实现主办方、经营者、消费者、监管者信息互通、全程监督。

对企业实行综合评价制度，依托“商品市场远程信用管理系统”，把粮油批发、

众彩物流这两个南京市最大的食品交易市场纳入监管，通过移动 App、公共网站把各类监管信息形成立体信用评价分值在网上公示排名，并在经营网点现场公示，以信用为手段强化对市场主体的激励和约束。

"物联网智慧消防系统"是对现有传统消防的补充和信息化升级，随着人口增长和城市化发展，消防需要监管的内容越来越多，但传统消防维护受限于人力和维护成本，难以大范围、高强度地对所有建筑设施状况作全面监测，很多消防隐患无法发现，一旦有险情发生易造成重大人员、财产损失。为了提高消防安全管理水平，加强防火工作，保护人民群众生命财产安全，栖霞区进行物联网智慧消防建设，取得了显著成果。

【案例 11】物联网智慧消防

物联网智慧消防指挥大厅

▶ 创新举措

一是运用"互联网＋大数据"管理技术。物联网智慧消防利用高精度传感器，远程不间断监测建筑物消防设施状态，通过云平台将设备数据采集、数据传输、大数据分析等信息技术融合于一体，实现从现场到云端、从云端到手机 App 和网页 Web 的高效传输，以及时发现消防隐患并通知管理人员整改。

二是扩大监测覆盖范围。鉴于物联网消防设备采用无线传输、电池供电，无须破墙拉线，施工周期短，不破坏现有设施，在旧建筑消防改造方面具有极大的优势，在消除监测死角的同时大幅度降低了维护人员的劳动强度，节省了大量资金成本。物联网消防监测在覆盖传统消防监测的电气监测、烟感监测等内容的同时，新增了水网监测、风机监测、火灾报警主机系统、消防通道等新内容，使消防监测覆盖率大幅度提升。

三是实施 24 小时实时监管。截至 2019 年底，物联网智慧消防系统在栖霞区已完成部署监测点近 500 个，包括花港和丁家庄两大片保障房 22 个小区、211 栋高层住宅，以及金陵中学仙林分校、栖霞医院、栖霞政务中心、马群科创园等一批商业政府办公楼。新增监测范围覆盖消防水网监测、电气火灾监测、消防通道监测、无线烟感报警、火灾自动报警系统等主要领域。使用期间有效报警 8236 次，其中防火设备运行隐患报警 6040 次（包含喷淋 / 消防栓水压、烟雾、电气火灾报警），及时通知相关部门整改，极大地消除了安全隐患。

▶ 主要成效

消防水网监测系统成效明显。在消防水网水压最不利点，安装智能水压监测设备，实时监测水网的健康状况，包括管网漏水、偷水（如洗车、清洁）、阀门误开误关、水箱无水等问题。以栖霞医院为例，19 个监测点，2019 年 2 月共发出数据 4944 次，报警 161 次，经核查为消防栓短时水压不足，通知工作人员后已解决。花港保障房部分小区长时间发现管网欠压报警，初步判断为管网老旧渗漏，已通知管理人员制订维修及整改预案。

减少巡检人工，提高监控效率。传统消防以人工巡检和摄像头监测为主，很多消防设施状况无法掌握，比如楼宇内的消防水状况是无法通过肉眼直接观察到的，巡检人员只能通过实地消防栓放水来确定管道内是否有水，一来浪费，二来频繁开关会造成螺丝滑牙损坏设备。通过物联网智慧消防远程水压监测设备，管理人员足不出户就能通过电脑和手机实时看到各消防点的水压状况。以西花港保障房 6 个小区为例，之前物业安排 2 名巡检人员每天巡查各栋楼的消防水状况，当时的做法是人员坐电梯至顶楼检查消防栓自带水压表的数值并做记录。巡检耗时 3 到 4 个小时，只能抽查少部分消防设施，而且采集的数据并

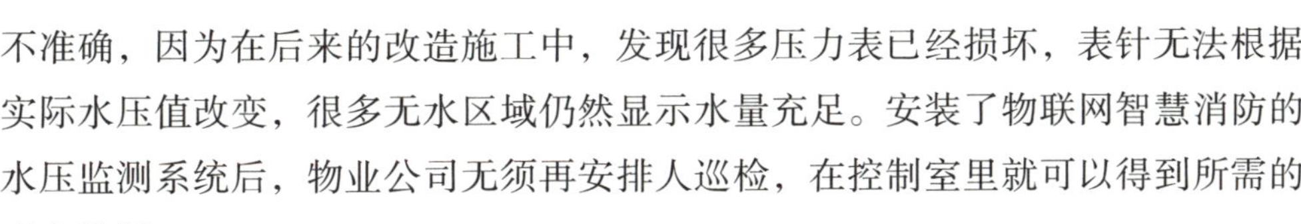

不准确，因为在后来的改造施工中，发现很多压力表已经损坏，表针无法根据实际水压值改变，很多无水区域仍然显示水量充足。安装了物联网智慧消防的水压监测系统后，物业公司无须再安排人巡检，在控制室里就可以得到所需的真实数据。

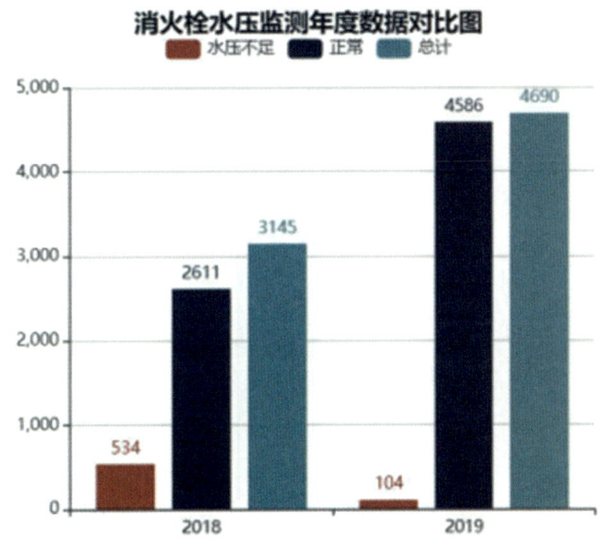

节省施工费用，减少施工时间。随着消防规范的不断完善，大量既有建筑需要根据新要求做消防升级改造。传统消防施工因为要破墙拉线，成本约为每平方米 100 多元，施工周期也很长。物联网消防设备由于是电池供电、无线传输，可以大大降低消防改造的施工成本和周期。以政务中心大楼为例，物联网消防在不破坏建筑物和消防设施，不影响工作人员正常上下班的情况下，3 天时间内就完成了包含消防水网监测、电气火灾监测、消防通道监测在内的消防信息化升级改造施工，改造成本平均每平方米不足 1 元，是传统消防的 1/100。

【案例 12】智慧工地实时监测

▶ 创新背景

2017 年 8 月 11 日，栖霞区政府携手南京联通共同打造的“智慧工地——城市建设新时代”样板示范工地发布仪式隆重召开，意味着南京首家“智慧工地”

在栖霞推出。

▶ 创新举措

智慧工地综合监管云平台的搭建和互联网技术的运用，形成了完整的物联网络，实现了在线视频实时监控上传、车辆违规不冲洗抓拍报警、降尘量超标雾炮喷淋等设备联动。智慧工地系统“智慧”地将环保、住建、城管部门日常工作深入融合，实现了“三位一体”的监管体系。同时，平台与环保执法人员的手机、电脑终端连通，让工地扬尘情况尽在掌握，最大程度契合了政府面向工地现场信息化管理的新理念。

▶ 主要成效

2018 年 4 月，住建部在杭州召开的全国智慧工地学习交流会上，栖霞区以“智慧工地”为主题，介绍区住建、环保、街道等部门关于智慧工地方面的管理经验及推广情况。“智慧工地”利用物联网技术，实现了对工地的实时监控，这在南京是首创，在全国范围内也是不多见的。截至 2019 年底，栖霞区智慧工地系统已经实现全覆盖。

“智慧工地”实时监控

第三节 筑“桩钉工程”，稳固社会安全

一直以来，栖霞区被视为南京的城乡接合部，区域板块、人群结构等呈现的复杂态势对社会治理提出了更高要求。由于客观历史原因，栖霞区保障房、拆迁安置房、小产权房以及老旧小区、无物管小区人口信息采集度一直不高。为此，2017年初，栖霞区推出“桩钉”工程，设楼栋长为“桩”，单元长为“钉”，全域打“桩”布“钉”，覆盖所有社区网格。楼栋长和单元长作为维护平安稳定的“防范桩”和“守望钉”，发动社会化力量、借助社会化手段、运用网格化管理，带领辖区每一个参与人员积极协助公安机关进行信息采集、隐患排查等工作。先后推出实有人口管控模型、信息采集外包、“二房东”管理、网格化管理、“十户联保”等模式，筑牢治安屏障，推进社会治理的共建共治共享。尤其在针对马群等地区打而不绝的传销问题时，结合“桩钉”工程，建立租户大数据信息库，清理传销人员5000余人次，打处违法犯罪人员160余人，捣毁了整条传销链，辖区内实现了“零传销”，得到了群众的强烈支持。2017年5月，“桩钉工程”获全省公安机关改革创新成果优秀奖，并被公安部、省厅简报以及《人民公安报》、《南京日报》、人民网、龙虎网等中央、省市媒体广泛刊载，形成了栖霞区以契合地域特点的社会化力量、科技化手段、物防性措施等多元素为“钉”的社会综合治理新模式。

一是打“桩”布“钉”，建设楼栋长队伍，解人口信息采集之困。为了解决保障房、小产权房、老旧小区等信息采集力量薄弱，实有人口和出租房屋信息采集不到位的困局，通过推荐、自荐、遴选方式，组建小区楼栋长、单元长、楼层长队伍。明确每名楼栋长担负政策宣传员、信息采集员、矛盾调解员、义务消防员和治安巡防员等五个方面的职责，“五员一体，一人多责”，加强业务培训，实行挂牌上岗，切实提高作用，发挥实效。楼栋长、单元长住在本小区、本楼栋、本单元，对人员变动掌握更主动、更彻底，获取信息更便捷、更及时。“下去一把抓，回来再分家”。每天楼栋长、单元长在责任楼栋、单元走家串户，开展巡防，采集信息，发现隐患。为每位社区民警拨发1万元专项配套经费，专门用于对楼栋长、单元长信息采集的奖励，进一步提高其工作积极性、主动性，

提升了保障房片区人防基础。

二是自管自治，推出“十户联保”，强农村地区治安管理基石。农村地区由于辖区范围广，加之群防群治基础相对较弱，信息采集存在死角和盲点。栖霞区进一步深化和创新农村地区“桩钉”工程形式和内涵，推出以“村民自治”为导向的“十户联保”模式，充分发动和依靠群众的内生动力。“十户联保”以每10至12户为一组，选举老党员、老干部等有较高威信的人员任小组长，提高凝聚力。组内每户签订“十户联保邻里守望承诺书”，通过承诺的形式，让村民知道什么“该做”、什么“不该做”，提高向心力。每月组织组长工作例会，总结交流、互通信息、部署工作，提高执行力。同时，通过对采集流动人口和出租房屋信息进行奖励，对各小组信息采集、遵纪守法等情况进行积分考核公示排名，激发全体村民工作原动力。“十户联保”模式的推行，进一步完善了农村地区群防群治基础，人口信息采集触角更深入，信息来源更灵敏。

三是购买服务，小区信息采集“外包”，解放警力，提高效率。商品房小区物业管理成熟，物业对小区情况熟悉，信息掌握及时，在采集实有人口和出租房屋信息方面有优势。按照政府购买公共服务的思路，在辖区高科荣境小区率先推行商品房小区实有人口和出租房信息采集“外包”新模式，把信息采集工作交由物业公司来做。在试点初期，一个多月的时间即取得预期成效，新采集登记出租房77户、流动人口163人、寄住人口18人、境外人员8人。

四是借力科技，建立实有人口动态管控模型，为人口信息采集插上“翅膀”。研发“实有人口动态管控模型”，通过对各类社会面海量数据进行分析研判，把需要采集的数据在最短时间内向社区民警推送，再由社区民警组织协管员、楼栋长上门核查，大大缩短了实有人口管理周期，提高了工作效率和信息采集的精准度。该模型在马群派出所花岗责任区试点中，一个月内推送有效数据2.3万余条，补录寄住人口1932人、流动人口6364人、房屋出租户4321户，工作效率提高2.3倍。

五是紧盯源头，规范“二房东”管理，信息采集保障有力。近年来，栖霞区“二房东”大量出现，作为房屋出租源头，因发现难、信息采集难、责任落实难，自出现之日就成为管理难点。为破解这一难题，严密源头管理，让信息采集变得更加“轻松”，在尧化门派出所试点进一步强化和规范“二房东”管理，

试点当年共登记“二房东”76人，掌握出租房源1131套，采集群租房984户（均为“二房东”经营），采集“群租房”承租人4312人。成立“二房东”协会，制定协会章程，通过行业自律，自管自治。建立出租房屋“样板间”。提出“七个一”管理要求，并聘请专业电工对房内电路进行规范整修，消除消防隐患。强化依法处罚，发挥法律支撑保障作用。2017年9月22日，区公安分局对2名“二房东”出租屋存在消防隐患进行处罚，开出全市首批针对“二房东”的罚单，有效巩固了“二房东”管理成效。

六是优化组合，升级网格化布局，促工作成效倍增。依托大学城社区网格化管理布局，使信息采集的触角延伸得更远、根扎得更深。第一，网格并轨。将警务责任区与社区网格并轨，在同一个网格框架下“同步领导，同步考核，同步推进”。第二，人员重组。按照“1+N”模式，“1”代表社区民警，“N”代表所有网格力量，社区民警在其中穿针引线，加强组织协调，使网格力量组合更加紧密，工作起来更有战斗力。第三，多“务”融合。将警务与社区党务、社务有机融合，建立“一网多能、一员多责、资源共享”的信息采集格局，实现“1+1>2”的功效。第四，人力优化。在仙林派出所设立“大学生社会实践基地”，聘请一批困难学生作为派出所兼职“信息采集员”，这样既充分发挥了大学生本身优势，又为他们提供了勤工俭学的机会，实现了工作效益、社会效益双赢。

【案例13】“桩钉工程”——栖霞社区综治警务一体化的探索

“桩钉工程”，是南京市公安局栖霞分局在党委政府和上级公安部门的领导下，在坚持发展新时期“枫桥经验”的时代背景下，以“实事求是，因地制宜”为总纲，通过发动社会化力量、运用网格化管理、借助信息化手段，不断打牢平安防范桩基，布密社区服务管理螺钉，进一步夯实公安基层基础工作，实现从根本上压降和打击违法犯罪、消除风险隐患、建设平安栖霞的一项系统工程。

该项创新举措被公安部简报刊载推介，有力提升了社会治理效能。一是社区警务基础布局更加扎实稳固。进一步布密了基础工作网络，把楼栋长、志愿者等“桩”“钉”力量更加紧密串联，弥补了因辖区面积大管控不到位的短板。二是“民意110”工作指数提升。2019年全区群众满意度平均96.43%，同比提

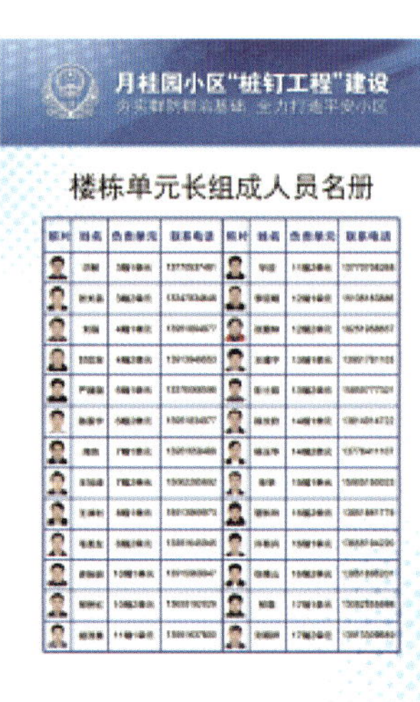

“桩钉工程”工作剪影

高 1.28 个百分点。三是促进了实有人口和出租房屋管理，做到底数清、情况明。2019 年，全区新登记流动（寄住）人口 17.78 万人；新采集出租房屋 2.35 万户，同比增加 46.35%。四是减少了侵财性案件的发生。2019 年，全区入室盗窃案同比下降 19.05%，盗窃电动车案件同比下降 8.94%。五是压降了街面侵财性案件发生。警务室建设促进了巡防工作开展，对违法犯罪造成震慑，街面“两抢”案件同比下降 66.67%。

【案例 14】实有人口动态分析新模型

为解决人员快速流动背景下信息采集难、数据更新周期长、人员管控重点不清等问题，栖霞区公安分局深度变革传统人口信息采集模式，自主研发“实有人口动态分析系统”，荣获 2018 年公安部“基层技术革新”一等奖。

实有人口动态分析系统是基于标准地址，综合运用海量数据及大数据算法，辅助网格化社会治理的科技信息化实践。系统从以房管人这一独特视角，自动比对公安内部警务数据和外部水电气、公共自行车等生活数据，实现房屋四色分类（自住、人户分离、出租、空置）、疑似漏登记人员推送、疑似未注销人员推送、标签可视化管理和时序数据库轨迹分析等功能，达到民警减负、工作增效、治理提质的目标，实现以情报引领社区警务的全新工作模式。

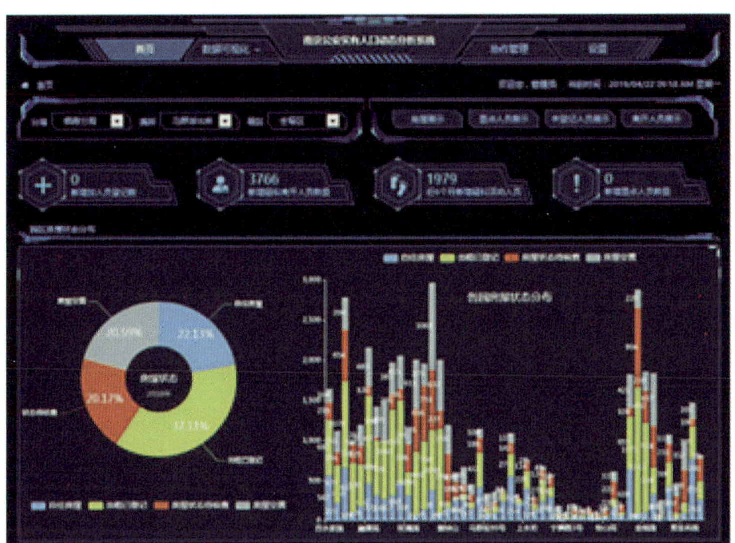

实有人口动态分析系统

荣获公安部基层技术革新奖一等奖

第四节　造“社区大脑”，建社区综合服务平台

近年来，辖区人口有效管理难、市容环境实时查看难、综治联防精准到位难、居家养老及时通知难等问题一直困扰着栖霞区的基层社区治理者。为有效解决

这些难题，真正落实以“绣花”功夫推进城市精细化管理的要求，栖霞区努力探索智慧管理系统建设，着力打造“社区大脑”综合服务管理平台，积极构建网络化信息指挥中心，为社区环境监控、平安防控建设、人口房屋有序管理提供“智能大脑”支撑。

一是综合运用“互联网+”。该综合管理平台将构建信息化、智能化、立体化信息采集系统作为基础任务，创新采用无人机对辖区进行地毯式航拍，精密构架GIS地图，实景地图显示精确到米。为推进社区治安监控补盲，在主要道路、小区各出入口、公交站台、商铺等人员密集区域安装星光级监控探头，全面强化治理工作中的“科技含量”。建立重点人员库，对社区矫正等重点人员的卡证信息、人脸信息进行采集，分析重点人员行为，对各类异常行为进行预警防控。

二是科学划分网格。将社区管辖区域合理划分网格，为网格长配置专属网格PC电脑、北斗定位对讲系统等专业设备，实现了信息交互联动并快速流转到人（手机、平板、电脑、大屏）。社区指挥中心借助GIS地图进行网格实时在线管理，对于网格内的诉求、问题隐患等工作做到了源头发现、采集建档、分流交办、检查督促、结果反馈，形成高效闭环工作流程。

三是强化信息采集基础工作的统一领导。在尧化街道开展试点，成立了栖霞区信息采集尧化试点领导小组，由区委政法委副书记任组长、区公安分局副局长任副组长，抽调街道、社区、人口大队、派出所业务骨干组建工作专班，同时明确由社区民警负责加强与街道各个社区的沟通协作。根据试点工作要求，首先明确由尧化街道负责网格划分，派出所负责警综平台标准地址关联社区网格地址，科信技术人员负责网格标准地址的录入与关联工作；其次明确由街道、社区负责网格巡查和社情民意的采集工作，派出所负责户籍人口、流动人口、寄住人口、房屋出租户等采集核查工作，抽调派出所消防特勤负责网格门面房消防巡查工作；最后明确此次试点工作的时间节点，建立奖惩制度，出台相关的奖励与问责机制，由公安分局人口大队、街道综治办牵头跟进督导，确保试点工作推进落实。

四是推进平台应用延伸。利用数据库及GIS实时地图构架党建工作管理新模式，重点聚焦社会治理体系和治理能力现代化，以“党建+”推进“社区大脑”

建设，实现管理变治理、民主促民生、应急变长效，搭建党组织与党员、党员与党员、党员与群众之间良性互动的平台。此外，社区全面采集辖区内独居老人信息，建立空巢、孤寡老人的社会照料的便捷高效的智能化系统：在独居老人住处安装无线烟感探测器，对厨房冒烟进行实时监测；在卧室床头位置安装一键紧急呼叫按钮，对紧急救助进行一键呼叫，均实现了信号与社区指挥中心的无缝对接，社区老人的获得感幸福感安全感进一步增强。

【案例 15】迈皋桥街道兴卫村“社区大脑”

省民委调研兴卫村社区

▶ 创新背景

兴卫村社区位于南京市栖霞区迈皋桥街道，东临栖霞大道、南倚紫金山，毗邻经五路，华电北路、兴兴路贯穿社区中心，下辖 13 个小区、3 个自然小组，拥有一座陵墓及一座兴卫大山。管辖面积约 3.8 平方公里，人口 3 万余人。近年来，辖区人口有效管理难、市容环境实时查看难、综治联防精准到位难、居家养老及时通知难，同时陵墓地区火灾隐患等问题一直困扰着社区管理者。为有效解决这些难题，真正落实以“绣花”功夫推进城市精细化管理的要求，社区努力探索智慧管理系统建设，着力打造“社区大脑”综合管理平台，积极构建网络化信息指挥中心，为社区环境监控、平安防控建设、人口房屋有序管理提供智能大脑支撑。

▶ 创新举措及成效

社区将管辖区域划分为7个网格，为网格长配置专属网格PC电脑、北斗定位对讲系统等专业设备，实现了信息交互联动并快速流转到人（手机、平板、电脑、大屏）。社区指挥中心借助GIS地图进行网格实时在线管理，对于网格内的诉求、问题隐患等工作做到了源头发现、采集建档、分流交办、检查督促、结果反馈，形成高效闭环工作流程。社区积极推进平台综合应用延伸，利用数据库及GIS实时地图构架党建工作管理新模式，重点聚焦社会治理体系和治理能力现代化，构建兴卫村社区可视化信息管理系统“1+7+N”体系，其中，“1”是指1个信息中枢，社会管理“网格化”服务中心安排专人负责监测和处理网格发现的问题和群众反映的需求，形成全街道社会管理信息系统的指挥中枢。“7”是指7个移动终端，为7个一级网格社区书记的手机配置信息管理系统，主要有两个功能：一是可以在第一时间接收到所在网格中各个社情民意服务站反映的信息；二是对解决不了、需要援助的问题，可以随时随地将现场的视频、图片采集传输给“网格化”服务中心，服务中心将根据问题类别分别传递给7个专业办公室，提高问题处置效率。“N”是指N个固定终端。在群众较为密集的小区、高校等公共场所，设立多个社情民意服务站，目前已经建成了10个。主要有两个功能：一是“网格化”服务中心和7个移动终端可以随时通过社情民意服务站上的监控探头，观察重要路口、区域的街面情况；二是任何人在24小时内随时可以通过固定终端的“一键式”服务，通过视频向街道反映情况、提出诉求，“网格化”服务中心和同一个网格的移动终端能够立刻收到信息，确保群众反映的问题及时得到处理，更加畅通了社情民意反映渠道，提高了社会服务管理工作效率。

点评三：

现代城市的综合治理须注意城市治理主体、治理要素、治理资源之间的整体协同，将各种要素和资源充分调动并有机结合起来，以实现“综合治理”。然而，在基层治理中，“上面千条线，基层只有一根针”，这种“线”与“针”的矛盾以及现行的条块分割体制，使得在基层社会中一些突出问题长期存在。其原因在于，这些问题往往是跨部门、跨行业、跨区域的，有的还跨越了较长时期，工作链条很长，单纯依靠一个职能部门、一个地区很难做好，迫切需要综合施策，实现综合治理。综合治理是针对碎片化、条块分割治理的一次革命，有利于打破部门主义、区域主义的权力割据和势力范围，要求着眼于政府内部机构和部门的整体性运作，主张从分散走向集中、从部分走向整体、从破碎走向整合，实现政府各层级、各方面职能的有机协调、综合施策。

然而，由于现有的行政管理体系是一种基于科层制的制度安排，这使得条块分割、部门权力割据成为一个客观现实，也是地方政府在实现整体性治理与综合治理目标的进程中难以回避的问题。社会治理的对象非常复杂和多元，涉及面广，需要多个政府部门和机构协调解决。传统的社会管理运行机制存在多头管理、推诿扯皮的现象，这一方面是由于我国政府职能转变不到位，存在职能交叉、界定不清的问题，另一方面在机制建设上存在主体混乱、运行不畅的情况。行政管理部门多，易产生内耗，不利于提高行政效率。例如，对城市摆摊经营饮食的个体户管理，就涉及城管、市场监管、治安、环保、卫健、交通等执法职能部门，形成“十个大盖帽管一个破草帽”的现象。改革开放以来，我国开展了多轮机构改革，旨在调整政府机构设置，使之更好地匹配现实的治理需要。近年来的“大部制”机构改革，便是对过去分部制改革的纠偏，目的在于通过部门合并，将原本过度切割的行政权力重新统合起来，降低协调成本，但收效并不明显，再加上政府部门之间的协调成本随着公共事务治理的复杂化而不断提高，这使得传统的机构改革无法适应外部世界日益增长与变化的复杂性。如何有效降低政府各部门、各辖区之间的协调成本以匹配现实中的整体性治理需要，是开展综合治理必须面对和解决的问题。在这方面，南京市栖霞区充分利用互联网和信息化手段，构建了综合治理平台，通过新技术的应用倒逼城市传统治理体制的改革，以较低的协调成本高效实现了整体性政府的治理目标。

互联网、大数据以及信息通信技术等作为第一生产力的科学技术，是人类历史上最具创新性、通用性、颠覆性的科技，不仅能够引领生产力变革，而且带来经济与社会运行机制的根本性重构，引发了经济制度、政府职能、市场体系等生产关系的深刻调整。党中央国务院高度重视和利用这一新技术手段加快全面深化改革进程。2015 年 8 月 31 日，国务院印发《促进大数据发展行动纲要》，系统部署大数据发展工作，要求各地加快大数据部署，深化大数据应用。目前，基于互联网的信息化平台和大数据技术在公共安全方面应用比较普遍，各地在这方面的普遍做法是加大公共视频监控建设力度，建立治安防控网。

栖霞区对互联网和大数据技术的应用，一开始就不限于单一的公共安全领域，甚至也不限于公共管理领域，而是把它作为地方政府稳增长、促改革、调结构、惠民生和推动基层社会治理能力现代化的内在动力和利器。栖霞区的做法是通过应用互联网、大数据以及信息通信技术，秉持开放、协作、责任的理念，全面推进政府自身改革，倒逼各部门和辖区各街道简政放权、放管结合、优化服务，促进体制机制创新。在不改变现有行政管理制度的条件下，实现了基层管理的体制机制创新，有效地整合了各种资源，使各部门、各区域的治理资源从分散走向集中、从部分走向整体，实现了资源集中和综合施策。

栖霞区从 2010 年起开始大规模运用现代信息技术与网络集成手段，以尧化街道作为试点单位，分级分类推进新型智慧城市建设。通过统筹发展基层政府（街道）的电子政务，构建了一体化在线服务平台与基层综合服务管理平台。栖霞区的这个平台建设是以网格化管理为基础、以社会化服务为方向、以信息化为支撑，利用现代技术建立社区管理网格与综合平台无缝对接的数字智慧城市管理体系，构建了以信息化为支撑的网格化组织架构，编织进区（小区）入户（楼幢）、上下联通的“大网络”，集成动态采集、交互共享的“大数据”，搭建了集信息收集和指挥管理于一体的数字化大平台。通过这个平台，栖霞区首先实现了以“全科政务”的模式来提升“一站式”的服务管理能力。由于这个平台可以与网格对接，因此辖区各街道可以将科室职能进行整合成立综合性机构，并建立网格与办事机构的工作衔接机制，使网格能够解决问题、发挥作用，减少了工作的流程和环节，提高了办事效率。网格作为工作责任区，将不同条线

的工作叠加到同一责任人身上，工作力量明显集中，使基层政府的人力和资源得到有效利用。

与此同时，栖霞区以平台为基础，通过职能整合、人员下移、资源下放，改变了原有的条线分割、层层下派的工作模式，建立起综合性的行政执法平台。综合执法改革创新方案的技术原型是发达国家电子政务发展中的“过程集成模式”。在“过程集成模式”中，电子政府同样被分为接受公民事务受理的前台和部门协同解决问题的后台。前台作为一个虚拟的、统一对外的服务窗口，承担公众请求的接受和最终服务结果的返回；后台作为各个实际的服务流程运作环节，由各职能部门内的相关执行机构和人员组成，负责具体的服务执行。通过这种安排，公民与后台被完全隔离开来，只需要与前台接触即可，而后台各部门之间的密切协同则建立在网络技术的协助同步基础之上。总的来说，这种技术安排更注重通过“网络联动”来实现“部门联动”，以克服条块分割的问题。同时，栖霞区还通过综合执法改革，将政府的相关职能部门进行了充分整合，解决了综合执法人员的组成及编制问题，打破了现有行政执法力量条块分割的障碍。依托平台的综合指挥（行政执法）系统和信息资源（大数据）优势，栖霞区不仅实现了社会服务管理的精细化和综合化，而且在区一级政府层面上打破了各部门、各区域的信息壁垒和权力割据状态，构建了综合执法体系，把区属部门“管得着”的权力和街道“看得见”的能力有机结合起来，一举解决了由于条块分割所造成的“管得着的看不见、看得见的管不着”的城市治理难题。通过优化整合城市规划、卫健、应急管理、交通等相关部门的业务信息和实时数据，构建信息资源共享体系，更好地用信息化手段感知社会态势、畅通沟通渠道、辅助科学决策，为基层党委政府综合决策提供支持。

在平台的建设上，栖霞区有几个方面的经验值得特别点赞：

*一是一开始就注重整体规划和顶层设计，高起点建设。*平台涉及政府诸多部门和区属各街道，是一项复杂的系统工程。栖霞区的平台建设通过整体规划和顶层设计，有效避免了重复建设。同时，特别注重把平台与网格化管理有机结合，引导和实现社区网格化治理工作向网络化、数字化、智能化方向发展。其创新之处在于不仅推动区级网格信息综合平台建设，而且逐步推动街道建立网格化综合信息服务平台，进一步完善涵盖社区居民的基本信息和个性化需求

的社区居民信息库，不断拓宽社会管理信息化的应用领域，最终实现政府服务管理、社区治理与群众需求无缝对接和服务领域全面覆盖。

二是注重完善数据标准，建立数据共享机制，构建一个由政府主导、全社会支持的基础数据库。栖霞区制定和完善了各街道和部门的数据采集标准与交换标准，构建数据采集、数据汇总、数据应用、数据监测、问题数据发布等完整的工作流程和工作机制，建立数据质量责任制、数据质量检查制度和数据质量管理制度，建立数据共享机制，统一数据接口，完善信息安全和公开规范制度，推动政府内部数据整合、信息共享。栖霞区将各部门、各街道分散的、独立的信息系统整合为一个互联互通、业务协同、信息共享的“大系统”，实现公安、民政、城管、卫健、人社等信息平台的关联共享，为实施扁平化、可视化智能指挥调度提供重要辅助；构建多级互联的数据共享交换平台体系，促进重点领域信息各级政府部门共享。尤其是栖霞区市场监管局特别注重利用数据共享机制实现企业信用监管，加大数据分析、利用，创新监管模式，从而提高了市场监管部门的监管效能和公共服务能力。

三是以网格化管理来紧扣行政主体和行政对象两端，强化平台建设的集成性。无论是打造“社区大脑”综合服务管理平台，还是将综合执法平台与数字城管、“掌上云社区”等信息平台对接，以及将12315、12365、12331、12345、96106等多种渠道、多个电话、多个网络进行整合，将原消费者投诉中心转型为行政执法指挥中心等做法，其特点均是强化平台的集成性。这些平台一方面是以网络技术为支撑，紧扣行政主体和行政对象两端，集成现场实时监控、问题预警应对、数据存储利用三大功能，这是其集成性的体现之一。更为重要的是，栖霞区一开始就有意识地将这些平台接入区—街—社区（村）—网格员四级体系，使网格化平台成为全区各地各部门信息交换、融合、共享的总平台，这使得栖霞区的平台建设不仅局限于功能的集成，而且突出组织体系的集成，即利用网格化管理平台来集成区、街、社区、网格员这四级治理主体，从而形成一个线上线下完全对接的治理体系，这才是其集成性的关键创新所在。通过这样的集成性创新，治理和服务效能大大提高，12315平台投诉调解率和办结率均为100%，有效实现了治理的动态化、自主化、规范化、精确化和一体化。

此外，栖霞区还利用这些平台来创造性地贯彻落实国家、省市“放管服”

改革要求，即以行政体制改革为抓手，以互联网技术和信息管理系统构建倒逼行政管理体制改革。其成功之处在于，利用这个平台在区、街道、社区、小区乃至更小的网格层面上构建了一个全方位、立体性的“全科政务”体系，以互联网和大数据的信息传播、留痕、检验等手段，有效地解决了地方政府公共服务重心下移、权力下放到街道、社区、网格以后所产生的权力委托与监管难题。

总之，栖霞区依托一体化在线服务平台与基层综合服务管理平台，实现了综合治理，提升了社会治理的制度化、程序化、法制化水平，构建了一个符合基层政权建设、适应新型城市化高质量发展需求的“综合平台 + 整体性政府”的治理体系，推进了政府治理的创新与基层治理体系和治理能力的现代化。

第七章
规范制度的依法治理

传统社会的治理主要是自治和德治，今天则是一个法治社会，现代化的基层社会治理既要贯彻现代民主法治意识和道德观念，也要继承发扬传统社会的治理精华。栖霞区坚持立足当前与着眼长远相结合，注重运用法治思维和法治方式，加强社会治理基础性制度建设，注重完善社会矛盾纠纷多元化解机制，健全人民调解、行政调解、司法调解联动工作体系，加强专业性、行业性调解组织建设，用健全的法治体系管住权力、规范执法，提升治理水平。

第一节 注重基层民主法治，强化依法依规治理

在依法治理的问题上，栖霞区一方面深入贯彻居民委员会组织法、村民委员会组织法等基层群众自治法律法规，引导和支持城乡社区基层组织、行业和社会团体依法通过规约章程自我约束、自我管理，规范成员行为，依法维护成员合法权益，另一方面注重强化建章立制，促进担负社会治理职能及具有行政执法权的各街道、各部门依法行政、严格执法，社会各行业依法办事、诚信尽责。

1. 着力提升民主法治创建质效。法治是社会治理创新的重要支撑和根本保障。栖霞区在推进社会治理创新过程中，强化民主法治指引，重视激发社会自我调节能力，加强社会的自治能力，为社会治理创新提供了新的思路。栖霞区创新建立三级公共法律服务实体平台，整合律师、公证员、调解员、基层法律服务工作者等法律服务力量，集中提供服务。目前全区市级民主法治示范社区

创建率达 100%。

“强”领导，健全组织保障。成立以村（社区）党组织负责人为组长、村（社区）主任为副组长的民主法治示范村（社区）创建工作领导小组，把依法治理工作列入村（社区）两委重要议事日程和工作安排，切实加强民主法治创建工作组织领导；配齐配强综治办、调委会、法律顾问和法律志愿者队伍，提高政治素质，加强法治培训，保障村（社区）依法治理工作有序有力有效地开展。

“建”平台，营造法治氛围。在全区各村（社区）建立法治图书角、法治宣传栏等平台载体，在有条件的村（社区）推进法治文化示范点建设，并运用新兴媒介开展法治宣传活动，借助平台举办“民主法治示范村（社区）”创建工作培训班，打造“点线面”多层次、立体化、全方位的民主法治创建格局，提高社区居民对创建活动的认识，以赢得更多支持、理解和帮助，营造依法办事、遇事找法、解决问题靠法的良好法治氛围。

“重”培育，实现华丽蝶变。建立民主法治村（社区）创建梯度培育“储备库”，各街道提前一年确定创建申报名单，街道司法所对申报村（社区）进行一年的创建指导、培育和孵化。培育期满后，由区司法局会同民政局进行审核、推荐申报。梯度培育机制实施以来，全区 9 个街道已有 38 个村（社区）申报梯度培育，根据“培育一批、成熟一批、发展一批”的原则，创建工作由“拔苗助长”转变为“培育孵化”。

“精”管理，确保善作善成。完善已创建村（社区）跟踪考评考核机制，形成“村（社区）季度自查、司法所半年督查、区级年度审核”的良性运行模式，强化组织制度、民主建设和法治建设的动态检查，要求“常回头看、自揭短处、自挤水分、自查自纠”，杜绝放任不管、任其发展，确保民主法治创建工作善始善终、善作善成。

2. 扎实推进综合执法体制改革。栖霞区开全国先河，探索实行了“检查权与处罚权”相分离的综合执法体制改革，将 1313 项与群众生产生活密切相关的权责交由街道综合履行，将执法力量下沉到街道，使大量基层的违法行为和安全隐患被消除在萌芽状态。

实施两权分离，坚持清单明责。对区政府部门现有行政执法权力事项，按照行政检查职能与行政处罚职能相对分离的原则，重点将与群众生产生活密切相关、执法频率高、多头执法扰民问题突出、专业技术要求适宜等方面的行政执法检查权相对集中交给街道履行，下移执法重心。区政府部门依法履行行政处罚权及行政强制权，并加强对各街道综合行政检查执法工作的业务指导。全区建立全面覆盖、没有交叉、没有空白、区街明晰的执法权力清单制度，其中，街道建立行政检查事项清单，区政府部门建立行政处罚、行政强制和保留的行政检查事项清单。

健全综合监管，完善执法保障。为提高执法效率，增强执法透明度，综合行政执法体制改革还包括建立统一的行政执法监督考核制度，加强对执法人员的法制与业务培训，切实提高街道执法大队的整体素质和执法水平，严格实行执法人员持证上岗和资格管理制度。另外，街道综合行政检查执法所需经费纳入区级财政预算，严格执行罚缴分离和收支两条线管理制度。

第二节　建章立制、完善规约，打造规则体系

1. 强化建章立制，持续规范推进。事贵善始，尤须一以贯之直至善终。要把一项事情、一套好的做法确立和延续下去，建章立制、严格规范、狠抓执行最重要最有效。2011 年栖霞区委区政府出台《关于加强社会管理创新开展“双枫连心”幸福栖霞创建行动的意见》。2012 年下发《栖霞区网格化社会服务管理工作考核办法》《关于建立栖霞区幸福都市指标体系的意见》。2013 年 6 月制定《栖霞区“幸福栖霞圆桌会”实施方案》和《幸福栖霞民情志愿者工作规则》，同年 11 月下发《栖霞网格化社会服务管理规范》地方标准，并出台了《栖霞区网格化社会服务管理工作规范指导 100 问》《栖霞区全媒体社区服务（科普）阅览屏管理暂行办法》《政府购买残疾人服务指南》《政府购买法律咨询服务指南》《政府购买养老服务指南》。2014 年制定《栖霞区推进“三化融合”发展　创新社会治理体系建设的意见》《栖霞区深化街道和社区体制改革的意见》《街道政务服务中心建设指导意见》《街道网格化信息指挥中心建设指导意见》。2015 年制定《栖霞区街道社会建设月度考核办法》《社会治理月度考核项目指

标解释和统计说明》《街道网格化社会服务管理规范》，报经国标委备案正式发布《栖霞区2015年度幸福都市考核办法》《栖霞区关于推进“政社互动”工作的实施意见》《网格民情圆桌会操作细则》《困难群众医疗综合救助办法》《支出型贫困家庭生活救助暂行办法》《关于深化医药卫生体制改革　建设现代医疗卫生体系的意见》。2017年制定、印发《全区社会建设月度考核办法》，出台《深入推进网格化治理的实施意见》。2018年出台《公共空间“微更新、微幸福”活动工作方案》。2019年推进“不见面”审批改革3.0版。栖霞区在工作中注重制度建设的科学性、实用性、长效性、可操作性，持守于法周延、于事简便的原则，对各项制度进行细化、量化、具体化，确保可执行、可监督、可检查、可问责，取得了良好的效果。

2. “范定”制度，规范创建标准。社会主体的流动性使中国乡土社会正在发生巨大变化，传统的乡规民约已经过时，亟待修订。以社会主义核心价值观为引领，与时俱进，构建适应时代需要的乡规民约作为乡村社会价值观的标准，成当务之急；应广泛发动，因地制宜制定易操作、可落实、能见效的行为准则，让这些行为准则潜移默化，对本地每个居民的世界观、人生观、价值观起到引领性和导向性的作用。基于这一认识，栖霞区重新修订了《村（社区）民主法治创建工作指南》，赋予“四民主两公开”新的内涵，细化“村（居）民自治章程、依法治理、法律服务、依法维权和矛盾化解体系”等五项规定，丰富《村规民约》《财务公开制度》等规范文件内容，掷地有声、落地见效，为依法决策、民主管理和村民自治树立良好的标杆和准则。

3. 标准化行政权力清单，把“权力关进笼子”。梳理标准化清单，明确区行政权力办事指南的编制范围，做到“两个全覆盖”。一是部门全覆盖。即办事指南的责任单位既包括有关工作部门，也包括垂管部门或双重管理部门。二是类型全覆盖。既包括行政许可，也包括行政处罚、行政奖励、行政强制、行政确认、行政征收、行政征用、行政给付、行政裁决和其他行政权力等；既包括市区两级的权力事项，也包括法律法规规定须转报上级的审核转报事项。

*掌握区行政权力办事指南的类型和编制规范。*根据国务院审改办、国家标准委发布的《行政许可标准化指引（2016版）》要求，结合工作实践，确定审批类权力、行政处罚类权力、管理类权力第三种类型的办事指南样式表格，并

根据不同类型确定各类表式的基本信息。明晰区行政权力办事指南编制的具体要求。编制办事指南的具体要求可以概括为“逐项、分类、准确”：“逐项”即指南按权力事项逐项编制，不得出现多个事项一个指南的现象；“分类”即权力事项细分业务的，如审批分为登记、变更、注销等，按业务分类编制办事指南；“准确”即指南表格信息填写完整准确，因为每一项信息都要在江苏政务服务网上公示，所以一定要真实准确，为行政相对人办事提供方便。

严格区行政权力办事指南的审核标准。审核办事指南时注意“三个是否”：指南编制是否全面，填报质量是否达标，报送形式是否规范。尤其是对各项指南的关键信息进行审核时做到“四个不得”：不得擅自增加条件，提出法律法规、规章没有规定的条件，随意增加行政相对人义务；不得出现兜底性表述，如“其他法律法规规定的材料”“其他相关材料”等；不得将投诉电话与咨询、查询电话相同，必须畅通投诉举报渠道；不得超过省里规定的每项权力事项办结时限，省里在编制指南时已经将办结时限压缩到法律规定时间的50%的，根据实际情况，深化以审改为龙头的“放管服”改革，便利企业和群众办事，在确保安全、环保的前提下，尽最大可能优化简化审批流程，进一步压缩办结时限，坚持言行一致、承诺践诺。

全面推行权力清单标准化建设，建立“不见面”事项清单，减少主观用权空间。通过权力清单标准化建设，除涉密和法律法规有特别规定外，区街两级共梳理出“公司登记、施工许可证发放、社保证明打印、市民卡挂失、二胎准生证办理”等182项“不见面”政务服务事项，全部纳入事项清单，进行标准化管理，取消没有法律法规依据的证明和盖章环节。梳理权力清单后，向社会公布，其中网上审批服务事项78项，代办、陪办和上门办理服务事项104项。同时，对128项行政许可、211项备案事项进行全要素梳理，行政权力事项清单和办事指南全部标准化入库，并向社会公布。向社会公布事项清单，做到凡是能够实现不见面办理的事项“应上尽上”，最大程度放宽服务范围，减少主观用权空间，实现权力阳光运行，通过政府放权让利的“失”和“痛”，换来企业和公众办事的“得”和“爽”。网络就是一个无形的笼子，“不见面审批”不仅方便了群众办事，还通过“把权力关进笼子”，减少了见面审批时可能出现的权力寻租空间。

第三节 健全政务标准体系，建设法治政府

政务服务是政府职能转变与人民获得感是否增强的“试金石”，政务服务标准化建设是政务服务能力建设的重要内容。2014年，栖霞区在尧化街道启动“全科政务”探索并持续优化标准；2016年，尧化街道便民服务中心被确立为省民政标准化建设试点。尧化街道经过三年多的创新实践，街道全科政务的管理效能、服务质量和服务能力得到显著提升。2017年“全科政务”通过国家标准委组织的国家级社会管理和公共服务综合标准化试点终期评估，成为首个国家级“全科政务”服务标准示范点。

尧化街道依据相关政策法规和国家标准，在学习借鉴各地有关政务中心管理与服务的先进经验的基础上，系统分析全科政务服务的运行特点，遵循系统性、层次性、动态开放性、协调性等原则搭建了具有“全科政务服务”特色的标准体系框架。为了增强标准体系的适用性，使其更符合中心的运行实际，中心首先对所有的管理事项和服务事项进行全面梳理，对已有的工作制度及工作流程进行分类汇总，纳入标准体系；同时，根据每个社工的业务专长，结合各项目的服务要求、办理规程和不同事项运转的保障需求，按照“写我所做，做我所写”的原则编写标准，经多轮集体讨论后定稿，确保标准务实、简化、优化，易于实施、便于监督。中心还通过认真开展自查，及时发现工作中存在的问题，并以解决问题为导向，编制标准制定计划，逐步完善和健全标准体系。

一是持续完善标准体系内容。标准体系突出“全科政务服务”特色，紧密贴合实际需要，尤其是在服务事项方面，按照各业务子系统进行排列，体现了较强的灵活性，方便中心根据政策法规实时调整体系内标准。在服务模式方面，优化并固化了即办、代办、陪办和上门办理四种服务模式的流程；在服务提供方面，标准内容中对首问负责、一次性告知、一窗口办结等服务要求都作了详细的规定。对已建立的标准体系，中心还广泛征求意见和建议，结合实际工作需求进行修改，并在试运行后作了进一步完善。整个全科政务服务标准体系共纳入标准215项，其中国家标准23项、行业标准7项，中心内部标准185项。从各子体系来看，共有基础和通用标准18项，管理标准34项、业务标准134项、

服务标准 29 项。

二是有效开展标准宣传培训。中心采用“1+2+X”的宣传培训模式。“1”即学透标准，中心制作《全科社工培训手册》“口袋教科书”，200 余名政务中心全科社工及各社区相关工作人员“人手一本”，方便随时学习和参考；“2”即内部培训和外部培训相结合，通过业务培训及经验交流等方式，增强标准化工作专业力量；“X”即多形式渗透标准理念，通过专题讲座、座谈会、“5 点例会”制度和网络互动等多种形式说标准、议标准，让标准化理念和方法融入工作的每一个环节，增强执行标准的自觉性。

三是全面推进标准实施。中心制定了标准实施计划，从改善硬件环境、整肃服务行为、规范项目办理等具体事项入手，要求每个工作人员一言一行都要严格按照标准执行，鼓励积极践行标准，惩戒执行不力行为。在标准运行中，结合实践不断修正完善具体标准，其中，服务规范标准对中心提升服务效能、规范工作方法、优化工作流程等方面改进最大；同时，对最具特色的服务模式进行固化提升，总结制定了即办、代办、陪办及上门办理四类服务规范。

四是制定标准持续改进措施。中心建立并实施内部运行监督制度，对体系内标准的实施进行持续性监督检查，有效保障了标准体系的运行。不断健全外部投诉处理制度，及时处置率和居民电子实时评价满意率始终保持在 100%。购买第三方服务，开展全科政务满意度调查，整体满意度在 95% 以上。中心根据实际运行情况，对标准体系进行动态管理，随着业务内容的变化，对标准体系进行修订，同时严格执行运行监督制度，合理安排监督检查计划。

栖霞区 9 个街道已全部推行全科政务服务模式，以尧化街道为试点的“打造‘全科办理’的一门受理社会救助服务新模式”获国家民政部 2017 年度社会救助领域优秀创新案例第一名，人民日报、新华社、光明日报、经济日报、南京电视台等国际国内媒体相继进行了近 30 次的专题报道。

【案例 16 】“全科政务”国家标准的“尧化模式”

尧化街道是经适房街道，拆迁户、外来务工者等占总人口的七成多，居民对政务服务需求多、要求也高。2014 年，街道启动“全科政务”探索并持续优

化标准。2016 年尧化街道便民服务中心被确立为省民政标准化建设试点单位以来，中心通过综合标准化方法，以搭建标准体系、制定发布标准、组织实施标准、监督检查标准实施情况、持续改进、提升标准为工作主线，以实现管理高效、

尧化街道为民服务中心窗口

全科政务自助办理设备

江苏省质量技术监督局
江苏省发展和改革委员会 文件

苏质监发〔2018〕76号

江苏省质监局　江苏省发展改革委
关于下达 2018 年度江苏省服务业
标准化试点项目的通知

各设区市质监局、发改委，各有关单位：

为推进服务业和社会事业标准化工作，加强标准化试点示范建设，经组织申报、资料评审、质询答辩等环节，确定 2018 年度江苏省服务业标准化试点项目 39 项。现将有关事项通知如下：

一、项目执行时间原则为 2 年，自 2018 年 4 月至 2020 年 3 月。

二、各试点项目承担单位按照《服务业标准化试点实施细则》要求，社会管理和公共服务类的项目按《社会管理和公共服务标

- 1 -

2018 年度江苏省服务业标准化试点项目

序号	项目名称	承担单位	备注
1	养老服务业标准化试点	南京市点将台社会福利院	
2	供应链服务标准化试点	江苏辉源供应链管理有限公司	
3	公务用车标准化试点	南京市机关事务管理局	社会管理和公共服务
4	监狱管理标准化试点	江苏省江宁监狱	社会管理和公共服务
5	不见面审批服务标准化试点	南京市栖霞区政务服务管理办公室	社会管理和公共服务
6	江阴市集成改革综合标[illegible]	江阴市人民政府	社会管理和[illegible]

服务规范、公众满意为目标，努力探索标准化手段在街道层面全科政务服务中的助推作用，使街道全科政务的管理效能、服务质量和服务能力得到显著提升。

目前，街道便民服务中心有综合管理、行政管理等5个全科服务窗口和14名“全科社工”，经过培训考核，每名全科社工具备“一个窗口、一台电脑、一人承接所有业务”的能力，为辖区居民和企业提供民政、计生、劳动保障等134项政务服务，实现了“一门受理，一站办结、一网联办、一套体系”的全科政务服务模式。尧化街道全科政务模式的推行，让过去的120名工作人员缩减到只需14人；过去办事要跑两三个部门，最快办结需1至3天，现在最快只需5分钟。“全科社工”人均年办件量6500多件，比以往增加77%，累计办理各类事项9.4万余件，接待居民16万人次，针对残疾、高龄等特殊人群还提供全程陪办和上门办理服务。标准化、精细化使得政务服务的能力、水平和实效不断提升，真正打通了群众办事的“最后一公里”。

第四节　依法授权、综合巡查，构建新型执法体制

为贯彻落实党的十八届三中、四中全会关于推进综合执法建立权责统一、权威高效的行政执法体制的要求，根据《中央编办关于印发开展综合行政执法体制改革试点工作意见的通知》（中央编办发〔2015〕15号）、《省政府办公厅印发关于开展综合行政执法体制改革试点工作指导意见的通知》（苏政办发〔2015〕86号）和《市政府关于南京市栖霞区综合执法体制改革试点方案的批复》（宁政复〔2016〕72号）等精神，栖霞区结合实际，以网络联动支持下的协同整合模式为中心，创新基层综合执法体制改革实践。栖霞区尧化街道于2014年11月启动综合执法改革，初衷是探索街道如何有效发挥综合执法效能。在总结尧化街道综合执法改革经验的基础上，2015年7月，栖霞区启动街道综合执法改革，将10个区部门的1313项行政检查权下移街道，由一支队伍管理全部，并在法律框架内首次提出了行政检查权和行政处罚权分离。2015年10月起，经市编办具体指导，栖霞区政府形成了《栖霞区综合执法体制改革试点方案》，

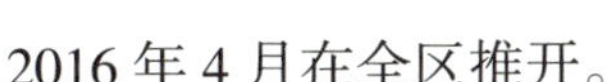

2016 年 4 月在全区推开。

这项改革是为了解决基层行政执法力量条块分散、区街执法边界不够清晰、群众反映执法处置不够及时等“老大难”问题。街道通过综合行政检查发现问题、制止问题，对于发现的违法行为通过信息平台移交区相关行政管理机关，由各自的处罚主体来作出处罚决定和完成行政管理。行政处罚权保留在行政管理机关，行政管理机关可以更有力度地实施管理；行政检查权集中可以实现更高的检查效率。高效率行政检查与专业行政执法结合起来，能达到更合理的执法效果。栖霞区以执法重心下移到街道为着力点，构建了新型的基层政府综合执法体制，解决了部门有执法权“管得着的看不见”，街道无执法权“看得见的管不着”的难题。

1. 政府部门的职能调整与重新划分。栖霞区梳理现有行政执法权力事项，按照行政处罚与行政检查相对分离的原则，重点将与群众生产生活密切相关、执法频率高、多头执法扰民问题突出、专业技术要求适宜等方面的行政检查权相对集中交给街道综合履行，落实街道基层执法责、权一致，更好发挥作用。一是区政府各部门依法履行法定行政处罚权及行政强制权，并加强对各街道综合行政检查执法工作的业务指导。二是将区住房建设（22 项）、劳动保障（23 项）、环境保护（44 项）、安全生产（12 项）、农业林业（23 项）、水务（13 项）、文化旅游（8 项）、城市管理（189 项）、交通运输（118 项）、市场监管（861 项）等 10 个领域的共 1313 项行政检查执法职能相对集中交给各街道办事处承担，街道组织实施区域内的综合行政检查执法工作。三是将群众高度关注的农贸市场、建筑工地、各类噪音、各类焚烧等方面行政检查权集中交给街道。四是街道城管中队、市场监督分局、交通运输部分执法力量继续履行原有的行政处罚权。五是建立全面覆盖、没有交叉、没有空白、区街明晰的执法权力清单制度，其中街道建立行政检查事项清单，各部门建立行政处罚、行政强制和保留的行政检查事项清单，形成街道检查、部门处罚的合作与制约关系，从而改变条块分割、难以形成合力的不利局面。遍布全区的综合执法队员负责出街巡查所有条口，多数时候现场就予以解决，出现问题也是当即反馈给相应部门进行处理。

2. 整合执法力量创新基层执法队伍。突破现有行政执法力量条块分割的障碍，在不新增编制和人员的前提下，重新组织基层执法力量，实现组织机构和管理制度创新重构，实现基层的事由基层的人来做，保证执法效果落实到位。一是组建各街道综合行政检查执法大队，为各街道所属副处级建制事业单位，受各街道委托具体承担街道行政检查执法任务。将区城管执法大队派驻街道的城管执法中队、区市场监管局按街道设置的市场监管分局和区交通运输局的部分执法力量统筹纳入各街道执法大队，同时将各街道办事处相关科室公务员和街道所属其他事业单位相关人员统筹纳入执法大队。二是所有纳入街道执法大队的执法力量都以大队名义开展综合行政检查执法工作。城管中队、市场监管分局和交通运输部分执法力量原承担的行政处罚权继续以原执法主体名义履行。三是街道执法大队各组成部分保持原有机构性质和人员身份形式不变，区授权街道对执法大队实施统一管理、统一考核、统一保障，实现管人管事相统一。四是发挥街道组织动员能力，将综合行政执法检查与网格化管理有机结合起来，将行政执法力量与执法辅助人员相结合，充分发动各方面社会力量参与基层行政执法。

3. 创新建立高效的执法运行模式。建立街道实施综合行政检查、区政府部门实施行政处罚两级各尽其力、各负其责、相互监督、相互支撑的高效运行执法模式。一是建立街道综合行政检查执法制度。打破原有执法人员仅在各自单一领域执法的限制，重组行政检查执法工作体系，执法队员实行“全科医生”式综合执法。统一执法证件，根据需要配备必要的技术装备，建立街道区域全覆盖的定期检查、重点检查、网格式巡查等多种行政检查执法模式，及时尽早地发现并制止违法行为。二是建立街道向部门移交违法案件的制度。街道执法检查过程中发现认为需要给予行政处罚的违法行为，及时公开移交给相关部门，并在部门进行行政处罚过程中给予必要的协助配合。三是政府部门分别依法定职责对违法行为及时合理地作出行政处罚决定并监督执行，对于构成违法犯罪的案件要及时移交司法部门。街道在案件移交后可以监督政府部门及时作出行政处罚决定，防止该处罚不处罚的问题发生。四是建立区政府部门双随机抽查制度。政府部门在认为必要时可以对重点领域、重点区域实施双随机抽查，监督街道综合行政检查执法工作情况，防止街道执法过程中该查不查、查不到位和该及时制止没有及时制止等问题发生。综合执法信息化还与社区治理网格化相衔接，将辖区内所有物理机构、GIS 地理信息库、视频监控系统等纳入区综合执法信息平台，实现接口互通、数据联动。进一步完善“一个号码管服务”，推动综合执法信息平台与 96106 民生服务、权力阳光运行平台、数字城管以及政务服务等平台对接，力争一个平台发现案情，

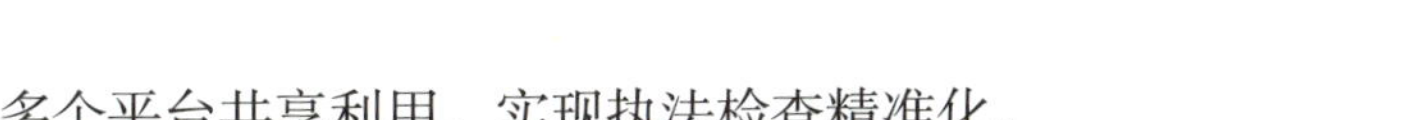

多个平台共享利用，实现执法检查精准化。

4. 建立阳光执法综合信息平台。整合现有政府有关信息平台，建立阳光执法综合信息平台，实现阳光执法、多层次监督、高效行政管理和信用公开等功能。一是研发区综合执法信息平台和移动端执法应用程序（App）。按照“资源整合、数据共享、平台互通”的原则，对接相关部门业务平台，实现街道执法现场与部门实时在线、信息及时传送，实施流程监控、结果反馈，并将处置过程和结果公开。建立电子档案，实现执法过程全程记录，推行电子监察、动态统计考核。二是综合信息平台向区领导、区纪委监委、组织部、人社局、机关工委、检察院等部门开放，发挥多层次监督作用。三是综合信息平台向政府各部门开放，实现行政执法与行政管理的有机结合。四是综合信息平台建立监管对象信用体系并向社会开放，为全社会参与维护市场秩序和社会公共秩序创造条件。

5. 转变执法方式，注重发挥行政指导的作用。管理的最高境界是“无为而治”，行政管理的最高目标就是用柔性的手段让绝大多数监管对象自律。从行政管理的链条看，大体可分为行政指导、行政巡查、行政执法三种，按照逐级支撑、相互联动的原则，行政执法对行政巡查形成支撑，行政巡查对行政指导形成支撑。因此，市场监管应主动适应建设服务型政府的要求，改变传统的执法思想、执法习惯和执法方式，在行政管理过程中注重发挥行政指导的作用，采取宣传、提醒、建议、劝导等方式，指导行政管理相对人依法经营、自觉履行法定义务，主动纠正违法行为。从效能看，行政指导比较柔性化，适宜轻微或面广的违法违规行为，监管对象易接受；行政执法惩罚性强，震慑效果比较明显，尤其当行政指导无效时，采取行政执法手段会对周围经营者起到警示效果，有利于更好地推进行政指导。

6. 健全综合监管和执法保障制度。一是建立统一的行政执法监督考核制度。成立区综合执法改革监督考核组，制订监督考核制度，督促落实行政执法责任制。二是区各执法部门和街道综合行政检查执法大队的执法程序应严格按照法定程序，实行行政检查、行政处罚、行政强制的告知制度，增强执法透明度，保障相对人的参与权、知情权、申诉权和救济权，保护公民、法人和其他组织的合法权益，促进执法公开、公正。三是科学合理界定执法机构、执法岗位以及执法人员的权力与责任，严格执行执法评议考核、案卷评查、执法过错追究和重大执法决定法制审核等制度，全面落实行政执法责任制。四是加强对执法人员的法制与业务培训，切实提高执法队伍整体素质和执法水平。严格实行执法人员持证上岗和资格管理制度，未经考试合格，不得授予执法资格，不得从事执法活动。五是街道行政检查综合执法所需经费纳入区级财政预算。严格执行罚缴分离和收支两条线管理制度，罚没收入按规定全额上缴财政国库，纳入财政预算管理，严禁将罚没收入同部门利益直接或者变相挂钩，严禁下达或者变相下达罚没指标。

【案例 17】尧化街道的综合执法

尧化街道深化“放管服”改革，积极推进综合执法，其探索历程主要有：2014 年 12 月，街道作为全市首家综合执法改革单位先行试点；2016 年 7 月，街道正式建成一支融城市管理、市场监管、交通运输等 10 项职能为一体的综合行政检查执法大队，履行 1313 项行政检查职能，初步实现“一支队伍管执法”；2017 年 6 月，南京市推广栖霞区综合执法改革试点经验；2018 年 5 月，街道综合执法大队与南京市标准化研究院合作，出台《街道城市治理综合执法规范》；2018 年 6 月，街道出台《综合执法工作考核办法》，印发《综合执法标准化规范手册》；2018 年 8 月，综合执法大队成立督查办公室，出台《规范着装管理办法》《大队车辆管理制度》，调整《综合执法社区考核指标》《社区城市精细化管理考核》等考核办法；2018 年 9 月，综合执法大队完成统一换装、统一编号、统一胸牌工作，统一印发工作证件；2018 年 11 月，街道综合执法改革试点工作被选为栖霞区社会治理改革实践典型参加南京电视台《改革进行时》节目录制；

尧化街道综合执法大队准备巡查

2018 年 12 月，街道综合执法大队完成办公用房搬迁，成功创建城市管理执法队伍规范化建设先进单位；2019 年 1 月，街道综合执法大队与信息指挥中心对接，拟定《派发城市治理类工单工作模式及人员调整的建议》，科学统筹人员分工；2019 年 2 月，街道综合执法大队启动年度优秀队员评选工作。

试点期间，2018 年 5—12 月，街道在南京市城市治理工作考核中连续 8 个月排名全区第一。街道综合执法案件量显著减少，同比下降 23.2%；案件匹配率（即巡查中预先发现并及时处置的案件占投诉举报案件的比例）大幅度上升，由此前的 20% 左右上升至 60% 左右，市民向 12345 热线反映的开挖地坪、无证餐饮油烟等问题，通过综合执法，都得到了有效解决。

省委编办调研尧化街道综合执法指挥中心

点评四：

法治是现代文明的重要表征，更是一个现代化的文明社会的核心价值。法治对于治理现代化具有重要的意义，因为“法律是治国之重器，良法是善治之前提”，没有法治，便无善治，也没有国家治理和城市治理现代化。党的十八届四中全会提出社会治理法治化，强调要注重运用法治方式和法治思维解决社会问题。2014年，中共中央通过了《关于全面推进依法治国若干重大问题的决定》，强调要“加快建设社会主义法治国家”，“坚持依法治国、依法执政、依法行政共同推进，坚持法治国家、法治政府、法治社会一体建设”。“依法治城”、建设法治城市政府成为题中应有之义。

然而，不可否认的是，在目前地方政府的城市管理工作中，有不少行政执法制度自由裁量空间大，程序不规范，管理执法随意性较大；有法不依、执法不严、违法不究现象比较严重；执法体制权责脱节、多头执法、选择性执法现象仍然存在，执法不规范、不严格、不透明、不文明现象较为突出。针对这些各地城市管理中普遍存在的法治不完善问题，栖霞区探索出了一套可复制、具有推广价值的法治化规范化的城市管理办法。具体而言，这一法治化的城市管理办法主要体现在以下三个方面。

一是注重依法行政，以标准体系规范各单位依法依规行使公权力，从而更好地发挥政府在社会治理中的主导作用。从某种程度上讲，社会治理就是相关政府部门和机构依法行使公共权力、协调社会关系、化解社会矛盾、解决社会问题、构建社会秩序的活动。根据我国的行政管理法律法规，只有区（县）级政府才有行政执法权，而这些权力主要是由区政府的市场监管局、城管局、交通局等执法部门来行使的。这些横向行政部门之间往往因行政权划分过细而相互扯皮，有了利益相互争，出了问题大家推，显然不利于行政执法。从纵向讲，社会治理过程中自上而下、向上集权的运行机制缺乏一定的弹性，出现的主要问题是效率低下。而一线的街道办事处又没有法律所赋予的执法权，也不利于行政执法。党的十八届四中全会提出“重点规范行政许可、行政处罚、行政强制、行政征收、行政收费、行政检查等执法行为”，行政检查作为与行政处罚并列

的行政执法行为，开始得到重视。2015年底，中共中央国务院出台《关于深入推进城市执法体制改革改进城市管理工作的指导意见》，要求推动执法事项属地化管理和执法重心下移，其中强调依法规范行使行政检查权和行政强制权。现行法律规定行政处罚权跨部门集中和调整需要经过省级政府特定程序批准，而行政检查权不同于行政处罚权，可以理解为行政职能的调整，由上级政府批准即可。正是基于这一新理念，栖霞区探索出了行政检查权与行政处罚权既分开又通过“综合管理平台”有机统一起来的综合执法改革，从而大大提升了城市管理的法治化、规范化水平。由于栖霞区辖区内既有城市街道，也有涉农街道，因此栖霞区围绕综合行政检查权下移进行改革不仅切合实际，而且更适合基层，从而也更具有可复制性和推广价值。

在全科政务的改革中，栖霞区依据相关政策法规和国家标准，在学习借鉴各地有关政务中心管理与服务的先进经验的基础上，对所有的管理事项和服务事项进行全面梳理，对已有的工作制度及工作流程进行分类汇总，纳入标准体系，搭建了具有“全科政务服务”特色的标准体系框架，同时制定了标准实施计划，从改善硬件环境、整肃服务行为、规范项目办理等具体事项入手，要求每个工作人员一言一行都要严格按照标准执行。此外，还通过权力清单标准化建设，将215项不见面审批服务事项清单和办理指南全部标准化入库，向社会公布，并推行申报材料的规范化、标准化、电子化。

二是注重以服务执法打造服务型政府，体现了现代城市文明精神。特别值得指出的是，栖霞区的综合执法改革并不是强调单纯的行政执法权，因为如果每一件可以整改的事都要严格执法，对于政府来说会增加执法成本，对于被执法对象来说，则扩大了损失。因此，综合执法的本质是以服务为中心，更强调执法的检查、监督和整改。这具体体现在栖霞区将依法治理的理念贯穿于城市治理的主体、客体和方法中。

依法治理主体是政府相关职能部门及人员。栖霞区通过体制机制的调整和改革，不仅给运用权力进行治理的主体设定了权力范围和边界，而且使得过去职能单一的城管队员变成了全能型的综合执法队员。客体则是被管理的对象。依法治理的目的并不是要把被管理对象管死，管得过死则城市没有活力，因此，真正体现现代文明理念的依法治理是要被管理的对象自觉主动地在法律规定的范围内行事。依法治理理念不仅要求城市政府依法行政，也要求企业、公民和社会依法办事。在这方面，栖霞区的行政执法注重从被管理的对象出发，以人为本，贯彻以人民为中心的理念，在执法过程中以服务被管理对象为中心，更强调执法的检查、监督和整改。在具体的综合执法机制上，栖霞区通过和街道联动，依托街道网格化管理，街道的巡查人员可在整改期内多次提醒企业，督促企业完善管理；同时，也使得市场监管局与街道社区的信息沟通增多，也提升了执法效率。其目的是促进被管理对象依法办事，自觉主动地在法律规定的范围内行事，很好地体现了服务型政府的法治精神和城市的现代文明程度。

三是注重规章制度、规约体系、价值规范体系等“软法”在城市治理中的应用，体现了法治、自治、德治“三治融合”的精神。法治在基层治理中不单指遵守法律条文，也包括遵守村规民约、公共秩序等一整套规则体系等“软法”。软法是指那些效力结构未必完整，无须依靠国家强制保障实施，但能够产生社会实效的法律规范；软法治理在城市社区治理、环境治理、区域合作治理中有着广泛应用。在现代城市中，由于治理具有治理主体多元化、治理依据多样化、治理方式多样化等特征，因此治理的依据不仅包括国家立法，而且包括非国家制定和保障实施的规则，也就是说不仅包括硬法，还包括软法。

党的十九大报告指出，要健全自治、法治、德治相结合的乡村治理体系，这是对基层治理提出的更高要求。其实，自治、法治、德治相结合的三治融合不仅在乡村治理中具有重要意义，对于现代城市社区的治理也具有重要价值。虽然我国的现代城市治理需要转到以法治为主的轨道上，但仍然需要正视传统文化价值规范体系等“软法”对市民精神潜移默化的作用和城市文明的深层影响。

由于中国乡土社会正在发生巨大变化，传统的乡规民约已经过时，由城市居民聚集形成的城市社区需要自己的治理规约体系。在这方面，栖霞区注重以社会主义核心价值观为引领，建章立制、完善社区规约，因地制宜制定易操作、可落实、能见效的社区居民行为准则，在辖区小区普遍订立居民公约，对居民的世界观、人生观、价值观起到了引领性和导向性的作用，推动了社会主义核心价值观在基层社会和人民群众中的广泛传播。

与此同时，在城市社区建设中，栖霞区注重引导社区居民深入贯彻村民委员会组织法、居民委员会组织法等基层群众自治法律法规，通过修订《村（社区）

民主法治创建工作指南》，赋予“四民主两公开”新的内涵，丰富《村规民约》《财务公开制度》等规范文件，大力推进社区居民依法直接行使民主权利，进行民主监督，管理社区公共事务和公益事业，使广大基层群众在自我管理、自我服务中增强法治意识和权利义务观念，提高依法管理社会事务的意识和能力。为规范基层政府和社区的小微权力的运行，栖霞区不仅明确区行政权力办事指南的编制范围，还制定了基层群众自治组织依法履行职责事项和协助政府工作事项“权力清单”。按照“清单之外无权力”的要求，对列入清单的每项权力规定了运行规范和行使流程，通过法规依据、管理权限、运作流程、执行标准等小微权力的运行程序，最大程度压缩人为因素的空间，使基层干部按规定行使职权，在很大程度上做到了广大干部有权不任性，规定职责必须为，无规定、无授权绝对不可为，为基层社会治理提供了强有力的“软法”保障机制。

善治一面旗

下篇

第八章

优化流程的服务治理

简政放权、放管结合、优化服务，是全面深化改革的重要内容，被社会各界视作全面深化改革的“先手棋”、转变政府职能的“当头炮”。栖霞区深入贯彻“放管服”精神，提出“受理权与审批权分离、行政检查权与行政处罚权分离、线上线下一体化监管、专业执法与社会共治相融合”的改革思路，积极推进商事登记制度改革，探索“不见面审批”的新模式，政府将服务窗口、服务机制借助互联网、物联网延伸到每个角落，申请人员不需要到政府服务窗口面对面即可办理完相关申请事务，激发了巨大的社会活力。

第一节　审批电子化，服务更高效

“区街同权”改革是对区、街权力结构与运行模式的调整，随着改革的深化，这一权力结构的调整模式在栖霞区全面延伸和深化。改革最初是区市场监管局将所有影响审批效率的前台受理事务让渡给区街两级政务服务中心，仅保留远程后台审批和由分局负责的食品许可现场查验职能，由政府进行专项效能考核，较好地处理了事前许可与事中事后监管的职责统一问题，从而更好地探索了一种在不改变现有法律框架下的新的高效行政审批改革模式。2014 年栖霞区在全省率先将登记窗口前移到区政务服务中心，在统一的全科窗口、并联审批和一体化管理机制下，实现“一窗多任务同时受理、内部流转、后台集中审批、一站办结、证照同领”，让群众感受到商事制度改革带来的便捷、高效。

针对传统登记制度存在不支持异地审批、企业受理材料无法及时审批问题，栖霞区组织研发“电子档案审批系统”，承担起远程实时受理、审批、打照、发照任务，实现电子文档与纸质文档一致、与审批进程同步，真正实现“一窗受理”、现场查验、后台审批的流程化工作机制，形成了部门许可事项向一个科室集中、部门审批向政务大厅集中、区街审批事项向网上办理集中的新模式。当前无论公司、个体、食品登记等业务可在全区10个便民服务中心实现跨区域办理，彻底改变了只能在区政务中心办理登记业务的历史，实现了许可事项“联网联办、区街同权”目标。

为彻底解决群众和企业办事多头跑、重复跑、跨地跑等问题，栖霞区围绕江苏政务服务“一张网”建设和“不推一扇门、不见一个人、办成所有事”的政务服务目标，在全国率先试点，成功办理出国内首份“不见面”审批的营业执照，从申请到审核再到出照，全程20分钟办结，跑出行政审批“栖霞速度”。栖霞区自主开发“不见面”审批系统，申领证照无须再到服务窗口面对面办理，只须通过电脑或手机登录系统，采用视频对话、人证核对、电子签名、手机验证等“不见面”方式，即可办结所有申请事项，还可选择快递送达完成最终证照取件，全面实现“审批不见面、网上面对面”。2017年6月8日，中央全面深化改革领导小组办公室《改革情况交流》第66期，以“一次不跑，事情办好”为题，刊登了南京栖霞区探索建立“不见面”审批系统的成功实践。

1. 身份即时认证，信用联合查验，申请环节更简。为最大程度方便群众、企业办事，避免政务服务大厅“巨量化”，栖霞区以“网上办、不见面”为目标，在个体、企业登记注册领域率先试点“不见面”审批改革，成功开发应用“市场主体不见面审批系统”，同时运用大数据技术同步开发“信用准入审批系统”，有效解决“不见面”审批中对申请人真实身份和真实意愿的即时查验。一是开展信用审查。利用省市法人、自然人信用信息数据库，对失信申请人进行限制；建立信用承诺数据库，对违反承诺的申请人进行联查追责，实施联合惩戒。二是开展人证验证。通过手机或电脑的摄像功能，对申请人实行远程人脸识别。三是开展人机验证。借助移动（电信、联通）等运营商对申请人进行实名验证。四是在线提交办理。在对申请人身份审核精准无误的基础上，申请人即可通过手机版App或网页版系统进行在线注册、登记。以个体工商户证照申领为例，

申请人可直接在线填写、提交开业申请书，有疑问还可以查看网上申请须知，工作时间也可直接与审核人通过视频通话进行询问。申请书提交后申请人填写住所承诺书，进行电子签名即可完成所有申请事项。

2. 制定清单标准，全程电子办理，办事成本更低。栖霞区通过权力清单标准化建设，区街两级共梳理出“公司登记、施工许可证发放、社保证明打印、市民卡挂失、二胎准生证办理”等3132项“不见面”政务服务事项清单向社会公布，其中网上审批服务事项774项，代办、陪办和上门办理服务事项274项。行政权力事项清单和办事指南全部标准化入库，群众、企业可通过网上办事大厅、“我的栖霞”官方微信等，进行在线咨询、下载查询、预审预约等服务，将过去审批的“章”变成现在服务的“键”，群众、企业办事效率显著提升。栖霞区“不见面”审批改革还致力于推进所有申报材料的目录化、标准化、电子化，开展在线填报、提交和审查，建立网上预审机制，及时推送预审结果，对需要补正的材料一次性告知。通过流程优化和创新，真正实现全流程网上规范高效办理，做到“不要求信息互通共享材料重复提交，不要求网上办理事项到现场办理”，大大降低了群众、企业的办事成本。

3. 受理审批分离，证照立等可取，审批流程更精。“不见面”审批的成功实践还得益于栖霞区率先推行的受理权、审批权相分离的全科政务改革。一名“全科社工”就可承接进驻区街服务中心的所有业务，区政务服务中心每个全科窗口可受理服务超过58项，街道中心突破103项，窗口效能同比提高120%，90%以上的办件时间得以节约。“不见面”审批按照“前台全科受理、后台同步审批、区街联网通办、证照立等可取”的改革目标，全面完成部门许可事项向一个科室集中，部门审批科室向政务大厅集中，区街审批事项向网上办理集中。以开办个体餐饮经营店为例，须同时取得营业执照和食品经营许可证，为最大化地缩短审批时限，推行“证照联办”审批模式，申请人在线填写申请书，前台政务服务窗口的“全科社工”和后台的审批人同步进行“一审一核”，只要申请要件符合标准规范，电子营业执照立即网上传送发放。同时，对食品经营许可要件实行告知承诺制，申请人签订承诺书即可出证，市场监管局审核人同步带着证照进行现场查验，对符合承诺要求的经营业主现场发放营业执照和食品经营许可证，有效实现证照办理全程“不见面”；对不符合承诺要求的经营业主，告知整改，待审批人下次现场查验符合申请要件后再同步发证。

4. 批管同步衔接，数据整合共享，监管效率更高。栖霞区发挥“不见面”审批、政务服务、综合执法、网格化治理等信息系统集成优势，将每天新增的商事登记审批结果及时同步推送到区综合执法信息平台和法人信用库，9 个街道综合执法大队对已入库的 7.5 万家个体、企业逐一落实巡查任务，在规定时间内上门服务，告知政策、检查承诺、现场查看、责令整改，并将检查内容和处置信息反馈到区平台和信用库，便于查询、公布，为放管结合、权责同步夯实了基础，有效促进了事中事后监管。同时，运用大数据、云计算等信息技术，不断加强对“不见面”审批等政务服务数据信息的分析运用，建立数据信息分析系统，完善数据挖掘、分析机制，为提升和优化区域营商环境提供决策参考。同步做好与网格化信息指挥中心、12345 政务热线、96106 民生热线、“大走访”、“掌上云社区”的数据对接和信息共享，做到简易问题即查即办，违法违规问题一个工作日初步回复、三个工作日基本办结，形成线上线下服务互补、审批监管协同推进、信用评价相辅相成、社会公众参与监督的政务服务新模式，有效提升了精准化监管水平。

5. 全程代办陪办，联网并联推送，配套服务更优。推行“不见面”审批就是践行“店小二”服务。栖霞区把企业上项目的过程变成政府内部为企业服务的过程，压缩审批流程、加快审批进程，做好企业的服务员，确保重点投资项目尽快开工建设。成立投资建设代办服务中心，并在区政务服务中心设立综合代办窗口；未来还将在网上设置代办申请入口，为投资者提供线上线下服务；街道、园区平台同步明确代办服务部门及人员，完善代办服务职责，全面建立起“分工协作、分级代办、上下联动、运作规范”的代办服务体系。

6. “线上 12 小时，线下 24 小时”延时服务。政务服务窗口是群众与政府部门接触最频繁的地方，群众到窗口办事，最怕等一下、办不了、下次再来。为进一步方便群众办事，提升窗口服务水平，栖霞区政务办在成都、杭州等地开展错时服务的基础上，创新开展“线上 12 小时，线下 24 小时”延时服务。自 2017 年 7 月 15 日起，区政务服务中心设置了 4 个 12 小时工作制窗口，每周一至周六早 8 点到晚 8 点接待群众办事，值班人员轮班分时办理业务。同时，安排夜间值班人员利用“不见面审批（服务）”系统受理群众需求，让老百姓

即便是在12小时之外，也可以通过“不见面审批（服务）”系统提交办件申请。具体做法包括三个方面：一是窗口实行“全科政务”服式模式，即办件当场办理，到达下班时间时，当即能够办结的，必须延时办理完毕。二是全体人员学习掌握并应用栖霞区“不见面审批（服务）”系统操作，夜间综合指挥中心值班人员负责受理、预审办事群众夜间提出的“不见面审批（服务）”相关业务。三是延时服务实行责任制，首办受理窗口工作人员为第一责任人，同时涉及多个窗口或多名工作人员的，由牵头受理窗口或工作人员协调相关窗口或工作人员提供延时服务，让群众真正感受到改革成效，确保事项规范化、服务便民化、流程最优化。

栖霞的不见面审批让企业和群众办事犹如“网购”，实现了“一次不跑、事情办好”，其本质是“互联网+大数据+政府”的具体生动实践，不仅积极践行了习近平总书记提出的“要使互联网这个最大变量变成事业发展的最大增量”的要求，而且有效落实了国务院深化“放管服”改革优化营商环境的一系列部署，体现了新时代基层政府治理三个方面的创新：一是以改革提升政府治理和服务能力，主动“送政上门”。不见面审批打通部门壁垒，推动信息共享，实现审批事项“一网通办”，开启了从“群众跑腿”到互联网“信息跑路”的服务模式。二是以互联网技术倒逼政府治理进行流程再造，推动了政府职能转变。不见面审批建立了跨部门、跨组织、跨机构的治理结构，通过“联合”和“协同”方式，促进传统政府的结构重组，提升了政府效能，增强了政府公信力。三是以信用监管规范市场秩序，为新时代基层政府治理创新探索了一条新路。不见面审批通过视频对话、人证核对、电子签名、手机验证和比对省市法人自然人信用信息数据库，获取投资主体及相关人员的第一手真实资料和信息，以科技来把关，让信用成为市场通行证，提升了“管”的效能，推动了更大力度的“放”和更加优质的“服”。

【案例18】从“e站通”到“e档通”的远程便民查档终端

▶ 创新背景

栖霞区借鉴“互联网+传统行业”成功转型的经验，运用新理念、新技术创新档案服务机制，打造“e站通”远程便民查档系统，推进档案服务工作数字化、信息化发展，并将其纳入全区“放管服”改革大局和服务体系，有效激发了档案服务工作的动力与活力，成为“不见面审批”和全科政务服务新模式的有力支撑。这一创新举措“打破了传统的查档模式，利用信息化手段，开创了档案服务新机制的先河，在‘为民服务’上打了一记响拳”。2014年，为适应国家、省市信息化建设和档案事业发展的要求，进一步提升档案公共服务能力，区档案部门践行“大档案”“大资源”“大服务”理念，针对传统档案服务工作中服务意识不强、服务方式滞后、服务能力有限等突出短板，探索“互联网+档案服务”的创新实践，开发运行“e站通”远程便民查档终端系统，实现“互联网、政务网、局域网”三网联动，有效满足了群众利用民生档案、在家门口查阅档案的需求。

省档案局调研“e档通”

▶ 创新举措

“e站通”借三网合力助推档案服务到家，即依托互联网渠道，借助政务网平台远程传输档案局（馆）内局域网上的档案资源，从而将档案馆查档大厅搬到了街道、社区便民服务中心。以局域网为核，突出档案局（馆）内部局域网

系统的核心作用，加强档案局（馆）本身档案资源的信息化、数字化和档案资料库的创建和优化，建好远程便民查档服务的资源中心。以政务网为体，即借助政务网平台，实现政府各部门电子公文资料及时上传归档和档案信息数据开放共享，打破了以往政务服务中的信息“堵点”，形成信息传送的“高速路”，使档案信息更充实、共享利用更迅捷。以互联网为用，落实“互联网＋公共服务”的工作思路，通过现代信息技术将以往“群众跑腿”的业务流程转化为政府部门内部“数据跑路”的服务过程，依托互联网，面向群众构建起查档服务的“接入口”，实现服务需求的信息收集全覆盖。通过三网同力，远程便民查档系统只须借助“政务一张网、一台电脑、一个高拍仪、一人接待”，就可满足辖区居民就近到任一街道、社区（村）便民服务中心查档窗口查阅与本人有关的各类民生档案信息的需求，同时，全区各街道、部门和园区平台也可通过区数字档案综合管理平台查阅相关档案。

“e 站通”远程便民查档系统的建设历时四年，分阶段实现了全区覆盖。一是初步启用。2014 年 8 月 5 日，经过半年开发完成的远程便民查档终端在区政务服务中心大厅首次启用，历史性地实现了无须到区档案馆，直接在政务大厅查询窗口即可完成对开放档案和个人档案的查阅出证。二是试点推广。

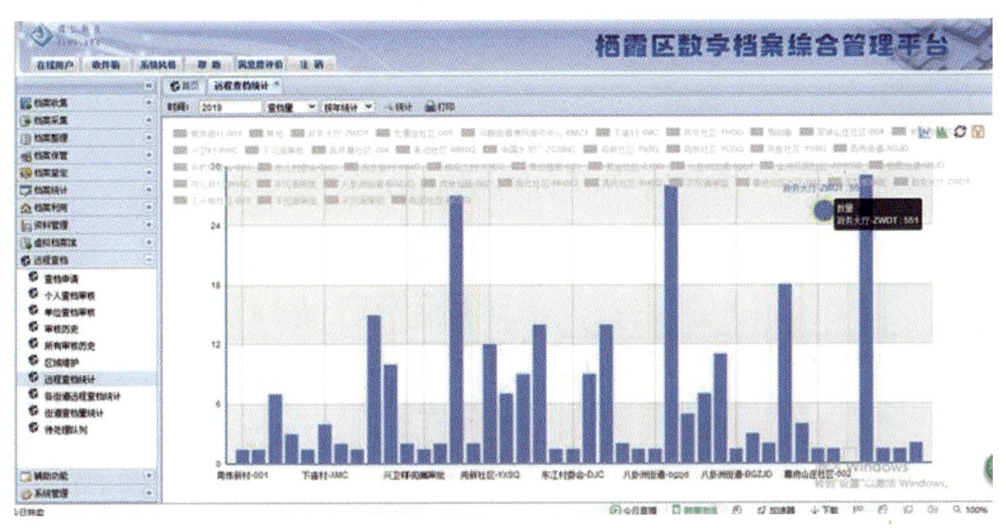

远程查档统计表格

2015年，区档案局（馆）在迈皋桥街道便民服务中心、马群街道百水芊城便民服务中心试点部署远程终端，居民可在这两个便民中心通过查档窗口向区档案馆远程提交查阅申请，区档案馆通过系统第一时间审核申请人身份，并及时把相关档案发送至终端窗口，极大方便了当地社区群众就近查档。三是协同联动。2016年以来栖霞区进一步深化档案服务联动机制，5月起全区9个街道及龙潭街道靖安佳园社区、八卦洲街道下坝村、尧化街道金尧花园社区、栖霞街道五福家园社区等有条件的16个社区（村）便民服务中心安装运行该终端。四是全面覆盖。2017年8月，区档案局（馆）依托区政务网，经过多方协调、合力推进，在区政务中心、全区各街道及所辖社区（村）的便民服务中心共111个站点全面铺设运行“e站通”远程便民查档终端，完成全区100%全覆盖。

▶ 主要成效

目前，“e站通”远程便民查档终端可查询出证涉及群众切身利益的计生、婚姻、招工、人事任免、退伍军人、下放人员、知青、残疾评定等八大类13项民生档案。在系统功能上也更加完善，新增了查档顺序显示号码、查档结果反馈、曾用名验证、实时统计等功能，查档服务更便捷、更智能、更人性化。居民只须持有效身份证件到家门口的社区便民服务中心，即可查阅与个人相关的民生档案信息，从身份认证、人脸识别、查阅信息到出具档案证明，整个过程只需3分钟，群众感慨“太方便了”，“办事再也不用到处跑了”。自2017年8月以来到2019年底，通过“e站通”远程终端共办理查档2600余人次，为群众节省了大量时间和精力，帮助很多居民解决了需要档案的“急事”“难事”，更颠

中国档案报

“档案馆”就在家门口

——南京市栖霞区“e站通”远程查档终端便民利民

南京日报

“手机档案馆”居民查档不见面

覆了传统查档耗时烦琐的印象，群众的获得感显著增强，取得了良好的社会效应。例如，有居民急须办理购房贷款，但必备资料结婚证留在了安徽老家。通过栖霞区远程便民查档系统，该居民几分钟就拿到了其婚姻登记档案材料，既解了燃眉之急，又免了奔波之苦。这一模式受到《中国档案报》和省、市档案局（馆）主要领导的充分肯定与认可，省内外十余家兄弟单位前来学习咨询，《中国档案报》《南京日报》等媒体专题报道。

第二节 革新“放管服”，群众更满意

把该放的权力放到位，把该管的事项管到位，把该服务的服务到位，栖霞区在推进“放管服”改革中，针对审批程序繁、环节多、部门不衔接，执法频次多、层次多，多头执法，服务盲点多、手段旧、效率不高，办事多头跑、重复跑、跨地跑等问题，按照“权力让渡、力量整合”的思路，跳出条线抓改革，通过横向整合、纵向下移、大数据应用等方式，打出一套“放管服”链条上的组合拳，实现了对传统政府组织架构和治理模式的有效改革，初步建立起科学合理的“放管服”现代治理体系。

1. “全科政务”构建扁平化轻型化政务服务架构。由于横向部门之间职能交叉重叠、多头管理，纵向机构设置上高度同构、上下重合，企业、群众办事要在多部门之间来回跑。栖霞区从转观念、建体系入手，推动工作模式从以部门职能为基、以管理方便为本，转向以项目办理为基、以方便申请人为本，把公众需要作为行政行为的出发点，推动政府职能向民需回归。通过全科改革，实现互联通办，能够破除部门之间条块分割的障碍，营造宜居宜商政务环境。

“区街同权”改革到位以后，为了进一步提高办事效率，由以前各个职能部门各自受理、审批，改为由街道（包含社区服务中心）前台“全科社工”集中受理，后台同步集中审批。市民到政府部门办事，服务大厅很大、窗口也多，最怕的就是找不到相应的办事窗口。有的窗口队伍排成长龙，其他窗口的受理员却闲着没事。其根源在于目前行政管理体系中的条块分割，即服务大厅虽然

把政府各职能部门的服务集中在了一起，但每个办事窗口仍然属于职能部门的条口管理，不能真正将服务下放基层，直接面对群众。为了解决服务大厅各个办事窗口“贫富不均”的问题，栖霞区为此将行政受理权和审批权分开，推出了优化服务的“全科政务服务”联网联办政策。

“全科政务”就是把“一人一窗办一类事”的传统模式转向“进一扇门办所有事”的全科模式，形成“前台受理”与“后台审批”相分离。以前是“一窗办一事”，现在是到全科窗口能办所有部门的事。栖霞区不但将受理权和审批权分离，还将受理权下放，使“区街同权”，赋予辖区内街道便民服务中心更多受理权限，这既方便了居民就近办事，也破解了一些窗口因业务量大而成为“肠梗阻”的难题。一体化的前台窗口对应后台分类审批，能从根源上打破地域、部门、层级限制，破除政务服务本位化、条块化、碎片化弊病，推动政务服务向跨区域、跨层级、跨部门的综合化服务转变，在组织结构上保证“一条龙”“一站式”服务目标的实现，从而实现行政效能和便民服务效率的最大化。区政务中心“全科社工”负责受理 27 个局（部门）的所有业务。而在后台，27 个局（部门）的“权力让渡”给现场审批队伍，简化了流程，加快了审批速度。市民只要往办事窗口跑一趟，回家就能坐等审批结果由快递小哥送到手中，实现了“数据多跑路、百姓少跑腿”的便民理念。

通过向基层放权、向窗口授权、向社工赋权，确保权力放得下落得实，基层接得住接得好，监管跟得上管得好。“区街同权”使得不论哪个街道都可以完成受理，最后到区政务中心统一汇总、分解和审核。政务中心则应用“不见面审批（服务）”系统推行全科政务服务改革，从“一人一岗一事”转变为“一人多岗全科”，实现一个窗口、一台电脑、一名全科社工即可办理 50 多项公共服务，满足了群众对审批时效性、便捷性的需求。目前栖霞区的全科政务已形成国家级标准并在全市推广。审批时间减少后，不仅方便了群众办事，而且减轻了政府压力，可以把有限人手用于创新管理和高效服务。

2. 畅通前中后审批提速通道。栖霞区针对行政审批要求多、耗时长的特点，坚持以区街社区（村）三级 137 个服务中心（站）为依托，实行全域联网联办、就地高效审批。一是前端宽口接入。在 9 个街道全面推行“全科政务”模式，对窗口人员实行全能化培训，通过专业辅导、轮岗锻炼、前台后台业务对接等，

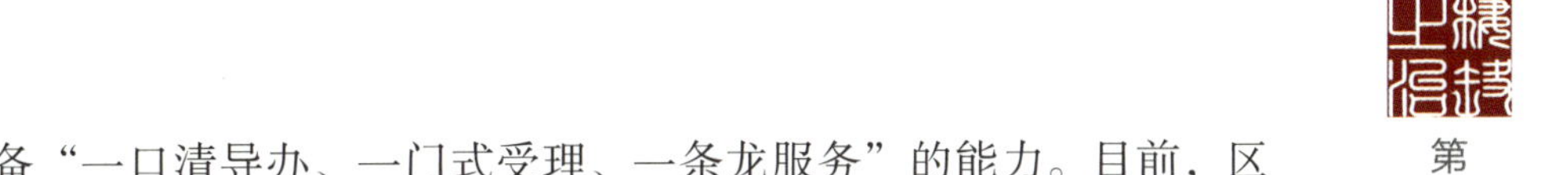

使工作人员具备“一口清导办、一门式受理、一条龙服务”的能力。目前，区政务服务中心每个全科窗口可受理服务超过 50 项，街道中心突破 103 项，其中可当场办结事项，时间不超过 1 个小时；如须待市级部门审批、核查的事项，按照首问首办责任制、承诺跟踪反馈制要求，明确专人对接，必要时全程代办或陪同办理，最大程度方便群众办事。二是中端一网通办。在南京市首推联网联办改革，将区街社区（村）三级系统“一网打尽”，使用统一的政务办理平台和审批标准，彼此可以无权限互访，最大程度实现信息数据的共通共享，加快了事项办理流转进度。目前在栖霞区，以工商注册为例，通过前台全科代理、后台并联办理，企业设立多证合一、一照一码基本在 2 个工作日完成；如果走绿色通道，整个过程仅需 2 个小时。三是终端全域一体。借鉴连锁经营模式，把每个服务中心（站）定位为一个“门店”，推出社会保障、远程查档等首批 14 个同城取件事项，针对这些事项，居民只要在一个街道申办，就可以在区内其他任一街道取件或申请快递投送，从而打破了行政事项办理的地域限制，极大提升了群众办事便利程度。

3. 纵向贯通，把服务送到群众“家门口”。一些地方更注重省市大厅建设，街道与社区的便民中心建设不够，整个政务服务中心呈现出头重脚轻格局，这种倒置的模型结构违背了中心建设便民的核心价值取向。从各服务中心的办件统计来看，80% 以上的办件量集中在各街道便民服务中心，因此服务中心的建设重心下移，能从根源上扭转服务中心结构失衡的问题，彻底治理服务中心纵向布局头重脚轻现象。栖霞区基于这一考虑，纵横贯通，建立连动式格局，着眼区街社区（村）三级，建成区级政务服务中心 1 个、街道便民服务中心 9 个、部门分中心 7 个、社区（村）服务站 120 个，赋予区级办理权限和功能，在全境建立“一刻钟”政务服务圈，真正把服务送到群众“家门口”。

4. 政务服务系统横向整合经济、民生、城建等多部门。对中心及各站点收入事项一窗收件、内部流转、联审联办、一窗出件，通过前台延伸触角，后台集中办理，在一纵一横之间建立起行政审批的联动格局。一是由少到多，提供集成式服务。拓展政务服务内容，与公共服务叠加，即凡与企业生产经营、居民日常生活密切相关的服务事项，尽可能实现网上办理。现已在各中心配备“全民付”便民支付终端，为百姓提供充值、水电气缴费、信用卡还款等多项便民服务。将行政许可、申请类行政确认、行政备案等权力事项以及民生事项全部进驻网上办事大厅，服务对象通过电脑、智能手机即可查询、下载、咨询、预约，让过去审批的“章”变成了现在服务的“键”。二是内外通透，实行规范化操作。全面完成“四单一图一机制”建立工作。对 27 个部门的 448 项行政许可事项进行全要素梳理，编成指南公开发放，通过全面定量描述，方便群众办事，更减少了主观用权空间。推动向基层放权，将两批次共计 91 项区级行政权力事项下放街道，支持街道中心突出“应上尽上、全程在线”，最大程度放宽服务范围，在落实南京市“街镇便民服务中心公共服务事项基本目录”确定的 119 项服务的基础上，结合所需，又把大学生创业、法律援助等 40 多项特色服务纳入目录公布，做到服务只增不减、要求只减不增，把权力导入四壁透明的“金鱼缸”，让公众对其运行轨迹一览无余。

上海零点市场调查有限公司评估栖霞区“放管服”改革成效

【案例 19】为企为民打造“三级代办员”体系

在区级和街道平台，为企业提供代办服务，促项目尽快开工；在社区，帮居民跑腿暖人心——栖霞区 350 多名“店小二”成了为企为民的“生力军”。栖霞区率先在南京市搭建的区、街道、社区“三级代办员”体系，打通了为企

为民服务的“最后一公里”。区代办中心隶属于区行政审批局，成立于 2017 年 3 月，中心有 6 名代办员，为企业项目方免费提供咨询申报等一系列服务，日均提供代办陪办服务量 80 多件，采取将代办工作考核纳入区对街道政务服务考核、加强对“店小二”的培训、引入奖惩机制等方法，创新“三级代办员”服务体系。政务服务的这一创新举措，让栖霞区 2018 年一举夺得全国第六届管理科学奖专项奖，该奖项全国只评出 10 个，栖霞是南京唯一的获奖者。

区代办中心

南京市栖霞区人民政府文件

宁栖政字〔2017〕62 号

南京市栖霞区人民政府
关于印发《栖霞区投资建设项目代办服务
实施方案》的通知

各街道办事处，区府各部门、各直属单位：

现将《栖霞区投资建设项目代办服务实施方案》印发给你们，请认真贯彻落实。

南京市栖霞区人民政府
2017 年 5 月 19 日

【案例 20】覆盖企业开办全流程的不见面审批 3.0 版树起了“栖霞标杆”

0.5—1 个工作日内办结所有的公司设立、刻章、开户、税票、社保等开办事项；动动手机，营业执照和企业公章快递上门；企业变更、备案、注销等全生命周期的登记都能足不出户完成……得益于不见面审批 3.0 版“企业开办掌上通”，2019 年，栖霞区有 10563 家公司、1876 家个体工商户通过不见面审批系统完成登记注册，不见面率超过了 95%，不见面刻章超过了 50%，在全市全样本全环节登记效率监测中位列第一。从 2017 年在全国率先实现“不见面审批”零的突破，到 2018 年六位一体的不见面审批 2.0 版，再到 2019 年覆盖企业开办全流程的 3.0 版，栖霞区的“不见面审批”一直在深化。栖霞区委书记黎辉说：“不见面审批不是以降低工作标准为代价，而是以更高的标准、更便捷的方法，以更智能的方式，在不让人感到增加负担的情景下，寓监管于登记中，寓严谨审核于服务中。”

● 打破部门壁垒，给信息造条高速公路

在不见面审批 2.0 版的基础上，栖霞区 2019 年 3 月份推出“企业开办掌上通”系统，企业只须完成网上填报、申请文书在线签名提交、在线实时审批、自助或邮寄领照四个程序，就能在办公室坐等营业执照送上门。从过去 15 个工作日办结，到如今最快 20 分钟搞定，效率极大提升的背后，是栖霞区利用数字技术打通部门壁垒，加速信息流转。“过去企业开办，需要在多个部门间来回跑，同一份材料反复准备。”栖霞区行政审批局副局长刘树斌说。有了数字平台，通过准确的数据共享交换，打破了信息孤岛，真正避免了各环节的重复录入、提交、验证，实现了共享共用共验，确保了每个申请真实可信。在各部门之间，上一道环节的结果作为下一道环节的重要依据和条件：市场部门的电子营业执照是公安部门刻章备案的重要依据，电子营业执照及公司章程、公安部门的电子印章，是银行机构开户备案的重要依据，银行的基本账户号是税务部门办理税务套餐的重要依据，一环套一环，环环紧扣，环环自动验证。

将办事程序搬到网络上、手机上，不仅大大提高了登记效率，同时杜绝了人为的干预，彻底改变了传统审批“找熟人好办事”的农耕文化陋习。“现在到窗口办事的群众，不到原来的 20%。”栖霞区行政审批局行政审批科的胡万

兵说。栖霞区刀刃向内，打破原有权力利益格局，将分散在7个科、9个分局的所有行政审批权集中到1个科，相关科室、分局不再承担登记许可职能，原来90%的从事证照审批工作的人员全部被释放出来，集中转移到监管、执法、消费维权领域，进而扭转了长期以来重审批轻监管的格局。

● 延伸服务链条，覆盖企业全生命周期

2019年3月28日，栖霞区不见面审批3.0版“企业开办掌上通”正式上线。南京大学在读研究生韩悦在校园里通过手机就完成了登记、刻章、开户和税务等全部开办事项。更让她惊讶的是，开户银行还为她提供了融资服务，“不见面审批太奇妙了，真的是零门槛、高效率、超方便！”“放管服”改革的核心要义，是为企业和群众提供更优质便捷的服务。升级后的3.0版本，在办理方式上实现了全天候：除了微信公众号和“我的南京”App两个远程办照平台，系统还支持申请人到全科窗口“刷脸办照”，到街道“就近办照”，到大厅自助端“自助办照”，到银政联办的“银行办照”。公司申请的八类人中的任何人均可以任意选择上述六种模式之一进行混搭办理。

对标国际一流，栖霞区通过政府搭台，引入刻章、银行等社会服务机构，通过优质服务、个性化服务来吸引企业，改过去的“政府催着办”为“服务机构抢单办”。到2019年底，平台已集聚全市107家刻章机构，企业可自主选择距离近的、效率高的、好评多的刻章企业。此外，农业银行、交通银行、民生银行、南京银行等238个银行网点也已进驻，各银行网点均在自己的界面里添加了后续融资服务。“银行的积极性非常高，平台为它们带来了大量优质的客户。”栖霞区市场监管局还与南大科技创业园、南工院形成了“支持大学生人生创业第一照落户栖霞”服务联盟，与众多商业银行形成了支持中小微企业掌上开户、融资服务联盟。

不见面审批3.0版不仅解决了准入难，同时还破解了企业变更难、退出难的问题。通过“企业开办掌上通”，企业变更、备案、注销等全生命周期的登记全部实现了不见面，企业变更股权转让的股东不必再到现场，企业注销也能点点手机即可完成。

● 转变监管模式，信用成为市场通行证

多年前，一位上海市民的身份证被人冒用，在栖霞区注册了公司，结果惹上了财务纠纷，冒名顶替者遍寻无获，当事人一怒之下把栖霞区市场监管局告上了法庭。

如何解决冒用身份证、注册即失联的问题，是市场监管部门所面临的难点。栖霞区在设计“不见面审批”系统时，采取人证一致验证、信用查验等技术及手段，从根本上杜绝了“虚假注册”、冒用身份、冒用签字、冒用公章等现象。系统自上线以来，身份认证、信用审查 4 万余人次，其中 100 余人有失信记录，均被系统自动阻止，为事中事后监管和社会治理提供了真实的基础信用信息。

王先生通过微信公众号对申请文书进行电子签名并盖章时发现无法正常登录，工作人员查询后告知，王先生个人的一笔银行贷款还款超期，造成失信，需要进行信用救济或更换股东再进行公司登记。王先生立马到民生大厅的信用窗口进行信用救济，最终顺利通过审核，拿到了公司的营业执照。

“‘不见面审批’已成为江苏的一张亮丽名片，是‘放管服’改革的一大突破……江苏要继续深化‘放管服’改革，为全国做标杆。”2018 年 11 月 30 日，李克强总理考察江苏时，对不见面审批提出了更高的要求。作为不见面审批发轫地的栖霞区的区委书记黎辉说：“不见面审批改革，栖霞一直在深化，1.0 实现了‘0’的突破，2.0 实现了‘点’的优化，3.0 实现了‘线’的集成，下一步的 4.0 我们将向‘面’上拓展，实现从商事登记、政务服务到投资建设的‘全面不见面审批’，最大限度方便企业和群众办事，为区域高质量发展营造最优营商环境。”

不见面审批（服务）

第三节　强化信用约束，放得开也管得住

栖霞区全区395.44平方公里，地域狭长，企业主体超过7.5万个，市场监管压力日益增大。依靠传统理念、手段、方法无法实现市场监管的全覆盖有效监管，容易造成监管缺位，导致违规现象发生处理不及时，甚至可能酿成群访事件。栖霞区深入调查研究，适应大市场、大监管、大服务形势发展，充分利用政府数据，坚持“向数据要效益、向信用要效益”的原则，增强大数据运用能力，将信用建设作为立威之策，作为提升行政许可效能的助推器，通过自主研发“信用准入审批系统”和“大数据监测预警系统”等，在全国率先建立了信用准入和公共信用信息归集新机制，融合政府监管部门数据和社会主体公开数据，以信息化手段为市场主体精确“画像”，精确评估市场主体信用水平，以大数据平台破解信息不对称的难题。发挥信用约束的基础作用，实施监管对象信用评估，强化市场主体信用意识，加强事中事后监管，破解市场监管难题，不仅实现了“批管同步”，而且也实现了“放得开、管得住”的双目标，促进了区市场监管能力的整体跃升。

1.运用大数据思维，强化系统整合，实现智慧监管。一是开发信用识别系统。在原有工商管理信息系统的基础上，开发“人脸识别系统”“信用准入审批系统”“远程电子档案扫描审批系统”，综合运用国家（江苏）企业信用信息公示系统，实现“区街同权、一窗多事项同时受理、联网联办”的许可登记新架构，为事前信用准入审查与事中事后监管提供科学手段。二是开发“商品市场远程信用管理系统”。实现农贸市场监管领域多部门共享共用，形成监管者、被监管者、消费者之间的信息反馈闭环。三是建立网上监管与大数据监测中心。借助省市场监管局“一中心一平台”系统和第三方互联网数据服务，对失联主体、失效主体、重热点主体等进行监测，提升预知、预警能力，弥补传统巡查功能的不足。四是提高GIS地理信息系统+App现场巡查系统的运用。将现场核查有疑虑的主体交由网上监管与大数据监测中心进行后台大数据监测，实现线上线下一体化监管。五是引入监管效能监督系统。将涉及群众诉求的多个事项进行整合，形成支撑，实现统一接诉、统一派发、追踪督查。通过系统整合升级，能够实现监管对象精准刻画、经营活动准确定位、经营风险及时预测，实现主动监管和精确监管。

2. 以提升监管效能为导向，坚持流程再造，推进监管机制创新。一是创新登记受理权和审批权分离机制。“电子档案审批系统”真正实现了前台受理、现场查验、后台审批的流程化工作机制。二是建立信用审查与承诺机制。凡是涉及企业登记注册、迁入、变更等业务，必须通过已建立的信用审查系统和大数据监测中心完成信用审查并出具信用审查结论，做到企业监管科学准确。三是建立市场监管社会化共治机制。“商品市场远程信用监管系统”，覆盖市场监管人员、市场主办方、市场经营户、消费者等，同时实现部门间、部门内部的信息共享，全面实现经营等级评定和排名，形成了多方参与的社会化共治局面。借助大数据平台，45个区级部门和单位实时归集信用信息，为联合惩戒创造条件，解决对僵尸企业股东、扰民又不服从管理的人员、非法经营人员、骗取证照的人员、不履行承诺的人员等再投资行为的约束问题。“商品市场远程信用管理系统”的开发与部署，率先在全市创设了“双透明一免费”快速检测室，构建了以信用管理为核心的市场监管机制，有效地保障了人民群众的食品安全。

3. 推行批管同步，加强批管衔接。发挥“不见面”审批、政务服务、综合执法、网格化治理等信息数据集成优势，打通信息壁垒，实现共用共享。每天将新增登记审批事项同步推送综合执法信息平台和信用库，由各街道综合执法大队落实巡查任务，现场查看、告知政策、检查承诺、结果反馈，实现有针对性的监管、更精准的服务。积极发挥市场监管局在市场主体信用归集中的牵头作用，推进区相关部门通过市场监管系统平台将各自掌握的主体信用信息及时录入系统，消除当前信用信息普遍滞后上载的现象，提升信用联合惩戒的实时性水平。

4. 突出信用监管基础作用，实施信用惩戒，引导市场主体自律。一是加大信用手段建设。综合运用大数据挖掘分析技术，融合市场监管部门数据和社会主体互联网公开数据，实现企业信用精确评估，综合国家（江苏）企业信用信息公示平台查询结果，为实施信用联合惩戒提供技术支撑。二是严把信用准入关。通过窗口或手机远程对股东、董监事、高管、经办等当事人进行身份证核验和人脸识别，免除当事人到现场提交身份证明的环节，并链接到市信用部门的法人信用库、自然人信用库进行核验，查看是否有失信记录，根据失信等级采取相应措施，并作出相关承诺，从而让“好人”创业畅通无阻、“坏人”欺瞒寸

步难行。三是远程信用监管。针对农贸市场管理老大难的状况，率先在全省对农贸市场及经营户实施远程信用监管，实现远程监控、后台监测、管理用手机、检查留痕迹、结果自评分、网上即公布、摊前挂红旗，通过信用约束与激励手段提升了经营者的自律意识，目前正准备将该机制向场外的重热点行业监管延伸。四是推进市场主体信用信息归集。发挥市场监管局在市场主体信用归集中的牵头作用，推进区相关部门通过市场监管信息系统将各自掌握的主体信用信息及时录入系统，提升信用联合惩戒的实时性水平。通过大数据监管风险预警分析，并结合省市法人、自然人信用数据库自动审核等方法手段，避免了潜在的金融风险。同时，对区域内 7.5 万户主体的经营行为提供风险监测和预警，对高风险企业进行重点关注，有力地防范了区域性金融风险的发生。

5. 引进大数据进行风险监测和预警。栖霞区通过简政放权不断释放市场活力，创业创新正逐步成为新常态。由于各类市场主体快速增长，仅 2017 年新增市场主体就超过了 1 万户。市场主体的快速增长也给市场监管带来了很多新的问题，如无照无证经营、虚假身份注册、虚开税票、消费者受侵害、非法集资、假冒伪劣、服务欺诈等，传统巡检、网格管理等市场监管方式已经不适应当前形势的需要，必须作出相应调整。如果不改革传统监管的服务方法和手段，仅依靠监管和服务资源投入，将很难适应当前发展现状，也无法实现放管结合和优化服务的改革目标。区市场监管局对 7.5 万户企业一一进行数据筛查，对排查出的高风险企业进行重点关注，再结合实地调查，有效提高了市场监管准确性，避免了潜在的风险。区市场监管局联合对外经济贸易大学，在八卦洲街道试行针对虚拟注册型企业进行大数据诚信监测，在贸易市场领域打造商品市场信用分类监管平台，建立网上监管及大数据监测中心对虚拟注册型企业提前预警、及早干预机制，结合区情实际情况在重点领域探索事中事后信用监管机制。同时，针对农贸市场管理老大难的状况，在全省率先对农贸市场及经营户实施远程信用监管，实现远程监控、后台监测、管理用手机、检查留痕迹、结果自评分、网上即公布、摊前挂红旗，通过信用约束与激励手段提升了经营者的自律意识。该项创新举措受到了国家市场监管总局的高度认可，《中国市场监管研究》做了专题报道，同时还受到了多家媒体的广泛报道，吸引了外省、市、区的食药、市场等部门前来参观考察。

点评五：

党中央提出以人民为中心建设服务型政府，要求地方政府在理念中更新站位，在姿态上放下身段，在行为中创新服务介入，从而实现党的以人为本的政治宗旨；国务院则提出“放管服”改革的新要求。近年来，地方政府积极响应党中央和国务院号召，一直在探索提升公共服务能力的有效路径，其焦点是加强政府公共部门间的协同水平；与此同时，基层政府（乡镇与街道办事处）的社会治理创新越来越倾向于将工作重心转移到公共服务、公共管理和公共安全的“三公”领域，强调的是社会服务管理能力。如何将行政管理体制改革与基层治理创新有效衔接起来，形成服务与治理的合力，是建设服务型政府、打造治理新格局的关键。

在这方面，栖霞区的改革正是将上述二者有机地结合起来，不断深化以提升公共服务能力为导向的行政体制改革。其在实践中推出的“不见面审批（服务）”“最多跑一次”“信用大数据监管”这三个做法在公共管理（行政审批）、公共服务（服务群众）、公共安全（市场监管）等方面均具有典型性意义。

一是“不见面审批（服务）”改革是在信息技术力量的支持和驱动下，基于信息化平台对政府部门的管理理念、组织结构和业务流程进行再造，是一种政府与社会、市场、人民以及政府自身关系的“根本性的再思考”“彻底性的重新设计”。通过流程再造，使政府在行政成本、公共服务和公共产品的质量、公共支出的效率等可量化标准方面取得巨大改善，最终达成政府流程的巨大改变。

流程烦琐、手续复杂是以往群众和企业找政府部门办事时最直观的感受。栖霞区的“不见面审批（服务）”这项改革，其出发点是要让群众和企业“少跑腿、多办事、不添堵，甚至不跑腿、办成事”；其理念将互联网的思维和技术融入“放管服”改革之中，实现审批服务事项“全程互联网在线办理”；其做法是基于联网通办、区街同权、全科政务改革的成功实践，借助“互联网 +”促进监管和服务效能实现二次飞跃，变“群众跑腿”为“数据跑腿”，以“实现零跑”为目标，为群众、企业带来极致的“办事体验”，成功地解决了公众服务需求爆发增长和线下服务能力提升相对滞后之间的矛盾。

“不见面审批”最初是由市场监管局开展的一项商事登记审批制度，后经过区委区政府的经验提炼和总结以后，以“放管服”改革为契机，以全面梳理“权力清单”为抓手，进行全面推广，最后变成全区的一项全面的、系统的行政管理体制改革。推进“不见面审批（服务）”改革试点，就是要优化网上审批流程，创新网上服务模式，公布“不见面”政务服务事项清单，实现项目审批“网上办、快递送、不见面”。不见面审批（服务）实质上体现了政府的执政理念是从市场主体及公众的需求导向出发，此前的“政府管制，百姓服从”变成了“社会需要，政府服务”“群众需要，马上服务”的360度全天候在线服务，基本实现了从“管理”到“治理”的转变，虽然仅一字之差，体现的却是执政理念和治国方略的改变。在“不见面审批（服务）”中，360度治理理念的渗透是全方位且深层次的。首先，“不见面审批（服务）”节约了行政审批申请者的经济和时间成本，形成高效审批。在“不见面审批（服务）”中，以“互联网+”模式代替了公众在空间上的奔波，且互联网“不见面”办公大大缩短了信息传递路程，在时间和空间双重维度上压缩了基层政府的行政审批流程，满足了公众对时效性的需求。其次，“不见面审批（服务）”中的审批各环节都在网络上可查，避免了审批中的人为因素干扰，使审批过程处处留痕，真正实现了全景透明审批、依法审批，让政府审批服务能更符合公众的期待。再次，在大幅减少审批时间后，政府将更多精力转为事中事后监管，真正为市场主体和公众服务。总体而言，高效透明的“不见面审批（服务）”是从市场主体及群众角度出发来进行审批改革，提升了政府提供公共服务产品的能力，推动了政府职能的转变，最终达到了增强政府公信力的目的。

从城市行政管理的角度来看，栖霞的“不见面审批（服务）”这项行政管理体制改革，一是遵循了结构决定功能的规律，探索了机构有效融合新路径。任何事物的功能都是由结构来决定的，有什么样的结构就有什么样的功能。市场监督管理职能新定位，要求必须整合原有机构，统筹规划机关科室、基层分局人员需求，调整机关科室与基层分局力量的比例关系，调整行政巡查、行政指导与行政执法的角色定位和人员配备，适应市场管理形势发展。二是机构设置以工作流程为核心。现代治理理论中的流程再造理论，其核心思想就是要打破组织按职能设置部门的管理方式，以业务流程为中心重新设计企业管理过程，追求全局最优。基于流程再造理念，市场监管局进行的机构改革对职能进行梳理、分析、归纳、提升，确立了以工作流程为核心，从职能目标、业务流程、组织架构三个维度统筹谋划，按照规范化、流程化的要求理顺业务流程，既避免相互重叠，又避免环节脱节。三是机构设置便于与街道的有效对接。当前各地都在积极推进执法力量下沉，推进综合化监管，各街道普遍实现了社会经济管理网格化，率先在全国推进街道层面的综合执法大队组建。区市场监管局主动变革，在原有 5 个分局的基础上，按照“四有”标准增设 4 个分局，与 9 个街道实现一一对接，完成对街道全覆盖的初步目标，同时让分局参与街道综合执法大队的组建，实现与街道的高效联动。

二是“最多跑一次”以互联网平台为基础，以大数据为手段，重构公共数据获取、发布、利用、再利用和开放数据的全过程，重视以数据驱动来推进国家治理体系和治理能力现代化，以数据驱动来深化行政体制改革。客观来看，虽然许多地方政府建立了“一站式”政务中心，其核心理念是要减少百姓奔波于多个部门间的烦恼，提高行政部门间的协同水平，但是，这一时期的“一站式”中心只是在街道原劳动保障事务所的基础上扩大了服务设施的建筑面积，将其他相关为民服务部门如民政、人社等业务科室赶入而已。这些部门聚集在一处，避免了居民为一件事情在多个部门之间来回奔波，但不同部门之间的业务并未整合，每个部门常常在许多需要协同处理、信息共享的领域（比如，居民低保的申请与核实需要人社和民政协同处理）“各自为阵”，各部门的快速协同能力仍较为有限，往往是按照传统方法不定期人工相互查询资料，因此许多审批事项仍需要较长时间才能办结。“不见面审批”坚持网上网下结合，通过功能互补、不断优化办事流程，切实提升政务服务水平，推动实体办事大厅与政务服务网融合发展，提高了政府办事事项和服务事项网上全流程办理率，通过让数据“多跑路”换取群众和企业少跑腿甚至不跑腿，这与全面深化改革的目标、理念、方法等方面形成强大的功能协同和动力交汇，为建设一个更加强大、更加相互关联、能够更好满足公民需求、激励创新和蓬勃发展的社会提供了良好的营商环境。

栖霞区的“不见面审批”行政管理服务体制改革，大大节约了辖区居民办理审批事项的时间。如栖霞区档案局的“e 站通”，其创新之处在于将“档案馆”

开到了居民家门口，查档范围包括计生档案、婚姻档案、招工档案、人事任免、退伍军人档案等五类，使居民查档第一次“走”出了档案局。偏远地区的居民不用再耗时半天往区政府档案局跑，在当地社区（村）就可办理计生、婚姻等五大类档案查询，村民在村里就能查档，大大节省了时间。这种改革不仅是体现了互联网时代精神的行政体制改革，同时也是大数据能力的具体化，本质上是“互联网 + 大数据 + 政府”的具体生动实践。“不见面审批”提出的“加强便民服务平台建设”这一举措，重新思考和布局不同职能部门之间的关系，打破各自为政、信息封锁、职能交叉重叠的传统状态，将跨部门的大数据和信息资源共享建设作为核心，职能部门将部门数据保持互联、互通、共享的状态，可随时调取、相互印证，减少或避免了让群众或企业办一件事情要跑多家机构的现象，从而提高了服务效率，降低了社会交易成本。

三是运用信用大数据提高服务水平和监管效率，既放得开又管得住，实现了秩序和活力的有机统一。2015 年，《国务院关于“先照后证”改革后加强事中事后监管的意见》颁布，结合简政放权、政府信息公开、信息治理、市场监管改革实践，立足中国市场监管现状，借鉴国外政府监管经验，提出了强化事中事后监管的原则，引入了以信用监管为核心的监管制度，在顶层设计中明确了信用监管在市场监管中的基础性作用。2015 年 7 月，国务院办公厅《关于运用大数据加强对市场主体的监管和服务若干意见》（国办发〔2015〕51 号）中，提出“建立健全守信激励机制”，“健全事中事后监管机制”，“建立健全信用承诺制度”，“建立健全失信联合惩戒机制”，“加快建立统一的信用信息交换平台”等运用信用大数据提高服务水平和监管效率的举措。为进一步推进市场监管改革与创新，促进市场监管的科学性和有效性，原国家工商行政管理总局于 2017 年正式印发《“十三五”市场监管规划》，提出：“健全企业信用监管机制，强调发挥信用在经济运行中的基础性作用，让信用创造财富，用信用积累财富，要求完善企业信息公示制度，强化企业信息归集机制，健全信用约束和失信联合惩戒机制，全面推行‘双随机、一公开’监管。”2016 年 8 月，江苏省《2016 年推进简政放权放管结合优化服务改革工作要点》（苏政发〔2016〕118 号）中明确提出“推进信用监管”，并进一步提出“完善以信用监管为基础的事中事后监管制度体系”，强化在行政管理、公共服务中引入信用机制。

随着我国“互联网+”、大数据环境的不断深入建设，企业信用信息公示系统、企业信用信息数据库等基础建设不断完善，公共监管和公共服务系统越发完善，使得运用企业信用信息更详细刻画市场主体经营行为具有了可行性。在此基础上，栖霞区积极响应国务院和江苏省的部署，开始了逐步落实及建设，构建了以信息归集共享为基础、以信息公示为手段、以信用监管为核心的新型监管体系和企业自治、行业自律、社会监督、政府监管的社会共治格局。

特别值得点赞的是，栖霞区以“不见面审批（服务）”“最多跑一次”“信用大数据监管”为核心的“放管服改革”，不仅推进了政府行政审批制度的改革，还与基层社会治理有机地衔接起来。其做法是依托社区治理的网格化平台，将与群众生产生活息息相关的一些公共服务事项延伸到乡镇（街道）、村（社区），把人民群众普遍关心的服务管理内容尽可能纳入网格化平台。结合行政审批制度改革，加快推动相关职能部门服务下沉，不断丰富网格平台的管理服务内容，拓宽便民服务渠道，尽量“多让数据跑路，少让群众跑路”。同时，建立完善公共服务事项进网格的准入机制，按照“责、权、利同步”的原则，逐步把能够由城乡网格员（网格站）代办的服务管理事项全部交由网格员（网格站）代办。实现了区级平台与街道网格无缝对接，建立了“社情民意在网格中掌握、矛盾纠纷在网格中化解、社会治理在网格中加强、公共服务在网格中开展、社会建设在网格中落地”的社会治理新格局。

第九章

激发活力的民主治理

党的十八届三中全会的决定对“创新社会治理”进行部署时，明确提到了“增强社会发展活力，提高社会治理水平”，并指出要“鼓励和支持社会各方面参与，实现政府治理和社会自我调节、居民自治良性互动”。其中，“社会自我调节、居民良性互动”的目标在于激发社会活力，实现一定社会基础上的国家与社会的良好合作关系，这就是善治。在社会治理“善治”的新理念下，栖霞区积极探索“政社分离、各归其位”，合理界定政府与基层群众自治组织在基层社会治理中的职能，充分利用网络工具，搭建多元主体参与的有效平台，引导居民民主协商决定社区自治事务。

第一节 加强协商民主，开拓网络民主治理新方式

社区是城市治理的最基础层级，只有社区和谐善治，城市治理的基础才能稳固。党的十九大报告指出，社区党组织是团结动员群众、领导城市治理、推动改革发展的坚强战斗堡垒。因此，新时代社区治理必须要加强和完善以基层党组织为核心的治理体系，切实发挥党的传统政治优势与信息时代的互联网技术优势，广泛了解群众、联系群众，发动群众参与社区治理，从而实现习近平总书记提出的治理模式要从单向管理转向双向互动、从线下转向线上线下融合、从单纯的政府监管向更加注重社会协同治理转变的重要指示。

南京市栖霞区在城市化快速推进过程中，面对经济社会发展不平衡、城乡二元结构突出、利益主体多元、居民需求多样等实际问题，主动运用新技术新手段建立高效便捷的政社协同共治平台。“掌上云社区”作为新时代满足人民群众对美好生活向往的一项改革探索，不仅构建了一个党组织、政府与群众间畅通的沟通渠道，建立起多元主体共在的扁平化运行结构和问题快速反应处理机制，又实现了广泛动员群众依靠群众的工作理念，线上策划宣传凝聚居民智慧力量，线下依托网格系统限期回应落地，为在线治理社区事务、整合社区资源、化解社区矛盾提供了一个有力的工作平台。

1. 破解中青年弱参与难题，促进协同共治。在线上按照居民小区、商业街区等划分的网格建立“掌上云社区”微信群，将线上、线下网格对应融合。由网格负责人担任群主，吸纳社区各类主体尤其是中青年入群，实现城市治理的多元参与，扁平化的运行架构使基层党委政府与社会各方线上“共在”，公众需求及时沟通、公共事务在线商议、群众意见充分听取，通过“键对键”真正实现了“面对面”。同时主动发掘培养居民意见领袖，营造社区协同参与氛围，培养居民共建共治能力。目前全区建立“掌上云社区”微信群1000多个，覆盖全部120个社区，吸纳线上成员19万余人，将以往没有时间参与社区治理的中青年群体纳入进来、将以往信息不对称的各类社会组织吸引过来、将拥有不同才华、资源但互不认识的邻里请了进来，使得治理主体不再“缺位”，在线互动日益“热络”，搭建起了有效参与、协同共治的平台。

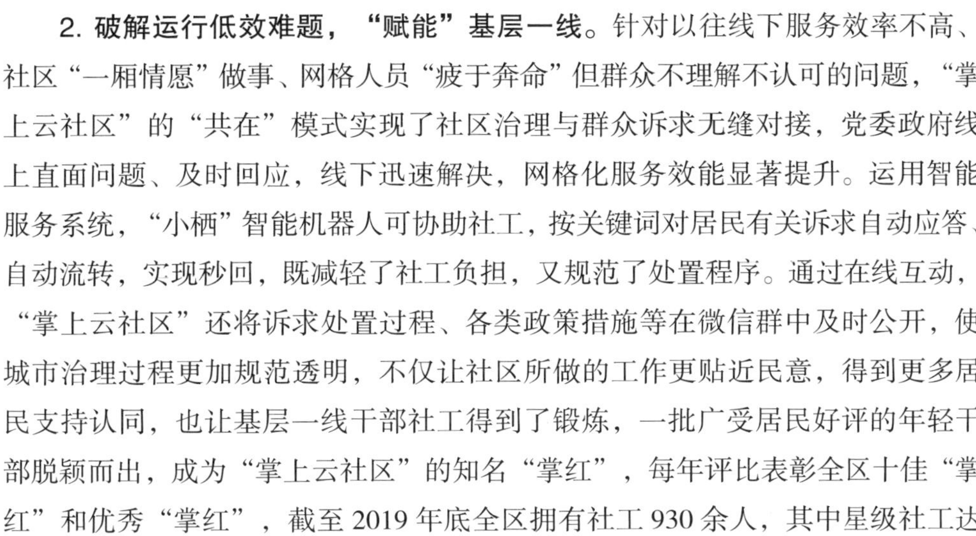

2. 破解运行低效难题，“赋能”基层一线。针对以往线下服务效率不高、社区“一厢情愿”做事、网格人员“疲于奔命”但群众不理解不认可的问题，“掌上云社区”的“共在”模式实现了社区治理与群众诉求无缝对接，党委政府线上直面问题、及时回应，线下迅速解决，网格化服务效能显著提升。运用智能服务系统，“小栖”智能机器人可协助社工，按关键词对居民有关诉求自动应答、自动流转，实现秒回，既减轻了社工负担，又规范了处置程序。通过在线互动，“掌上云社区”还将诉求处置过程、各类政策措施等在微信群中及时公开，使城市治理过程更加规范透明，不仅让社区所做的工作更贴近民意，得到更多居民支持认同，也让基层一线干部社工得到了锻炼，一批广受居民好评的年轻干部脱颖而出，成为“掌上云社区”的知名“掌红”，每年评比表彰全区十佳“掌红”和优秀“掌红”，截至 2019 年底全区拥有社工 930 余人，其中星级社工达 41%。

3. 破解信息不对称难题，精准回应诉求。获取真实社情民意是提升治理效能的前提条件。“掌上云社区”从 2017 年初运行以来每年线上收集意见建议约 8000 余条，内容涉及方方面面，都是居民真实的需求和愿望，将收集到的意见建议，通过工单流转系统，把居民诉求“点对点”发送至社工，并明确 2 小时群内反馈，做到事事有回应、件件有落实。同时，通过数据分析系统，“小栖”智能机器人自动收集民生诉求信息，对接区大数据中心、街道综合指挥平台等数据枢纽，同步共享社会治理数据，区、街两个层级运用数据定期形成各自的社区治理分析报告，做到“用数据研判、凭数据决策”，使公共服务更精准、居民满意度更高。

栖霞区社区治理双向互动、线上线下融合，取得了良好的效果：

*让基层组织强起来。*过去，基层干部坐等居民上门，见面需要耗费居民很多的时间精力，时间一长距离就远了，基层组织威信自然就下降了。“掌上云社区”深度嵌入社区治理全过程后通过“网聚”各方治理主体和力量，打破了党群干群间的时空限制，实现“互联网＋群众路线”，在线上及时发出党的声音，线下落实服务举措，线上线下协调联动将党的领导力、组织力在城市治理中有效贯彻。2018 年 1 月暴雪袭击南京，栖霞区通过“掌上云社区”的宣传发动，不仅动员了大量居民志愿者参与扫雪除冰，实现“一夜雪无”，而且通过这一平

台向全区居民直播了整个扫雪保畅通的全过程，获得了居民的广泛赞誉和认可。据南京大学民调显示，栖霞居民认同社区党委、居委会的比例达72.6%，基层党组织威望位于全国前列。

让社会力量聚起来。通过广泛吸纳多元主体，“掌上云社区”汇聚各类治理要素，引导社会力量“自我生长”，建设有活力、有温度的家园，如龙潭街道龙潭村通过“掌上云社区”20小时为本村重病患儿紧急募捐12万元医药费，江苏城市频道对比作了报道。居民自我服务的提升也推动公共服务更加精准，如马群街道紫金社区通过“掌上云社区”实现了小区孩子放学后“小课桌”的需求和服务的精准对接。“掌上云社区”还通过吸引社会力量的广泛参与，促进了乡村旅游业的发展，丰富了社会正能量的传播途径。2019年第十四届南京农业嘉年华在栖霞区八卦洲开幕，通过“掌上云社区”微信群向居民赠送专属门票，配套“小栖一元捐”等公益活动，活动开展半个多月参与居民超过4万余人次，居民参与义捐义购1400余人次，公益金额超过万元。

让问题解决快起来。当前，建设人民满意的服务型政府是深化改革的重要内容。“掌上云社区”通过创新服务方式、重构服务“界面”，在解决一个个诉求、办好一件件实事中推动服务型政府履职更高效。例如，“掌上云社区”打破了传统政府服务的时空限制和信息不对称瓶颈，建立起全天候、协作式服务体系。居民只需在微信群内@“小栖”，足不出户即可在线完成补办市民卡等590项行政许可和公共服务项目，在政务事项全科服务、联网联办的基础上又前进了一大步。目前“小栖”在“掌上云社区”每月平均受理居民咨询约3500条，在线答复3000余条，流转工单300余件，江苏省委“每日要情”评论栖霞“掌上云社区”让服务“24小时不打烊”。在南京市民生幸福建设群众满意度测评中，栖霞区“社区（村）服务管理满意度”位列全市第一。

让协商议事多起来。“掌上云社区”多元参与、扁平化、交互式的运行机制，为落实社区协商治理提供了可行路径。通过协商议事系统，社区可以高效组织在线商议、居民投票表决重要公共事务，并与“漫谈会”“议事会”“圆桌会”等线下协商相结合，让居民自己决定小区需要什么服务、如何服务。2019年全区共组织在线协商超过1500次，众多涉及不同利益主体的事项通过协商逐步解决。“微更新”项目共有80个社区共同参与，广大居民依托“掌上云社区”积

极参与到决策和实施全过程，激发了公众参与的热情、培养了协商自治的能力，严格把好了项目的质量关。

栖霞“掌上云社区”治理模式集中体现了新时代社会治理的重要内涵，运用现代信息技术和移动互联网，不仅实现了城市治理多元主体的互联互通，而且有效汇聚了更多的资源力量、优化了工作机制和实施路径，乃至培养了平等协商、接受监督的治理习惯，为城市的常态化治理探索了途径。随着城市化的持续推进和科技的不断进步，回应民众对美好生活的向往和期待，城市治理依然任重道远，下一步，将继续遵循城市共建共治共享的理念，充分发挥科技对城市基层治理的支持撬动作用，推动治理体系不断完善、治理能力不断提升。

一是从大数据治理向智能治理过渡。优化“掌上云社区”信息平台功能，加强大数据分析应用能力建设，汇聚各类政务、社情、民意等相关数据，即时掌握了解区域内城市基层治理的全貌。加强“掌上云社区”人工智能技术开发，整合全区更多政府管理资源和信息进入“掌上云社区”运行指挥中枢，建立联动响应机制，提高智能化运行水平，更好满足居民政务办事和日常生活需要。有序推进数据开放共享，全面提升大数据分析、集成和应用能力，实现准确识别多元化、多层次社会需求，对公众集体行为趋势、不同群体需求偏好、区域治理整体态势等分析、预测，以更精准的公共资源投入取得更佳的社会效益，逐步实现城市基层智慧治理目标。

二是从服务型政府向“活力”政府过渡。在持续改进“掌上云社区”功能模块的基础上，运用“掌上云社区”建构、推进城市治理的大数据思维，重塑政府治理模式、激发政府自身活力。例如，通过“掌上云社区”扁平化的快速响应机制，倒逼部门间数据互联互通，打破信息层层递减的惯性，重塑以往僵化、割裂的工作流程，推动政府各级组织包括嵌入社区的人员积极作为、融合协作。坚持互联网共享理念，将“掌上云社区”基于社会运行各环节产生的大数据及相应的综合分析结果即时输入基层政府各部门、各条口，用信息“输血”方式有效激发其回应诉求、服务社会的精准性、灵活性和创造性，释放政府活力。

三是从城市治理向全域治理过渡。在城市社区治理的基础上，依托“掌上云社区”这一开放式、智能化平台，跳出传统行政体制的局限，从更宽广的维度链接多方主体、各种资源，充分放大政府在经济社会各领域的治理能力，推进全域治理。例如通过社情民意大数据聚合分析，可以更好布局地方产业经济、尽早发现人才流动模式、畅通居民通勤出行、更有针对性地建构本地养老为小服务模式等。未来，还将持续加强“掌上云社区”与栖霞各类改革创新、各种治理资源的系统集成，逐步让政府侧重于“掌舵”、聚合起最广泛的民众参与“划桨”，为城市治理持续注入动力，让栖霞的每一个社区都充满生机活力。

“掌上云社区”志愿活动

【案例 21】芝嘉花园社区“网格化 + 掌上云社区”

马群街道芝嘉花园社区积极探索推进创新网格化社会治理工作。通过网格化管理、信息化支撑、精准化服务，实施“掌上云社区 + 雪亮工程”建设，对辖区网格无缝划分，确保网格工作有人可管，对视频监控增点扩面，确保网格工作有迹可循，使用智能手机及嵌入式 App，并利用社区掌上云社区将线上线下服务进一步延伸到群众身边，利用“互联网 +”环境下加强和创新治理体系建设。

根据社区地域位置将社区划分为 8 个网格，并设立专职网格长 8 人，兼职网格员 16 人，网格信息员 8 人，通过“3+X”的工作方式，让网格长、兼职网格员、网格信息员、社区工作人员、楼栋长、居民小组长、大学生志愿者及党

员志愿者一起参与网格化工作。小区新增设高清监控 245 个，实现了辖区内全方位、无死角视频监控。

芝嘉花园社区网格员巡查

通过从平台到实务，由线下到线上，网格掌上不分家的工作理念，网格长工作从线下搬到了线上，增加了网格长聆听居民诉求及问题的渠道。诉求应答更及时，打破社区服务的时间、地点限制，充分利用碎片化时间服务居民，实

“掌上云社区”线上互动

现“24 小时在线，10 分钟回复”，切实提升服务成效。通过及时、快捷、高效地传递和解决问题，推动网格长与社区居民互动和了解，更加有益于网格长融入网格，落到人头。

第二节 注重公众参与，有效激发社会活力

栖霞区在城市化快速推进过程中，面对经济社会发展不平衡、城乡二元结构突出、利益主体多元、居民需求多样等实际问题，创新建立高效便捷的政社协同共治平台，建立起多元主体共在的扁平化运行结构和问题快速反应处理机制，实现了广泛动员群众依靠群众的工作理念，在“掌上云社区”全覆盖的基础上，推出一批“社区微幸福”项目，破题社区居民线下参与，把“网上流量”变成社区治理的蓬勃力量，为新时代治理社区事务、整合社区资源、化解社区矛盾提供了有益启示。

1. 让“甜”的滋味浸润社区每一寸土地。社区微幸福项目聚焦居民“急难愁盼”的问题，通过改造社区“边角料”空间，实实在在提升居民的获得感和满意度。迈皋桥街道山水园社区把原先堆放杂物的架空层升级成便民的休息集聚区，满足居民日常交流和生活需要。马群街道芝嘉花园社区“爱在我嘉”楼栋改造项目以美化楼栋空间、传播楼栋文化为推手，实现了紧密邻里关系、促进社群互动的目标。微幸福项目虽然“体积”小，但“容量”足，涉及社区场地改造、环境美化、文化营造、邻里互助等方方面面，让社区的服务和温度延伸到每一个居民所需的空间，促进社区治理“栖霞样本”的形成。

2. 让“合”的力量汇聚社区每一方建设。为激发多元活力、实现多元共在，区民政局积极探索以社区党组织为核心，以“社区 + 物业 + 居民 + 社会组织 + 高校社团”等多元主体参与的共治模式。龙潭街道中国水泥厂社区的“多彩长廊、温馨驿站”微幸福项目，充分调动挖掘了居民骨干力量，以一对多、多带多实现了活动由居民自组织、项目自开展的新模式，让社区事成了“家里事”。燕子矶街道燕华花园社区的“七彩微花园”项目，通过引入社会组织的专业化力量，

有效引导居民对微花园进行认养、认建、认管，高效解决了社区毁绿种菜、杂物堆放的问题，变“菜篮子”为“微花园”。社区微幸福项目的开展，把原先“无感生疏”的居民力量拉了进来，把原先“没有门路”的社会组织、社团等专业力量请了进来，让各类资源、各方智慧在这里汇集，从内到外延伸社区治理的臂膀激发内在活力和动力。

3. 让“真”的声音覆盖社区每一次变化。为真正“落”到居民的心上去，微幸福项目确保居民的“全参与”。在覆盖范围上，通过掌上云社区微信群围绕微幸福项目开展进行在线协商，最广泛地倾听居民心声、征求居民意见，尤其原先“弱参与”的中青年也能及时加入、及时发声。在内容涉及上，做到前期项目立项、中间推进情况、资金使用情况以及最终的项目结项等，所有重要环节在线公示、双线协商，积极采纳居民建议，以服从“大多数”来确立项目“做什么”和“怎么做”。西岗街道齐民路社区的社区广场改造项目，利用“双线协商”，精准对接居民需求。社区一共组织 8 次线上协商和 5 次线下协商，征集整理居民意见 181 条，并通过召开线下 31 名居民和线上 1994 名居民共同参与的居民漫谈会，最终形成了“齐乐园、龄乐园、康乐园”集儿童活动、广场活动、老年康复为一体的改造方案，实现居民满意度达 99%。

截至 2019 年底，栖霞区共开展“社区微幸福”项目 103 个，36 家社会组织、17 家高校社团加盟参与，覆盖全区 9 个街道 50 万居民。

【案例 22】燕子矶街道“三众一站”为民服务新模式

▶ 创新背景

燕子矶街道下辖 13 个社区，常住人口 6.35 万人，流动人口 6.7 万人。2019 年办理南京市“12345”政务热线工单 5400 件，群众诉求内容涉及城建城管、环境保护、物业管理、公共安全、民生保障等各方面。由于工单总量大、诉求多元化、困难矛盾多，街道民生诉求办理工作一直处于被动局面。为彻底改变现状，街道积极探索“三众一站”为民服务新模式，成立众善服务中心、众安服务中心、众养服务中心、民生服务工作站，从满足居民安全的需求和社交的需求角度出发，充分发挥社会组织在民生诉求办理工作中的作用，由被动办理工单转为主动服务群众，由事后电话回访转为事前沟通交流，全面减少投诉工单，提升群众满意度。

▶ 创新举措

“众善”满足居民精神需求，完善和谐文化服务。大力组建文体服务队。街道成立众善服务中心，组建燕子矶老妈妈健身舞龙队、老年模特队、太极队、舞蹈队等队伍，感受传统文化魅力，用文化交流融洽社区居民感情，和谐邻里关系。倾力打造“周末课堂”品牌。每周一课、每社区一堂，根据群众心里期待，合理安排课程内容，丰富居民文化生活。积极开展“爱心妈妈”服务。为留守儿童、贫困儿童、残疾儿童等需要特殊关注的孩子送去温暖，让他们感受到“妈妈”的爱。

“众安”满足居民安全需求，完善公益志愿服务。街道从为居民提供安全的生活环境和提升居民自我安全保护意识入手，从内而外搭建“众安”安全体系。委托南京贝斯特物业公司成立众安服务中心，下设39个“平安志愿者服务站”，制定各项规章制度，由本行业、本单位相关负责人担任站长，提供专项资金维持运营，严把资金关；根据楼栋民生服务站收集和居民反映的问题，列出民生服务项目，通过党员代表会提出实施方案并公示，采用社区居民协商的形式，最终由居民代表投票选择决定，街道全程监督。为进一步满足居民安全需求，街道积极对接江苏维世德律师事务所授课，邀请律师走进街道，走进百姓，普及法律法规，帮助居民增强法律意识，提高维权能力。同时开展主题多样、内容丰富的安全讲座，让百姓从生活的点点滴滴中学习自我保护的知识。

“众养”满足居民养老需求，完善六助养老服务。助餐方面，建设212平方米中央厨房，服务老人就餐。为满足辖区老人需求，中央厨房送餐服务范围逐步扩大，目前能为电瓷、四棵柳、燕华社区提供爱心午餐，下一步将为全街道2000多位老人服务。助医方面，打造老人助医室，通过请上门、陪就医方式，解决老人看病难题。联系省人民医院、省中西医结合医院专家，定期为社区老人提供上门义诊等服务。助浴方面，设立老人助浴点，组织党员志愿者为老人提供服务，解决空巢、孤寡、失能及半失能老人洗澡难题。助洁方面，为老人营造干净卫生的环境。助乐方面，开展老龄文体活动，丰富老年人精神生活。助急方面，通过“美邻义工”，为老人开展各项应急服务。

“民生服务站”满足居民生活需求，完善便民利民服务。搭建全天候、全

覆盖社区服务热线。在13个社区分别开通热线电话，专人接听，印制民生服务热线宣传标牌，在各社区宣传橱窗、楼栋单元门口普遍张贴。建立民生服务站微信群。利用线上及时、快速、便捷的优势，搭建社区服务与居民诉求无缝对接的桥梁，迅速有效的解决群众反映的问题。组织成立“三众一站”义工队伍。民生服务站根据群众需求，号召热心党员和居民，发挥余热、尽显专长，协调解决各类矛盾，提供上门修理电器、电子产品的服务，以义工队伍为依托，实现遇到问题马上办、快速办。

“三众一站”服务展板

【案例23】幕府山庄社区老旧小区服务“1+3+5”模式

▶ 创新背景

幕府山庄社区是栖霞较老的拆迁安置社区，辖3000多户、9800多居民。作为老安置房小区，配套设施不完善、服务功能不健全、居民多为失地农民和拆迁安置户，社区治理难度较大。在此背景下，幕府山庄社区坚持以党建引领社区治理创新，初步形成了以党群服务中心一个中心，先锋广场、生活广场、同心广场三大广场，党员之家、老年人之家、未成年人之家、残疾人之家、居民之家五大阵地的“1+3+5”社区治理服务新机制，形成了具有幕府特色的社区治理新路径。

▶ 创新举措及成效

一、党建引领，筑牢社区治理的坚强堡垒。以“1+3+5”为阵地，增强社区治理的引领力、号召力和凝聚力。一是强化思想引领，坚定政治方向。抓好习近平新时代中国特色社会主义思想、党的十九大精神的学习贯彻，同时通过掌上云社区、幕府之家情牵民生微信公众号等形式深入传播新时代、新思想，凝心聚力、推动发展，进一步统一广大干群的思想认识。二是强化组织引领，夯实基层基础。坚持以党建为引领，强化组织阵地建设，以幕府山庄社区党委为核心，把热心居民、社会志愿者、社区民警、社会组织等资源纳入社区的多元治理体系，共同对社区开展服务管理。三是强化模范引领，当好时代先锋。建立社区活动中心管理小组，小组成员通过党员居民推荐、自荐等形式，由社区党委遴选产生，负责活动室日常管理。建立社区党员包片联户、积分评定、双向反馈等制度，党员的先锋模范作用得到充分展现。

二、社区主导，提升居民群众的生活品质。顺应群众对美好生活的新期待，延伸“1+3+5”为百姓服务链条，切实增强群众获得感，做好新时代的“答卷者”。一是积极构建“十分钟生活圈”。建立幕府山庄社区党群服务中心、居家服务中心、党员之家、老年人之家、未成年人之家、残疾人之家、居民之家等服务平台，涵盖社会事务受理、居民生活等各项服务。二是畅通服务群众“最后一公里”。实现从传统的“为群众端菜”向“由群众点菜”转变，通过线上线下听取居民建议、入户走访、需求调研等形式，切实落实各项惠民政策、解决群众实际利益，为居民提供零距离菜单式服务。三是融入“互联网+”元素。通过掌上云社区、幕府之家情牵民生微信公众号、社区QQ群等，畅通居民沟通与诉求表达渠道，切实将群众所思所盼作为谋划工作、制定措施、抓好落实的基本依据，使社区工作真正贴近实际、贴近群众。

三、社会协同，构建共商共治的治理格局。坚持多元共治理念，拓展“1+3+5”内涵，充分整合辖区单位资源，努力形成共建共治共享的社会治理格局。一是

搭建功能载体平台。成立由区残联、南京彩虹广场、中国光大银行、南京邮电大学、好来屋公益服务中心、楼栋长、志愿者等多方参与的共治理事会，形成联动共治“一盘棋”的工作格局。二是建立议事协商制度。建立事前提议、一事一议、尊重规则的协商议事机制，完善协商成果采纳、落实和反馈机制，合理运用协商成果。健全群众监督机制，做好依法公开，切实保障群众的知情权、监督权和管理权。三是凝聚共治共建合力。联合爱德基金会、阿里巴巴、腾讯公益发起“爸妈食堂”“福到家”为老助餐项目，为居民提供免费爱心午餐；与中国光大银行、可隆阳光慈善协会、南京邮电大学等，开展公益一日行、慈善探访物资捐赠等活动13余场，受益人次734人；携手南京协作者和幕府山庄小学等，开展“小小公益调研官”等主题活动38次，700多名社区儿童和家长受益，通过项目化运作推动共治愿景落到实处。

四、全民参与，激发居民自治的内在活力。认真贯彻以人民为中心的思想，奏响人人参与、人人尽责、人人共享的治理“交响曲”。一是引导居民自我服务。以发掘居民骨干为切入点、以搭建参与平台为重点，发掘培育居民楼栋长49名，志愿者100名，热心居民56名等，成为引导居民和推动自治的中坚力量。二是推进社区民主协商。社区通过召开党员大会和居民议事会、入户走访、线上问卷等形式，促进居民通过协商方式解决问题。社区信访接待量、居民投诉量等同比呈下降趋势，居民满意度显著提高。三是提升社区自治能力。通过社会工作专业团队专业培育孵

“幕府一家”前后对比

化社区各类社会组织，完善社区组织调研居民需求、统筹设计服务项目等工作体系，提高社区服务供给能力、矛盾预防化解能力等，不断提升社区治理水平。

第三节　充分发挥社会组织调解矛盾、服务群众的作用

栖霞区现有文体活动类、社会服务类、公益慈善类等社会组织 1462 个。为充分发挥社会组织在改善民生、提供服务、凝聚社区合力等方面的积极作用，栖霞区结合实际，在街道成立了社会组织服务中心，构建了文明新风倡扬社、慈善关爱互助社、就业创业促进社、党员先锋旗帜社、和谐稳定服务社“五大板块”服务方式，制订了五社行业标准，将各社界定的标准、发展的目标进一步规范。该中心在对同类别、同性质、同领域社会组织的发展、服务、管理工作中发挥桥梁纽带作用，业务上处于龙头地位，管理上承担业务主管职能。同时，栖霞区将“枫桥经验”的成功机理与人民调解等公共法律服务职能进行深度融合、广度衔接，整合栖霞区多家个人调解工作室资源，在实践中不断创新联盟工作机制和服务举措，取得了实实在在的成效。

1. 打造社会组织服务中心品牌。栖霞区建设的街道社会组织服务中心通过行业支持、服务为先、三社联动的运营模式，实现社会组织服务中心的品牌打造。以各街道特有的历史文化为特色，以“五好五星五动员”为主线，突出本地区域文化传承和先进的社会管理发展观，营造同业支持型社会组织服务中心。加大社会组织的培育引进力度，在场地、资金、人员等方面进行扶持，龙潭、栖霞、马群等 7 个街道成立了社会组织服务中心，爱德、鼎星、恩派、屋里厢等宁沪两地的枢纽型社会组织均已在栖霞区落户，尧化街道成立了姚坊门社会组织，聘请专业社工力量，按照枢纽型社会组织标准进行打造，同时成立了居民生活服务中心，为社区居民提供一站式的生活类服务帮助。西岗街道邻里中心、书画院等一批活动场所让星城居民感受到了社会服务的温暖。

在发挥本土联合性实效的同时，进一步在社区搭建平台，打造各具特色、近距离的满足群众需求的贴心服务项目。一是规范发展现有的品牌项目，如“夕

阳红老年服务队”“民营企业家关心下一代协会”“学子论坛”等组织，充分发挥引领表率作用，先后涌现出红梅社区“邻里守望队”、五福家园社区“义务巡逻队”等组织。二是整合资源发挥高校优势，建立了高校实践基地，开展志愿服务。与南大开展了“绿动未来——社区环保小卫士”“青春同行”、南师大“科普夏令营”等项目，围绕着课外辅导、义诊、环保、为老助残助学等活动开展服务。三是发挥地域优势，加大与企业的对接，引进了 KOLON（可隆）公司的 “阳光”慈善会、“阳光”韩国妈妈团来街道开展慈善活动，为困难家庭和外来务工子弟学生献爱心；南京东峰混凝土有限公司 “献爱心，做公益”资助爱心接力课堂为社会弱势群体提供帮助。

2. 创新人民调解举措。无论是开发使用栖霞人民调解智慧平台，成立“栖事宁人”个人调解工作室联盟，还是率先研发人民调解法治服务产品；无论是利用微信公众号集中提供线上法律咨询、线上法律援助、线上律师服务、线上公证申请、法律法规查询、案例查询等服务功能，还是建立社区“法润民生”微信群，每天推送不少于 5 条普法信息、法治案例，随时随地接受社区居民法律咨询，全天候、零距离提供线上普法；无论是大力实施“家门口”的法律援助改革，将法律援助办理权限下放至街道社区，实施法律援助“不见面审批服务”，还是创造性打造 23 家线上线下、各有特色、功能互补的“法律诊所综合体”……栖霞区在人民调解方面的巧招妙招不断，总是让人耳目一新。

栖霞区用新时代的“枫桥经验”，夯实了基层社会治理之基，真正把基层调解联盟打造成群众的“连心桥”、打击违法犯罪的“桥头堡”。正是有了宝贵经验的传承与创新，有了一群人的“撸起袖子加油干”，有了“以人民为中心、以善治为目标、以创新为引领”的初心，才让栖霞区的“枫桥经验”形成了全局“一盘棋”、服务“一条龙”、便民“一站式”、惠民“一招鲜”的良性局面。

3. 推动基层群众自治组织建设。构建以“自我管理、自我教育、自我服务、自我监督”为基本特征的新型基层社会公民治理机制，推进社区民主法治建设。以修订完善居民公约为载体，推进居民群众自治。通过议事会、座谈会等形式，邀请居民群众参与社会治理政策的协商。制定基层群众自治组织依法履行职责事项和协助政府工作事项“两份清单”，使居民自治有章可循，引导居民自治。比如，指导小区成立业委会，实现自我管理。开展星级物业评比，实施物业项目负责人和社区工作监督委员会负责人交叉兼职，引进上海“同一屋檐下”“帮帮团”等知名的社会组织开展活动。采取“三下三上”方式，在每个小区制定“居民公约”，户户签字、人人遵守。建设小区“居民之家”，开展社区提事、党员议事、群众定事，畅通居民参与治理渠道。建设“居民之家”服务平台，建立骨干队伍，每个楼栋推选出一名议事代表，定向收集意见、参与议事决策、反馈议事结果、化解矛盾纠纷。扶持和培育了仙林新村网格“解心锁”服务队、亚东广场网格“百事帮”援助社、仙林大道网格“管得宽”巡逻队等 12 个社会组织、志愿队伍，为辖区群众开展个性化的服务。

【案例 24】姚坊门慈善基金会的公益助老午餐

南京第一家社区型基金会——栖霞区姚坊门慈善基金会每年年初发布帮扶计划，提供给有爱心的企业购买。截至 2019 年底，该基金会已向 50 多家企事业单位筹得善款 1079 万元，打造 8 个爱心项目，其中“公益助老午餐”，项目分成若干套餐，由各企业认领“公益包”，解决社区困难老人就餐问题。根据规划，栖霞区将建立 30 家以上社区型基金会。目前登记注册的社区型基金会已有 10 家，原始开办基金量达 2000 万元，社区基金会弥补了部分公共服务能力不足的空缺，参与社区治理的效果初步显现。

姚坊门慈善基金会公益助老午餐

第四节　建设“时间银行”，探索志愿服务新模式

在城市化进程中，各种社会新问题不断涌现，而日益多元化的社会发挥作用的空间有限，政府承担的责任和职能过重，这导致了政府的社会管理和公共服务比较薄弱。从发展趋势看，随着城市化的不断推进，地方政府职能将向公共服务转型，并以公共服务为主要手段，吸引更多人力资源，从而达到地方经济社会发展的目标。在城市化进程中，地方政府通过治理创新，不仅回归和强化公共服务与社会管理等本质职能，而且还可实现治理体制机制的超越与创新，实现了对传统治理方式的超越与创新，从而使政府治理变得更为现代化。

作为典型的经适房街道，尧化街道低收入、困难人口数量大，“年轻老人”数量多，政府现有服务职能和社会组织服务无法全面满足居民多样的社会服务需求。2014 年 8 月，尧化街道以姚坊门慈善基金会为主体策划了“姚坊门时间银行社区互助项目”试点，募集街道内、外部各层面的志愿服务资源，引导社区里的志愿者通过累积志愿服务时间兑换相应服务。在探索中研究出一整套科学的存、取、贷规则和激励机制，由简到繁，由手工管理到信息化管理，分步实施，成功打造出“姚坊门时间银行”知名品牌。2015 年底，尧化街道下辖 13 个社区已全面覆盖时间银行项目，便民内容涵括助老、家电维修、儿童辅导、咨询代办等六大类。截至目前，区域内外 4500 多名志愿者以及 44 个志愿团队，一大批热心公益的志愿者守望互助，以较低的志愿服务成本解决了更多社会需求，共同实现民生服务和信息沟通“24 小时不打烊”。该项目曾获得江苏省优秀社区志愿服务项目、南京市首届慈善奖最具爱心慈善项目等，被中央电视台专题报道，2019 年被列为“江苏省时间银行项目标准化试点”。

1. 创新志愿服务资源管理。街道对志愿服务资源实行统一有序管理，在项目设计思维、服务对接规则、志愿者培训评选、志愿者权益兑换、项目文化宣传等方面，充分体现出助人自助、友善互助的理念，宣扬“我为人人、人人为我”的社会志愿精神，从制度层面为社区探索了一种共建共治共享的文化新生态。各社区在街道指导下建立信息管理平台，严格执行志愿者基础信息采集、人员培训、服务对接、时间存入、时间支取、回访与评比等工作流程，实现志愿者意愿和技能与受助者需求合理对接，配套相关“出口”制度保证志愿者可进可出，确保志愿者队伍新鲜血液的持续输入，并在每年“国际志愿者日”对志愿者按服务时间进行星级评定，激发志愿者的积极性与荣誉感。在琐碎复杂的志愿服务资源管理中，社区以高效的管理节奏细化志愿者的档案管理，设计翔实细致的工作表单，在志愿者认证申请单、志愿者和服务对象个人档案、服务需求申请单等每个工作节点，都留下相应记录，并定期生成报表上报街道。

2. 丰富志愿服务兑换内容。“姚坊门时间银行”打破传统单一的兑换规则，根据社会特点、居民需求，创新制定了“721”兑换规则，即 70% 时间存款可以支取等额的志愿服务，涵盖了家政服务类、护理类、关爱交流类、外出代办类、维修类和其他类共约 30 项服务内容，基本覆盖了居民日常生活的基本需求；20% 的时间存款可以到慈善超市兑换日常生活物品；10% 的志愿服务时间可以用来结算现金以贴补自己的志愿服务成本。每一名志愿者都能领到一张由街道与中信银行共同推出的联名卡，该卡除拥有普通银行卡的功能以外，还单独开辟了一个扇面存储志愿服务时间，可以在各个社区“通存通兑”。据悉，未来的时间银行兑换资源会更加丰富，将纳入参观、学习、旅游等福利。时间银行项目虽然看似参照实体银行的借贷规则，但在管理上却更加灵活机动，为志愿

者提供丰富的志愿服务、生活物品、成本补贴和增值服务。实践表明，这种模式基本解决了其他时间银行项目运行中普遍存在的“志愿者只存不取”“兑换资源少种类缺”等问题，激发了志愿者“存”的动力和“取”的热情。“姚坊门时间银行”的组织黏性不断提高，志愿者队伍从最初的100多人蓬勃发展到今天登记在册的4500多名。“用志愿服务时间或技能来交换志愿服务”这一新模式吸引着越来越多的志愿者主动参与到这一项目中。

3. 调动社会力量参与志愿服务。时间银行项目最初的筹建有赖于社会组织，它的常态化运转和发展更离不开社会力量。越来越多的普通居民和外部志愿团队，甚至许多以前从不关注志愿行为的居民们，在接触身边的志愿者或者志愿行为以后，居民沉睡的主体意识渐渐被和谐的互助氛围唤醒，也纷纷开始关注社区公共问题和社会服务需求，主动参与到社区建设和社区活动中来。针对志愿项目志愿队伍专业性不强、服务领域偏窄，居民需求得不到很好满足的现实难题，街道在“两新”组织中倡议吸纳具有专业特长的党员加入志愿服务队伍，为居民提供更多服务和便利。他们承担了各类社会服务项目中的基础服务，如养老服务站日常管理、量血压、服务登记、上门探望孤寡老人等，让社会组织的专业社工腾出更多精力去提供专业服务，在保障服务内容、服务质量的基础上减少了政府购买服务支出，有效降低了政府购买社会服务投入成本，志愿服务越来越专业化、系统化、丰富化。

“姚坊门时间银行”社区互助项目不局限于助老服务，还涉及家电维修、儿童辅导、咨询代办等多项便民内容。“时间银行”这种模式以较低的志愿服务成本，解决了更多社会需求，守望互助的社区风尚在逐渐形成。

【案例25】时间银行运营模式

▶ 创新背景

姚坊门时间银行是由姚坊门慈善基金会策划发起，由姚坊门彩虹社会工作服务中心承接运营的公益性志愿服务项目。该项目打破了国内其他地区单一的时间换时间的服务模式，运用商业银行理念，与商业银行共同发行联名芯片卡，对实名注册志愿者实行完善的存、贷规则和激励机制，规范了志愿服务计时标准和服务流程，创新了志愿者获益形式，丰富了志愿互助内涵。至 2019 年底，在全部 13 个社区设立分行。现有志愿者 4500 名，志愿团队 44 个；累计服务 29.2 万人次，服务时间 17.1 万小时。

"时间银行"服务流程和内容

▶ 创新举措

运行模式。项目在尧化街道层面建立总行，负责制度设计、业务指导、统筹管理与监督等工作；在各社区建立分行，负责具体的志愿者管理、志愿服务管理、档案管理、时间管理等工作。

工作流程。首先，对拟参与时间银行的居民进行信息采集和评估，评估合格后纳入志愿者队伍，并开展专业培训。其次，匹配志愿服务信息，安排志愿者上门提供服务，服务结束后，通过进行时间存储。再次，总行定期会对志愿者、服务对象进行回访，了解服务情况，并每个季度对优秀志愿者进行评比表彰。志愿者如果因个人原因，不能继续参与服务，也可以按照流程，申请退出，时间银行将会根据存取规则对其账户予以结算。

服务内容。姚坊门时间银行主要为社区居民提供 6 大类服务内容，基本涵盖了居民日常生活的基本需求：家政服务类、护理类、关爱交流类、外出代办类、维修类、其他类。

时间支取。志愿者在时间达到 20 小时后，可以支取时间，支取方式有三种：70% 的存款可为自己或家人换取其他志愿者或志愿团队的志愿服务、20% 的存款可用来在街道慈善超市换取生活用品、10% 的存款可用来自动结算现金以贴补自己的志愿服务成本。

▶ 主要成效

2015 年被江苏省民政厅评为“优秀社区志愿服务项目”，2017 年 11 月被评为南京首届慈善奖“最具爱心慈善公益项目”，2017 年 10 月底，中央电视台二套《经济半小时》进行了专题报道，2018 年获评江苏省志愿者交流会金奖。2018 年 10 月通过了南京市时间银行志愿服务管理规范标准化立项、江苏省社区志愿服务管理规范标准化立项，同时也被评为江苏省民政标准化建设试点单位。

点评六：

现代城市治理主要涉及城市空间内不同的权利主体——政府、社区群众自治组织、社会组织和城市居民。传统的城市管理带有自上而下的统治意味，而现代城市社会治理则反映了城市空间内不同权利主体之间的民主共治。

在这方面，栖霞区首先是在制度层面上注重通过社区群众自治组织建设，如建立党群服务中心、居家服务中心、党员之家、老年人之家、未成年人之家、残疾人之家、居民之家等社区服务平台，发挥社区在社会事务受理、居民生活等各项工作中的主导作用，同时以社区民主协商与恳谈会等形式，建立事前提议、一事一议、尊重规则的协商议事机制，完善协商成果采纳、落实和反馈机制，合理运用协商成果，充分调动了社区居民参与社区治理的积极性，保证了社区居民的知情权、参与权、表达权、监督权，实现了党的十九大报告中提出的“巩固基层政权，完善基层民主制度，保障人民知情权、参与权、表达权、监督权”的社会主义民主政治建设要求。

不过，从城市善治的角度看，不仅需要保障社区居民知情权、参与权、表达权、监督权，还需要动员更广泛的社会力量，充分激发辖区社会组织和城市居民的活力，以打造共治共建共享的社会治理新格局。由于现代城市社会是一个陌生人社会，作为相互陌生的个体，在互动中人们更多关注自己的活动和利益，这造成现代社会中人与人之间相对疏离与冷漠，城市居民对公共事务参与的积极性不高。如何在陌生人社会中建立新的连接和整合，从而构筑和谐人际关系，维持社会互动的健康有序，是当前社会治理创新中的重点和难点问题。

针对这个难点重点问题，栖霞区一方面是通过“项目制”的方式整合了各种社会资源。如通过社区微幸福项目的开展，把原先“无感生疏”的居民力量拉了进来，把原先“没有门路”的社会组织、社团等专业力量请了进来，让各类资源、各方智慧在这里汇集。为充分发挥社会组织在改善民生、提供服务、凝聚社区合力等方面的积极作用，街道结合实际，还成立了社会组织服务中心，引进支持性社会组织，助推街道社会组织的培育发展，通过培育和引进社会组织，有效地激发了社会的内在活力和动力。

另一方面，更具有特色的是，栖霞区基于互联网思维，依托微信群、微信公众号等移动互联网平台，通过“掌上云社区”建设，不仅拉近了邻里之间的关系，建立一个网络的社区共同体和心灵家园，重构市场经济条件下的“熟人社会”；而且有效激发了社会治理多主体的活力，强化了协商民主，开拓出网络民主治理的新方式。栖霞区这种新型的网络社区民主治理方式具有几个独特的优势：

一是参与治理的主体更加多元和广泛，参与的方式更为便捷。参与主体以社区党组织、居委会为主导，协同社区居民、驻区单位、物业和社会组织以及公众，尤其是吸引了中青年人关心和参与社区公共事务治理，把平时忙于工作、缺乏时间和精力参加线下社区活动的精英阶层人士吸引过来并为此提供快速链接、整合社区内资源的通道。这些社区精英的加入，往往让协商和讨论更多出一份理性、更能反映社会主流意见。长期以来，居民对社区事务的有效参与度低，其中一个重要的因素是参与不方便，便捷性是影响社区居民参与的重要因素，“掌上云社区”恰恰是在便捷性上具有自己独特的优势，居民可以不受空间限制，可随时利用碎片化时间了解社区事务、发表意见，参与公共事务的协商决策，居民无须耗费太多时间成本即可参与社区事务，这十分有力地推动了社区多元主体有效参与共治的进程，在较短的时间内让居民习得了自治与共治的经验和能力。

二是可以利用技术上的功能与网格化管理对接，集成实现了系统治理、整体性治理。开发出包括党建云社区、信息交流、智能回复、“不见面”审批、工单流转、协商议事、多群管理及大数据分析八大功能系统，借助网格化治理的坚实基础，推动基层治理、服务更加便捷、高效、贯通。如芝嘉花园社区的“网格化＋掌上云社区”通过从平台到实务，由线下到线上，网格掌上不分家的工作理念，网格长工作从线下搬到了线上，增加了网格长聆听居民诉求及问题的渠道。在“掌上云社区”中植入“政务机器人”的方式，不仅大大提高了社区管理中的回应性，而且可将民情民意第一时间导出，形成大数据分析，从而更加有效地提升了基层治理的精细化水平。

三是解决了城市社区由于陌生人社会所造成的缺少人情联结的弊端，重构了比较和谐的社区人际关系。“掌上云社区”建立之初，入群的居民以沉默和反映问题为主，线上作用放大后，相互交流日益活跃，自发互动明显增多，邻里之间、居民与社区之间原本淡漠的关系得到极大改善，许多社区在组织活动、发布信息时已不再是“自说自话”的状态，居民点赞肯定声音越来越多。

四是可以有效推动基层民主建设，特别是在涉及社区公共事务方面，使相关决策更加民主。如今社区“办大事”不再是几个干部讨论就拍板，更不可能是书记一言堂，如建设小区停车场等，都由居民“线上”讨论决定，社区工作遇到困难，通过集思广益，做事情、解难题的方法也更加科学。

五是提高基层政府的回应性。通过运用“掌上云社区”工作平台，街道干部和社区工作人员通过在线互动，能够随时发现居民反应的问题，而及时回应和快速处理也进一步激发居民参与的热情，建立了良性互动。随着社区和居民互动的深入，政府的回应性不断增强，构建了一个政府、党组织与居民间畅通的沟通渠道，为在线治理社区事务，整合社区资源，化解社区矛盾，提供了一个有力的工作平台，进一步推动栖霞区从服务型政府向“回应性政府”和“活力”政府过渡。

第十章

改善民生的民需治理

基层是社会治理现代化的基本面、最大体量的参与主体和服务对象，满足基层群众的需求和福祉是各级党委和政府的工作重点。栖霞区委区政府近年高度重视以保障和改善民生为导向的社会体制改革，突出社会弱势人群权益保障，持续提升公共物品供给的及时性和有效性，在医疗、教育、养老、卫生等方面做出了大量探索。在栖霞，社会治理不仅与加强基层法治工作、推行自治选举和加强村务公开联系在一起，更与改善民生、改善社区层面公共资源供给、提高社会服务质量、启动城市和农村低收入群体生活保障和大病救助等有机结合在一起，不断健全以民生为取向的社会体制，建设真正的基层服务型政府。

第一节　注重民生改善，增进民众福祉

群众利益无小事，民生问题大于天。栖霞区委区政府深入贯彻党的十九大和十九届四中全会精神，始终把保障和改善民生作为推动高质量发展的出发点和落脚点，近 80% 可用财力用于民生支出，坚持人人尽责、人人享有，坚守底线、突出重点，完善制度、引导预期，既尽力而为，又量力而行，努力解决群众的操心事、烦心事，一件接着一件办，一年接着一年干，在幼有所育、学有所教、劳有所得、病有所医、老有所养、住有所居、弱有所扶上不断取得新进展，不断满足人民群众日益增长的美好生活需要，解决了一批事关群众切身利益的突出问题。

1. 推进教育共同体建设，教育质量显著提升。成功创建国家中小学校责任督学挂牌督导创新区，2019年高考本科达线率84.656%，稳居全市普通高等教育前列。建设一批研究型大学和专业化、开放式特色学院、研究生院。新建华侨城中小学、仙鹤片区北部中学、仙林G58地块幼儿园、实验小学前塘路校区等4所学校。陶行知在南京创办的第一所小学，在燕子矶新城复校，南京泰晤士国际学校也入驻燕子矶新城……名校先后落户，教育资源在栖霞进一步集聚。

2. 扩大服务供给，养老创出特色。制定出台《养老服务体系建设规划》和《促进养老服务业发展扶持办法》，全区有76家社区居家养老中心全部实现“医养融合”，15分钟步行半径内即有一处便民为老服务机构、场地或设施，逐步形成了“高端养老有市场、中端养老有需求、低端养老有保障”的养老服务格局。推进机构养老、居家养老、社区养老融合发展，每千名老人拥有养老床位42张。下一步将建立以居家为基础、社区为依托、机构为补充的养老服务体系，结合医疗设施布局，合理配置养老服务设施，促进医养结合，加快建设东方颐年健康产业园、南京颐乐康养社区，提升养老社会化服务能力。

3. 深化医改，医疗卫生水平大幅提高。多年来综合医改考核始终位居全市前列，入选省基层卫生十强区。持续深化“院府合作”，重点加快推进省中医院仙林分院、市妇幼保健院丁家庄院区、燕子矶新城三甲医院等3家三级医院建设，开工和续建泰康（南京）国际医学中心、泰康仙林鼓楼医院内科楼和南京应天骨科医院等4个民营医疗、养老项目。

4. 创“星级物业”，抓垃圾分类处理，环境更加宜居。从曾经的城郊结合部、化工重镇，到如今现代化的“南京副城”，旧貌新颜，见证了城市蜕变的栖霞速度，城市管理连续七年位居全市主城区第一名。近年来，栖霞区结合精细化建设管理、沪宁城际铁路沿线环境整治等多项整治行动，推动城中村、城郊接合部以及主次干道、背街小巷市容市貌和环境提升工作，强化门前三包管理，全区共签订门前三包责任书近5300份，整治完成近百条背街小巷。开展公厕革命，2017、2018年新改建公厕31座，2019年新改建环卫公厕5座、旅游及公共建筑配套公厕11座、农村公厕9座。结合乡村振兴要求，围绕南京市委“大力推进农村生活垃圾分类工作，实现一个月见成效、三个月能推广的目标”，把农村生活垃圾分类工作作为街道的头等大事和“一号工程”，美化环境的同时实现了垃

圾资源化、减量化。

5. 大幅提升交通出行便捷度，大力开发文化体育事业。2019年重点实施的和燕路等3条过江通道、宁句城际等4条轨道交通、312国道等5条主干道路进展顺利，启动打通断头路、交通堵点整治、“四好农村路”建设等专项行动，全力保障地铁6号线、7号线建设，强化与主城以及都市圈间轨道交通系统的衔接，道路综合承载能力全面提升。提档升级街道、社区综合文化服务中心18个，打造“读创栖霞”读书节等品牌活动，每万人拥有公共文化设施面积超过2000平方米。举办仙林半程马拉松赛、八卦洲龙舟赛、“秋栖霞”登山节、区级全民健身运动会，桦墅越野跑等“四季”体育赛事，每年开展各类群众性体育活动250场以上。

【案例26】八卦洲街道垃圾分类“四分闭环”模式

▶ 创新背景

生活垃圾的处理一直是城市管理中的一大难题，而农村地区地域广袤，垃圾的收集、处理硬件配套较城市有不小差距，给垃圾分类工作开展增加了客观存在的困难，如何科学有效地在农村实施垃圾分类并妥善处理生活垃圾是一项需要下决心、敢创新的系统工作，也是实现乡村振兴的必然要求。围绕南京市委提出的“大力推进农村生活垃圾分类工作，实现一个月见成效、三个月能推广的目标”，八卦洲街道工委、办事处把农村生活垃圾分类工作作为街道的头等大事和“一号工程”，成立领导小组、制定工作方案、完善各类设施、深入宣传发动，围绕提高“分类的实效性、收集的有效性、群众的参与性、社会的协同性、终端的先进性、体系的创新性”六个方面工作，初步探索出了“四分闭环”的工作模式。

▶ 创新举措

八卦洲街道的垃圾分类，是在市有关部门指导和相关文件要求下实施的，既按一定的标准，同时也结合街道实际，建立了一套具有八卦洲特色的垃圾分类体系。

一是全域覆盖，集中处理。街道用一个月时间实现了垃圾分类全域覆盖，垃圾分类参与率达98%，并确保垃圾做到不混装、不混运和不落地，坚决杜绝

"前端分类、后端混合"问题的发生。在全域覆盖和集中运输的基础上，对垃圾进行了就地集中处理，比如可烂垃圾集中运输到肥料厂处理，餐厨垃圾采用先进设备集中处理，节约了用地、节省了经费，也提高了处理效果，实现了"垃圾不出岛"、就地减量化。

二是党建引领，社会协同。充分发挥党建引领作用，把街道1008名党员组成253个党员服务团，深入1万多户农户家庭进行宣传和指导垃圾分类工作。各级党组织在垃圾分类中充分发挥战斗堡垒作用，党员志愿者服务队每天走村入户宣传，党员家庭在垃圾分类中带头做模范。街道还把学校、机关、企业等发动起来，特别是把各类学生动员起来，开展丰富多彩的"小手拉大手"活动，通过学生带动家庭、家庭带动社会，形成垃圾分类的中坚力量。

三是政企联动，长效运行。街道按照实用、实效的原则，把政府做更有利的事由政府来做，把市场做更经济的事交给市场来做。同时，为使垃圾分类工作能够持续运作，从一开始就注重控制成本，在人员规模、车辆购置、运营成本等各方面都精打细算、节俭节约。目前，街道每天减少外运的垃圾约12吨，一年下来可节约垃圾运输和处理经费约80万元，同时每年还能产生近1000吨的有机肥供农业生产使用。

垃圾分类工作调研

*四是技术创新，服务便民。*街道注重提高垃圾分类的数字化水平，专门开发了垃圾分类软件，实现对前端农户垃圾分类的定性，对中端垃圾运输的定线，对末端垃圾处理的定量，通过一张表、二维码等形式，做到垃圾分类底数清、线路明、可追溯。同时，为方便群众积分兑换，我们联合专业公司采取定点收集、上门收集、网络预约等各类方式，让群众享受到垃圾处理的便利；深入开展积分兑换活动，积分不仅可兑换生活用品，也可兑换助老、医疗等服务，激励更多的群众参与垃圾分类。

*五是完善考核，提升质量。*在全覆盖后，街道建立考核推进机制，每月对村居垃圾分类工作进行排名，每月召开垃圾分类推进会，实行末位表态发言，并与全年考核挂钩。同时，将考核压力传导到网格员、收集员、督导员三员队伍，确保责任层层压实，不搞一阵风。为确保垃圾分类保持高质量，通过党员示范、志愿服务等引领，通过积分奖励、“小手拉大手”等方式，通过信息化、物业化等手段，多措并举，狠下功夫，确保垃圾分类工作取得实实在在的成效。

第二节　深化医疗卫生体制改革，促进全民健康

没有全民健康，就没有全面小康与和谐的社会建设。新一轮医改之初，栖霞区只有1家二级医院，街道社区卫生服务中心大多资源、设施、人才缺失，医疗卫生事业举步维艰，居民“看病难、看病贵”的问题比较突出。近年来，栖霞区把深化医改作为增进群众健康福祉、提升综合竞争能力、建设幸福栖霞的重大工程，按照中央和省市部署要求，突出问题导向，突出民生指向，突出改革取向，以地方政府与大型医院合作共建为抓手，带动医疗卫生改革发展全面展开，初步形成具有栖霞特色的“院府合作”医改路子。2013年5月，区政府与省人民医院达成第一个“院府合作”协议，经过近几年发展已建成五大院府医联体，吸引大量优质医疗资源入驻，带动医疗卫生工作整体提升。

1. 在合作主体上，厘清“医院、政府、医生”关系。“院府合作”模式全面开花，有效破解医疗资源不足、医疗服务不均难题。“府”为主导，由区政府牵头，

依托区域公立医院平台，向大型公立医院购买服务，开展医疗、教学、科研全面合作。通过政府的主动参与，强化对“院府合作”的整体规划和制度性安排，特别是在涉及利益分配等关键方面，全部由政府托底，避免成本由百姓买单，实现花小钱、办大事，更好体现基本医疗的公益属性。2013 年投资 1.35 亿元用于二级医院的基本建设、设备购置，保障“院府合作”的硬件达标。2015 年区街两级财政卫生经费投入超过 1.5 亿元，政府的强力支持，促进基层医疗机构把更多精力放到抓业务、强能力、优服务上。“院”为主体，在行政适度参与的同时，把业务交给医院，实行管办分离。三级医院全权负责区内合作医院特别是代建科室的业务管理，在发展理念、技术支持、人才培养、硬件配置等方面与医院本部一体适用，展开“防、治、康，医、教、研”全面合作，重点提高二级医院疾病诊疗能力。目前栖霞已与省人民医院、南京中医药大学、市妇幼保健院等院校合作，建成“三级医院—二级医院—社区卫生服务中心—村卫生室（站）”四级医疗服务体系、“临床检验—影像诊断—心电—消毒供应及信息化平台”“4+1”医技中心、“综合医院—康复专科—社区卫生服务机构—家庭”四级一体化康复医疗服务网络体系，培养出包括 1 家二甲医院在内的二级医院 2 家，区内社区卫生机构正按照二级医院标准全面升级。“医”为主力，加强院府联动，引导优质资源下沉，特别是解决好人才资源下沉这个关键。栖霞区与三级医院明确约定，畅通审批渠道，打破三级合作医院医生到栖霞多点执业行政壁垒。由政府负担，按照不低于在院本部工作的薪酬待遇邀请医生出诊，由

江苏省卫生和计划生育委员会办公室文件

苏卫办医政〔2016〕32 号

关于推广江苏省人民医院与南京市栖霞区人民政府开展院府合作经验的通知

与省人民医院签约仪式

医院统筹安排医生接诊量，避免影响医疗质量。对医生在栖霞区医院的执业状况，与在院本部一样列为待遇提升和职务晋升的重要参照。

2. 在合作取向上，紧扣“质优、价廉、方便”目标。加强基层医疗机构力量建设，真正把基层医院建成群众信赖的首诊之地。主城大医院人满为患，基层医院门可罗雀，根子在于病人只信赖大医院的服务质量，栖霞“院府合作”瞄准基层医疗机构，着力建好群众身边的医院。“院府合作”以来，群众首选本地医院就医比重超过 60%，手术人次、出院人次分别增长 31% 和 51%。质量是生命线。“院府合作”中围绕需求较大、转出率较高的病种，引进名院名医，扶持重点学科建设，引入顶尖人才加盟，开展专家坐诊、专题讲座、教学查房、手术示教、危重病例抢救等，在短期内实现了本地医疗质量的大幅提升。目前，80 多名省市专家到栖霞开设重点特色专科，有的领军型专家甚至将团队整体带入栖霞，基本保证每天都有专家接诊。医疗力量的壮大，让就医服务的过程更加精细化、人性化。据测算，南京三级医院每个医生日均接诊量在 80—100 人，而栖霞只有 40—50 人，人均诊疗时间远超大医院平均用时，更便于医患交流，提升就诊满意度。基本医疗是着眼点。“院府合作”突出公益性，通过政府购买服务，消化不同层级医院的费用差额，真正让利百姓。目前，省级一流三级医院知名专家诊疗费平均为 100 元，而在栖霞只需 15—25 元。住院手术方面，以针对骨折的椎体成形术为例，三级医院通常费用为 3 万元，而栖霞医院仅需 1 万多元，

与省中医院签约仪式

扣除医保报销费用，个人实际支出仅4000元，门诊费用人均比三级医院少100元，住院床单元费用人均比三级医院少5000元。全域统筹是基本路径。“院府合作”把区内所有公立医疗机构整体打包，与三级医院全面对接、直接挂钩，建立健全四级医疗网络，缩短了优质资源下沉通道。通过引进三级医院的人才、技术、管理和批量专家入驻，以点带面力促区内社区医疗机构全面达到二级医院服务能力，同时推动在龙潭、靖安、八卦洲等偏远地区共建社区卫生服务中心，真正把好的服务送到家门口，方便群众就医。

3. 在合作内容上，突出“技术、人才、管理”对接。促进医疗均衡化、医技同质化，畅通分级诊疗、双向转诊渠道。推进基层首诊、分级诊疗、双向转诊，是医药卫生体制改革的难点，也是医疗卫生体系建设的重点。从实际运行看，由下向上转的渠道基本畅通，难度最大的是由上向下转。栖霞区借力“院府合作”，紧扣医疗均衡化、医技同质化，着力推动基层医疗机构与大医院服务质量、设施配套、管理水平互联互认，确保下转时“接得住”。建设重点专科，放大品牌效应。按照突出重点、特色发展、覆盖全面的思路，引进名院名医，带动全区医疗机构均衡发展。省人民医院托管区医院5个科室，均派出该领域的顶尖专家常驻管理。市妇幼保健院帮助区医院迈皋桥院区转型为妇幼保健院（北院），列入全省妇幼保健体系五大改革试点工作，集中发展产科、妇科、儿科、乳腺科、超声科五大品牌科室。鼓楼医院、省中西医结合医院、市中西医结合医院等，结合挂钩医疗机构实际，大力推进基本医疗、特色专科、医养一体发展。加快硬件升级，推动向上对接。建设“4+1”医技中心，利用现代信息传输技术，实现区内所有医疗机构与省人民医院联网互认，确保区内所出具的检测检验报告全部与省人民医院达到一样的质控标准。既提高了栖霞本地医疗专业化配套水平，也避免了从大医院转诊过来的病人重复检查，使病患在运行机制一体化、技术标准同质化中得益受惠，更便于后续与三级医院的有效衔接和灵活转诊，夯实双向转诊的技术支撑。创新培养模式，打造本土人才。“院府合作”，既注重解决“看病难、看病贵”的现实问题，也着眼于医院发展、医生成长等长久之计。在人才培养方面，先后与江苏省人民医院联合举办“全科医师”培训系列讲座、与南京医科大学联办南医大研究生课程进修班。在人才引进方面，创新区属二级医院“区管街用”模式，利用二级医院的进人渠道引进人才、

培训人才，根据需要下派人员到基层卫生中心（站），并适时组织轮岗交流。区级医院成为基层社区医疗人才的“蓄水池”，既与三级医院便捷对接，也解决人才难招难留的问题，灵活地实现区域内人才合理流动。复制管理经验，实现持续发展。栖霞区与合作医院建立定期联席交流制度，强化先进经验和成功做法的及时输入和有效对接。引进合作医院领导班子成员到区级医院兼职，优化科室设置、诊疗流程，帮助制定医务人员职业技能培训计划，创新事故问责、质量控制、预算编制等体制机制，把三甲医院的先进理念、先进做法以规章形式固化下来，为本地医院规范运行、持续发展提供制度保障。

4. 在合作效能上，促进“医疗、养老、康复”融合。打造全功能医疗服务社区。在老龄化步伐加快的今天，康复养老需求大幅上升，成为医疗服务供给的重要方面。栖霞“院府合作”大力推动急慢分治、康复回社区，释放大医院需求压力，也提高社区卫生中心运转效率，促进医疗卫生资源与养老服务的无缝对接。建设康复体系。栖霞区联合医疗专业全国排名第一的省人民医院康复医学科团队，成立省人民医院栖霞康复院区，打造二级医院康复医学科和全区基层医疗机构康复人才培训输出基地。以栖霞为试点，设计《康复示范社区建设规范》，打造四级康复医疗体系，探索医养融合、防治康一体的医改新路径，形成可推广的“养老—康复—护理”服务模式。康复院区发展迅速，所有床位满负荷运转，月平均出院患者超过 50 人，平均住院日不足 20 天，药占比不到 20%，远低于国家 30% 标准。

通过“院府合作”，栖霞区医院取得了长足发展。2016 年，栖霞区医院顺利通过二级甲等医院评审，托管学科服务能力和水平大幅增强，以点带面推动医院全面发展。同时，医疗服务的同质化促进了“基层首诊、分级诊疗、双向转诊”诊疗秩序的逐渐形成，栖霞区群众首选本地医院就医比重超过 60%。栖霞区康复医疗体系中一级综合医院与二级康复专科医院业已形成、三级社区卫生服务机构已初具雏形、四级进入家庭的网络建设正在进一步推进之中，全区已初步建立可推广、可复制的康复医疗服务体系，基层医疗机构普遍具备了居民健康“守门人”的能力，探索了一条医养融合、防治康一体的医改新路径。“院府合作”改革成果在《人民日报内参》、《人民日报》、《新华日报》、省委《动态研究与决策建议》上刊登报道，并获得省委李强书记的批示，省医改办专门发文在全省推广。

第三节 以改革创新引领教育高质量发展，助推教育现代化

栖霞区围绕“提升学业水平质量，提升学生核心素养，推进区域教育现代化建设”的核心目标，以立德树人为根本任务，以促进公平为价值追求，以从严治党为政治保障，以深化教育综合改革为根本动力，推动教育创新发展。

优化教育布局，整建校容校貌；落实“弹性离校”，推进教育惠民；引进优质资源，建设教育共同体，特别是立足于特色项目、特色学校、特色教师的评审，推进学校特色发展，成功创建“全国中小学校责任督学挂牌督导创新区”“江苏省依法治教改革试点区”“江苏省社区教育示范区”“江苏省学前教育改革示范区”。江苏省教育现代化区级监测总分逐年攀升，全区中高考质量稳中有进，百姓教育获得感和满意度持续提高。

1. 创新开展“弹性离校”，教育惠民落在实处。一是工作内容丰富。栖霞区“弹性离校”工作总体分为两个时段进行，先由本校专任教师（或专业志愿者）组织全体学生广泛开展40—60分钟丰富多彩的社团活动。活动结束后，再根据学生实际需要，合理安排专人照管学生自行预习复习、完成作业和课外阅读等。各校除广泛挖掘资源，开设各类社团以外，都创新性地开展工作，如建立“弹性离校”家长微信群、印发“弹性离校”家长接送卡、教师值班每日温馨提示等，有力地推动了“弹性离校”管理工作的规范化、品质化。全区35所小学全部申请参加“弹性离校”，全区中小学生参与率91.4%，全市最高。二是工作保障到位。全区“弹性离校”全部本着公益免费、自主参与和安全第一的原则，采用自管自办形式，以学校教师为主，同时，充分发挥“家庭与学校”“社会与学校”合作共建的优势，聘请一些退休教师、学生家长、大学生和社会志愿者参与管理。三是工作科学推进。区教育局还专门制定了《栖霞区“弹性离校”工作考核评估办法》，每学期进行一次检查考核。各小学均根据学校特点，制定了“弹性离校”研究课题。例如龙潭中心小学“‘弹性离校’中‘困境儿童之家’建设的实践研究”、栖霞中心小学“开发地域资源，服务‘弹性离校’工作的实践研究”、金陵小学“‘弹性离校’智能管理平台使用的实践研究”等，保障了“弹性离校”工作的科学开展。“弹性离校”实施以来，成效卓著，金陵小学被评为“全

国教师志愿服务联盟课后服务示范点”，而全市仅有两所小学获此殊荣。同时，太阳城小学和丁家庄小学被评为南京市首批“弹性离校”先进单位。

2. 推进教育共同体建设，助推区域均衡发展。为扩大名校资源辐射力度，寻求区域学校优质均衡发展新模式，2015 年栖霞区以名校、名师、名校长为引领，依据区域教育特点，以“资源共享、优势互补、合作办学、协同共进”为宗旨，相继成立了“燕子矶中学教育发展共同体、伯乐中学教育发展共同体、金中仙林分校中学部教育发展共同体、南师附中仙林学校中学部教育发展共同体和小学东片、中片、西片教育发展共同体”等七大教育共同体，助推栖霞教育转型发展。一是名师引领强素质。各共同体充分发挥区域内名师工作室的作用，在名师工作室的带领下，开展名师资源辐射活动，多个共同体实施了名师带徒制度，如小学东片的王海燕特级教师工作室招募区域内有发展意向和发展潜力的 30 余名数学青年教师，开展多种活动，传授经验。此外，小学西片的张静名师工作室、小学中片的肖全胜名校长工作室、金中仙林分校中学部的郝四柱名师工作室等都向区域内全体学校教师开放，吸纳、培养教师。二是教师交流促发展。各共同体牵头学校选派骨干教师到共同体其他学校交流，带去先进的教育教学思想；参与学校选派思想素质好、肯刻苦钻研的优秀教师到牵头学校交流学习，实地感悟领衔学校的规范化教育教学管理氛围。力争通过这种交流使双方教师相互学习、共同提高，从而以点带面，带动全体教师进行课堂教学的变革，对教育教学起到很好的促进作用。三是联动教研提效率。为了共同体内学校教师能接受新的教学理念、新的教学模式，各共同体学校开展多场多次联动教研，充分利用网络资源，开展多场网络教研活动，小学西片教育共同体四所学校之间的远程录播教研活动，小学中片教育共同体与沪江网合作开展的系列教研活动，伯乐中学共同体充分利用微信、慧学网、沪江网等平台搭建“网络互动平台”，尝试将共同体内的某些学科按备课组、教研组进行整合、进而开展校际联合备课、联合教研、联合质量分析，进一步提升课堂教学效率。四是聚焦课堂结硕果。如小学中片教育共同体利用其名师工作室资源多的优势，聚焦课堂教学，构建“真善课堂”“阳光课堂”“雅趣课堂”，不断推进课堂教学效益的提升；小学东片教育共同体，开展了主题明确的学科教研活动达十余场，邀请多位名家名师走进课堂，为各校的课堂教学质量把脉。

3. 创新发展“互联网 + 教育”，提高教学效率。“互联网 + 教育”带来了教育理念、教学模式、学习方式、教育资源等多个方面的变革，栖霞结合地域特色，从实际出发，依托互联网平台，切实提高教学效率。一是开展“千人培优网络名师课堂”。利用每周周六和周日晚上、假期等时段，开设“千人培优网络名师课堂”活动。“栖霞云课堂”开课至今，累计授课近 2200 节，听课学生超 170 万人次，参与教师达 2000 人。其中，“中考网络名师课程”让学生足不出户即可享受优质的中考辅导课程 700 余节，听课学生超百万人。二是基于“慧学网”开发慧学课程。针对学生的假期指导，区教育局与市电教馆共同开发的学生自主作业学习平台——“慧学网”。该网已有 120 位名师参与编写了 37 种课程，这些课程为学生自主学习提供了强有力的支撑和保障。三是打造众多网络云课堂。栖霞区实验小学特级教师巫新秋与她的工作室成员通过“巫婆讲故事”栏目，坚持为孩子们每周带去精致的绘本故事，截至目前所讲故事已经超过 200 多本，超过 10 万人次的孩子在这里留下了成长的印记；燕子矶中心小学张静工作室的“诗意线条”课程、区实验第一幼儿园王飞工作室的“萌宝俱乐部”、栖霞中心小学特级教师王海燕工作室的“生活中的数学”“小巍带你游栖霞”课程、龙潭中心小学的“灵美课堂”等系列课程，共同搭建了栖霞教育云课堂，实现了校本特色课程的共建共享。

中外教育专家团参观金陵中学仙林分校

第四节　扩大服务供给，推进养老服务标准化普惠化

养老服务业是为老年人提供生活照顾和护理服务，满足老年人生活需求和精神需求的服务行业，既有市场性特征，也有公共性及福利性特点，不是传统意义上的独立产业部门，它涉及许多领域，既包括生产型产业，又包括服务型产业。按照世界老龄化社会的认定标准，60 周岁以上老年人占总人口比例达 10% 以上或 65 周岁老年人占比达 7% 以上，表明这个国家或地区已进入老龄化社会。按照这个标准，栖霞区已进入老龄化社会，且老龄化程度明显高出全市平均水平。目前，全区户籍总人口 51.03 万人，60 周岁以上户籍老人 10.34 万人，占全区户籍人口 20.3%，呈现出基数大、增速快、高龄化、失能化的明显趋势，预计 2020 年，老年人口将增长至 12 万人。随着经济社会的发展及人口老龄化、高龄化的加剧，失能、半失能、独居和空巢老年人的数量还将持续增长，照料和护理问题日益突出。老年群体在日常生活照料、精神慰藉、心理支持、康复护理、紧急救助、临终关怀等方面的养老服务需求日益增长，进一步加剧了养老问题的紧迫性、严峻性和复杂性。

当前，栖霞区城市化正在快速推进，而养老服务业刚刚起步，发展养老服务业在未来不仅是解决社会养老问题，更是助推栖霞加快城市化进程的关键。栖霞区坚持把推进社会养老服务工作作为全局工作的重中之重，不断强化政府服务职能，逐步建立了以“居家养老为基础，社区养老为依托，机构养老为补充”三位一体的社会化养老服务体系。

1. 建章立制，规范养老工作体系。先后出台《关于为高龄、特困独居老人提供社会化服务的实施意见》《栖霞区关于大力提升养老服务水平的实施意见》等文件，并制定《栖霞区 2015—2017 年养老服务体系建设规划》及《栖霞区促进养老服务业发展扶持办法》，明确了全区今后一段时期内养老服务的内容、要求、标准以及保障措施，进一步建立和完善全区养老服务体系建设的体制机制，以标准化助推养老服务的高效推广。

2. 搭建平台，健全养老服务网络。通过新建、转租、腾挪等方式，加强区、街、社三级养老阵地建设。全区已构建起区、街、社三级居家养老服务指导中心（站）

三级网络，组建了区智慧养老信息平台和区虚拟养老院， 推进养老设施建设布局合理化，确保20分钟步行半径内即有一处便民为老服务机构、场地或设施，确保社区办公和服务用房面积的40%用于为老服务。截至2019年底，建成养老服务机构25个，其中，5A级2个，4A级4个，3A级1个，2A级6个，A级7个，未审评5个。街道通过实施江苏省服务业标准化试点，总结固化站点建设、运营管理经验，极大提升了社区居家养老的规范化水平，仅用3年时间建成运行了22个标准化居家养老服务站，实现街道养老全覆盖，街道社区居家养老服务综合满意度高达95%。

3. 整合资源，扩大养老服务供给。着力推进居家养老服务普惠化，及时足额发放尊老金，对养老服务机构、社会组织、公益项目分类实施补贴。出台《栖霞区城镇和农村居民养老补贴实施办法》，实现了全区3万多名离退休人员社会化管理。以政府购买服务方式充分整合社会资源，在全市率先尝试敬老院公办民营，社区养老服务站社会组织民营率达88.5%。加强养老服务社会组织和为老服务公益创投项目培育发展，尝试将养老服务与公益慈善相结合，积极调动企业、高校、社会助老积极性，开展助餐、助医、助浴、助洁、助急、助乐等特色养老服务项目。目前全区已建成养老机构25家，街道老年日间照料中心9个，社区居家养老服务中心（站）133个，银发助餐点125个，每千名常住老人拥有养老床位数达42张。

4. 丰富内涵，创新养老服务模式。不断推进养老服务网络智能化，完成虚拟养老院与三级养老服务网络的对接。初步建立了居家养老“点菜”式服务的架构，开展医养教一体化的栖霞养老服务模式，建成市级老年健康生活体验馆1个。与省人民医院合作建成老年康复平台，在社区全面实施 “双枫健康养老”行动，全区养老机构护理型床位占比达70.7%，社区居家养老服务站“医养融合”率达100%。着眼老龄化社会医疗新需求，促进“医疗、养老、康复”融合，打造全功能医疗服务社区。在老龄化步伐加快的今天，康复养老需求大幅上升，成为医疗服务供给的重要方面。栖霞通过“院府合作”，联合医疗专业全国排名第一的省人民医院康复医学科团队，成立省人民医院栖霞康复院区，探索医养融合、防治康一体的医改新路径，形成可推广的“养老—康复—护理”服务模式。推进医养协作，与南京中医药大学、省中医院等合作，引入中医治疗理念、

中医技术和高层次中医专家，加强社区中医科室建设、中医药人才培养、中医慢病指导和亚健康调理等，建立中医药特色保健服务体系。

5. 细化市场需求，发展不同层次养老康复机构。着眼高端化需求，引进欧洲第二大养老产业集团欧葆庭，扶持钟山颐养园、朗诗常青藤钟山绿郡颐养中心等民营机构品牌化发展。着眼大众化需求，大力发展公办养老机构，重点针对空巢、孤寡等困难群体提供医疗保健、应急救助、人文关怀等服务，保障中低端人群养老需求。引入爱德基金会等发展养老产业，以栖霞区颐养院为载体打造爱德仁谷颐养院，依托智慧养老信息平台建设“栖霞区虚拟养老院”，鼓励街道、社区培育引进居家养老团队，提升居家养老服务专业能力及服务效果。目前街道已引入好来屋公益服务中心、枫情关爱服务中心等一批专业组织，把医疗卫生和养老服务延伸到了群众家门口。

6. 集聚人才，壮大产业服务队伍。不断培育壮大养老服务队伍，重点发展社区为老服务志愿者队伍，形成“社工”带“义工”的为老服务模式。组建养老服务机构与社区为老服务志愿者服务名录，探索建立“培育 + 补贴 + 奖励 + 购买”的志愿者服务保障体系。发挥辖区应天学院、钟山学院专业优势，开辟社会养老服务培训基地，全区养老服务人员持证上岗率达 100%。制定养老服务人员激励机制，2015 年起，全区对入职区养老机构且连续从事养老服务、康复护理工作的人员按工作年限、学历、职业资格水平给予不同额度的补贴。

【案例 27】倾力打造老人安居乐园——尧化街道连锁式社区居家养老的创新实践

▶ 创新背景

近年来，尧化街道一直将养老服务作为民生服务的中心工作来抓，加大资金投入，建立标准化服务体系，打造社区品牌化站点，委托养老机构统一运营，开创了专业机构提供医疗和老年教育专业服务，社区志愿者提供基础志愿服务的居家养老新格局。通过姚坊门慈善基金会募集社会资源、政府购买服务培育专业养老机构、连锁运营规范养老服务管理、标准化服务提升服

姚坊门居家养老服务中心王子楼站点

务品质，成功打造出政府部门关心、社会组织诚心、企业志愿者热心、老人和家属暖心、居民群众放心的温暖惠民服务工程，将尧化街道打造成为远近闻名的老人安居乐园。

▶ 创新举措

一是服务体系标准化。街道提前做好养老工作规划，与专业标准化咨询机构和养老服务组织合作开展社区居家养老标准体系建设工作，从站点规划建设、管理运营、服务开展、服务评价等多个维度构建姚坊门社区居家养老服务标准体系，将所有工作标准化，便于在全街道复制推广。

二是养老站点品牌化。尧化街道对所有居家养老站点门头铭牌、功能室布置、服务设施、防滑地板、助步扶手等建设进行统一规划，对各社区站点功能布局、装饰风格、标志标识、服务设施等统一要求，树立了鲜明的品牌形象。老人即使不识字，也能很快认出服务场所。

三是运营服务连锁化。通过“政府购买、项目招标、政策扶持、考核评估”四位一体的政社合作模式，引入专业的社会组织，承接机构按照标准体系进行站点的连锁运营管理，确保每一个站点、每一项服务都均等化、规范化。老人无论在哪个社区，都可以选择自己需要的服务项目，享受同等的服务质量。

四是资源投入多元化。经过多年的探索发展，尧化街道已经形成多元主体共同投入支持养老服务事业的良好业态，街道承担居家养老服务场所的规划、基础设施建设及设备采购、购买专业社会组织服务，中标社会组织组建专业团队管理站点和提供服务，时间银行招募志愿者提供基础服务，姚坊门慈善基金会募集爱心企业资源认领公益项目，其他政府部门和媒体等进行宣传报道提升社会影响力，多元资源投入确保了养老服务的可持续性。

▶ 主要成效

1. 多元服务满足了居家养老的基本需求。全街道已建成标准化社区居家养老服务站点 22 个，在建站点 3 个，基本做到老人们不出小区就可以就近享受便捷的养老服务。已有 7 家专业机构开展常态化养老服务，服务内容除传统的助餐、助浴、助医、助洁、助乐、助急等“六助”外，还拓展到助学、心理慰藉、康复保健、老人互益公益团队发展等方面，当老人提出合理服务需求时，养老机构即会策划相应的服务项目回应和满足，基本做到服务需求全响应。

2. 资源集聚营造了全民参与的良好氛围。通过姚坊门慈善基金会、好来屋等社会组织集聚大量社会资源参与为老服务，超过 45 家企业认捐了 26 个养老

“时间银行”志愿者活动

服务项目，累计募集善款 1079 万元，每年养老受益人数超过 30 万人次。通过姚坊门时间银行社区互助项目动员社区居民参与邻里互助，利用空闲时间开展互助志愿服务。近三年来，为居民提供志愿服务累计达 150277 人次，服务时间 59133 小时，动员社区内部的资源解决社区的服务需求，实现了社会资源的有效集聚。

3. 创新实践获得了社会各界的高度认可。尧化街道在探索连锁式医养教社区居家养老服务体系的过程中获得了省市区民政部门和其他部门的大力支持与专业指导。先后接待国家民政部等各层面来访交流 290 批次计 3730 人次，接受国际国内媒体专题报道 40 次。姚坊门社区居家养老连锁服务标准化项目 2015 年获批江苏省服务业标准化试点，2017 年获评南京市社会建设创新案例“十佳案例”，2017 年 10 月被省民政厅评为连锁式居家养老重点项目。

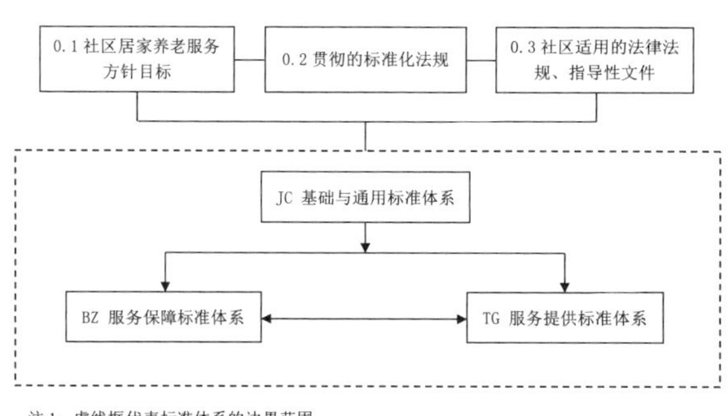

图 1 “姚坊门”社区居家养老连锁服务标准体系结构图

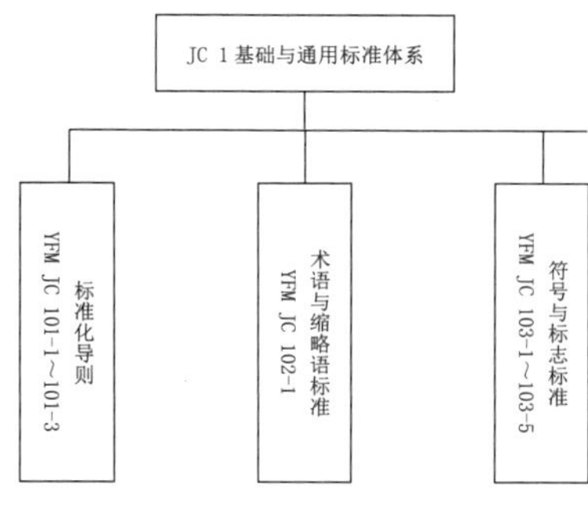

图 2 “姚坊门”社区居家养老连锁服务基础与通用标准体系结构图

姚坊门居家养老标准体系

第五节 创“星级物业”，促和谐安居

基于物业在社会治理中的重要职能，引导物业规范化参与社会治理，成为近年来栖霞区提高社会治理效率、提升社会治理能力的一把解题之钥。各街道在探索中相继成立物业管理公司，加强社区党建，凝聚物业合力，铸造了一批群众满意的“星级物业”。同时，物业在社会治理参与中也获益良多，一方面，根据社区群众的反馈磨练了业务能力，另一方面，在社区治理和谐有序的推动中实现了自身高质量发展。栖霞区的住宅小区物业服务居民满意率持续提升，2019 年全区物业费、停车费收缴率分别达 90%、96% 以上，南京市社会治理指标评分显示，栖霞区的“小区物业服务（村庄环境整治）满意度”达 83.05 分，位列全市第三，其所辖金尧山庄被省住建厅评为适老化改造示范项目。

1. 基层大数据促推物业监管升级。近两年，在集合微信民意的大数据平台“掌上云社区”的前十大话题排行榜中，“物业服务”热度始终高居榜首。大数据对基层公共服务的精准识别向社会治理提出了刻不容缓的新要求，当下网络与现实交集密切，网民的诉求就是群众的诉求，为此，区政府专项升级云社区“物业通”板块，采取物业工单受理“滴滴打车”模式，建立线上问题反馈线下迅速解决、数据考评机制体系，在全新上线的“掌上云社区”物业服务小程序中，设置了“停车管理、电梯管理、物业报修、绿化养护”等 7 项诉求内容，居民随时可以根据需求进行工单提交，并要求物业单位在 48 小时内处理完毕。截至 2019 年底，全区 224 个商品房小区建立了 1000 多个微信群，约 103 家物业公司作为责任主体加入，入群居民 19 万余人。借助微信群，居民诉求有了及时通达和解决的出口，物业工作也更加有的放矢，社区变被动沟通为主动监管、全面监管、在线监管，物业、社区、居民三方融合得到前所未有的强化，互相支持、相互促进的和谐氛围正在逐步形成。

2. 社会需求激励物业星级创建。物业公司在快速壮大中迎来了极高社会关注度，也迎来了凭一己之力难以逾越的瓶颈期。物业公司良莠不齐，服务质量参差有别，有的物业面对新情况新问题束手无策不作为，加剧了与业主之间的对立，各种矛盾问题衍生。如何破解物业管理难题、重新赢得业主信任？关键还是要从激发内生动力入手，推动物业自我改革、自我创新。栖霞区自 2015 年起，每年拿出 1300 万资金帮助已进驻物业的居民小区开展星级评选和效能补贴，奖励管理效能突出的物业，激发物业公司的积极性；对区内无人管理的老旧小区、厂居小区，鼓励街道自办物业公司，进行兜底托管；在各类小区物业管理全覆盖的基础上，再鼓励街道通过物业“走市场”，“反哺”老旧小区。服务好，评星；服务差，摘帽。补贴和星级挂钩，一月一评，按照五星级每平方米 5 元、四星级每平方米 4 元、三星级每平方米 3 元、二星级每平方米 2 元、一星级每平方米 1.5 元的标准给予财政补贴，有效激活了物业内部运行效能，“星级”物业为小区业主提供着“星级”服务，在赢得群众口碑的同时也为社会治理发挥了不可替代的作用。

3. 党建引领铸就物业“红色基因”。栖霞区积极探索党建和物业相融合、社区和物业相融合的“红色模式”，推动街管物业公司党组织建设，建立物业管理联席会议机制，搭建“红色平台”，强化物业的“红色属性”和“红色责任”，将物业公司党建工作情况作为业务评定重要依据，用党的力量凝聚社区和物业，实现街道、社区、物业三方联动发展。迈皋桥街道筹建的迈皋桥物业管理有限公司兜底负责 60 多个老旧小区，普遍“脏乱差”、违建多、物业管理缺位、居民抵触物业，2015 年，物业公司设立党支部，建立了一支以党员职工为骨干的高素质物业服务管理队伍，致力于把物业打造成活跃在基层治理最前沿、矛盾问题第一线的党的工作队、先遣队，将社情民意的搜集纳入日常物业管理服务中。2017 年，迈皋桥街道的物业费收缴率普遍超过 90%，7 个物管项目荣获南京市物业管理示范项目称号，7 个小区被评为栖霞区物业管理“五星级小区”，创新做法得到省、市人大及住建房产部门高度评价，陆续接待了兄弟地区的参观学习，反响热烈。

【案例 28】打造星级物业 提升服务品质——栖霞区推进物业管理标准化的创新实践

▶ 创新背景

物业管理是关系群众安居乐业、涉及社会生活各方面的一项综合性工作，看起来解决的是群众身边的“小问题”，但关系的是社会和谐稳定的“大民生”。

近年来该区立足推进城市精细化管理、满足群众需求以及增强群众安全感和幸福感，将实现小区物管全覆盖，提上了议事日程。2015 年初栖霞区在南京市首推物管评星制，通过政府先兜底，再引进物管公司进行市场化管理等办法，该区住宅小区实现了物业管理全覆盖，每年安排 1300 万元资金，分类实施商品房、保障房和老旧小区物业星级评比，通过以奖代补的方式，探索街道物业管理提档升级新模式。

南京市栖霞区住宅小区物业管理工作委员会文件

宁栖物委字〔2014〕1 号　签发人：陈松

关于印发栖霞区物业管理服务工作标准的通知

区各有关单位：

根据《区政府关于进一步加强和规范住宅小区物业管理工作的实施意见（试行）》精神，现将《栖霞区街道物业管理服务工作标准》、《栖霞区商品房小区物业管理服务工作基础标准》、《栖霞区保障房小区物业管理服务工作基础标准》、《栖霞区老旧小区物业管理服务工作基础标准》印发给你们，请认真贯彻执行。

栖霞区住宅小区物业管理工作委员会

2014 年 12 月 31 日

栖霞区住宅小区物业管理工作委员会办公室　2014 年 12 月 31 日印发

▶ 创新举措

一是上下联动，创新体制机制。建立区、街道、社区三级物业管理体制，一是在全区范围成立了物业管理工作委员会，由区政府分管领导任主任、区住建局局长任副主任，成员单位涉及区城管局、公安分局、市场监管局等十多个部门，办公室设在区住建局，由区住建局局长兼任办公室主任，具体负责全区日常物业管理工作；二是在各街道办事处设立物业管理办公室，配备专职人员 3—5 名，配强了物业管理队伍，克服了以往一肩多挑、职能不清的管理模式，严格落实街道属地责任，健全区、街联动机制，将物业管理工作纳入全区综合管理考核体系，实行季度考评排名；三是社区居民（村民）委员会设立物业管理工作站。设置专职人员1名，专门负责物业方面的日常管理工作，使物业管理工作在末端有落实、有反馈，避免了以往物业管理进入不了社区层面。健全社区居民委员会、业主委员会（小区管委会）和物业服务企业“三位一体”的工作机制。建立区级物业管理工作联席会议机制，坚持每月召开全区各街道物业管理工作座谈会，每季度召开物业管理工作成员单位联席会议。

二是星级评比，提升物业能力。按照物业企业自评、街道初审初评、区物业管理工作委员会审核的流程开展住宅小区星级评比，并在非自评环节着重对申报单位信息、小区类型、建筑面积等内容逐一核实，严把参评“入口关”。为提升栖霞区物业服务行业的规范服务、高效服务和优质服务，提高住宅小区居民满意度，根据《区政府关于进一步加强和规范住宅区物业管理工作的实施意见》宁栖政字〔2014〕230号（试行）和《栖霞区住宅小区物业管理效能补贴、星级评比实施办法（试行）》宁栖物委〔2014〕2号文件的精神，2015年在全区范围内开展年度住宅小区星级评比工作，全区拿出1300万元对商品房、保障房、老旧小区实施星级评比奖励；对街道托管的保障房、老旧小区实施效能补贴；对街道“两站一中心”实施考核补贴，对涉及保障房小区管理的社区，区财政补助经费与星级住宅小区考核挂钩。星级评比实行五星制，每年年初申报，按照公开、公平、公正原则，采取多种考核方式，对最终获得五星、四星、三星的住宅小区物业服务企业给予星级奖励，其中奖励分配标准比例为：项目经理10%、项目部30%、工作经费60%。目前从申报情况来看，除厂矿企业单位自管的老旧小区外，街道托管的老旧小区和保障房小区申报比例达100%，星级评比有效地提升了这些小区的管理水平和服务质量。

三是齐抓共管，夯实发展基础。对物业企业的经营活动进行全过程监管，将企业信用等级与物业项目招投标、企业资质延续等工作紧密挂钩。强化信用信息征集。运用征信等手段，对物业企业不规范行为下发整改通知单，责令限期整改或依法依规实施行政处罚，开展联合检查，栖霞区物业管理工作委员会成员单位各司其职、各负其责、密切协作，每个月开展一轮住宅小区物业管理服务专项检查，通过台账检查、现场抽查、制度落实情况问询等方式，促使物业企业进一步优化服务内容、提升服务质量。对检查出的问题及时下发整改通知书，并督促整改。加大业务培训力度。邀请行业专家对街道、社区、物业企

业项目经理等从业人员进行全面的实务操作培训。定期召开联席会议，物管成员单位定期召开联席会议，针对物业管理现状，以及专项检查中发现的问题，深入分析，共同探讨解决办法。四是加强对街道的季度考核。2015年栖霞区下发了《栖霞区物业管理工作季度考核办法》，进一步加大了对街道层面物业管理工作的考核力度，由以往的年度考核改为季度考核，纳入全区城市综合管理考核体系中。同时，推动老旧小区的街道物业企业去行政化、加快市场化，提高服务质量。鼓励居民共治。仙林街道成立“万家欢”志愿者队伍，尧化街道成立社区党员义工队、红马甲志愿者队伍，在小区内外开展巡逻、保洁、垃圾分类等工作，既对物业公司履职情况进行监督，也发挥居民自治、共治的作用。

▶ 主要成效

自实施星级物业评比以来，老旧小区停车难、出行难、配套弱的问题得到了一定程度的解决，小区环境进一步改善，新小区品质得到新提升，全区物业管理更为科学化、专业化。“物业费、停车费”两费收缴率攀升，栖霞区大部分街道托底管理小区物业费收缴率已达到90%以上，9个街道停车费收缴率均已达到96%，同比增幅较大，物业企业与业主之间的信任程度增强，逐步建立良性互动。2016年，“物业管理星级化”创新案例荣获南京市社会建设创新优秀案例奖。

【案例29】迈皋桥街道南塑社区“红色物业”

▶ 创新背景

迈皋桥物业管理有限公司成立于2009年3月，下设12个社区分公司，现有员工980人，管理服务项目62个、总面积380万平方米。公司由街道主导，实行属地化管理、专业化服务、市场化运行，公司总部负责管理5个市区保障房小区项目和1个商品房小区项目，兴卫、万寿、奋斗3家社区分公司负责管理16个小产权房小区项目，并将66个老旧小区划入40个项目管理处，由其余9家分公司管理，实现辖区内小区物业管理的全覆盖。公司注重加强和创新党对物业企业的领导，于2015年成立党支部，物业公司内共有近80名党员，党员组织关系在本支部的有10名。支部致力于把党领导下的“红色物业”打造成推动基层治理体系和治理能力现代化的重要载体，实施了“红色物业工程”，建设以党员职工为骨干的高素质物业服务管理队伍，在优化基层治理中完善和改进物业服务，加快物业服务融入基层治理的步伐，努力打造一个祥和的“红色物业，乐居家园”。

▶ 创新举措

一是强化“红色引领”，把物业企业打造成党的工作队。公司注重以党的建设引领企业发展方向，以党建工作覆盖提升物业服务品质。一是党的工作全覆盖。支部每年制定党建工作计划，支委会每月研究分析，党员大会每季度总结讲评，平时注重征集意见建议、改进工作，不断提升企业党建工作水平和物业服务品质。二是党的影响全覆盖。公司注重加强党的工作力量配备，选举产生一名书记专职负责党务，协调社区副书记兼任分公司法人代表、一名党员社工主抓公司日常管理，并赋予党支部对公司各部门、各项目处的派驻考核权、财务人事监督权和重大决策、重大项目建议权。三是党的服务全覆盖。制定支部党员管理“八项规定”，建立党员联系服务制度，推动每名党员联系服务2个物业项目，包含12个社区分公司以及6个自管项目（方圆绿茵、南砖新村、馨合家园、燕升园、凤悦北园、06地块）。将了解社情、宣传政策、收集问题、征集意见融入日常物业管理服务中。在党建工作的引领下，仅2016年即有6个物管项目获评南京市物业管理示范（优秀）项目，17个自管小区荣获栖霞区“星级小区”称号。

二是打造“红色队伍”，把物业骨干锤炼成党的先锋队。2016年6月，支部从各社区分公司挑选了60余名党员骨干，成立了6支党员突击队，负责执行抗灾抢险、应急抢修、治安巡查等突击任务。不管是大雪暴雨等恶劣天气，还是“脏乱差”治理等攻坚行动，在业主等待援助的焦急目光中，总会出现党员突击队员的身影。自成立以来，党员突击队共出动30多次，处置紧急情况20余起，援助群众100余人。特别是2017年夏季防汛工作期间，党员突击队员24小时坚守在工作岗位上，一遍又一遍地巡查沟渠、防控险情，辖区没有一户居民因汛受灾，突击队的付出赢得了居民群众的交口称赞。

三是掀起“红色旋风”，将“大走访”变成党群的大融合。支部把“大走访”活动视为贴近群众、融入业主的难得契机，迅速制定实施方案，搭建工作网络，

实行 “定点结对、定户到人、定时上门”。支部将问题集中的老旧小区、小产权小区划入重点走访范围，梳理出“困难业主名单”和“小区亟待解决问题条目”，要求党员干部深入思考“居民群众要什么”“化解问题靠什么”，沉下去了解实情，用心去关爱业主，同时广泛宣传《新物业管理条例》等最新政策。走访中，南塑新村有不少顶楼业主反映屋顶漏水、维修基金申报流程烦冗，导致漏水问题迟迟无法解决。了解情况后，公司第一时间向社区和街道作了报告，街道迅速出台了《老旧小区住宅楼顶漏水维修救助金管理办法》，妥善解决了这一问题，党群关系在一个个矛盾问题的化解中实现了交融。

四是建设“红色阵地”，让党员群众服务中心强基惠民。支部在各分公司设立了分阵地，配套建设“三室两岗”，即：党员培训室、党员会议室、党员活动室，设立党员示范岗、便民服务岗。统一功能设置，规范标牌标识，整合服务资源，集成党的工作与为民服务功能。2019 年，支部实施“党员物业示范小区创建计划”，开展党员“亮身份、亮职责、亮承诺、亮行动、亮业绩”、争创“先锋模范团队、群众满意窗口、优质服务品牌、廉洁自律典范、爱岗敬业标兵”、开展“项目自评、党员互评、群众测评、领导点评、组织考评”为主要内容的“五亮五创五评”活动，评选党建气候好、党建气氛浓的党员示范小区，推动全面提升公司的物业服务品质和服务水平。随着物业管理服务水平的不断提升，居民享受到了优质服务，安全感、幸福指数不断提升，对物业工作也越来越配合，物业费、停车管理费收缴率双双突破 95%。

点评七：

以民生为重点的社会建设是中国共产党为人民谋幸福执政理念的重要体现，这一思想在党的十七大报告中系统提出，2012年党的十八大报告全面论述了“在改善民生和创新管理中加强社会建设”，进一步明确了社会管理和社会建设的关系。同年，全国人大通过的“十二五”规划纲要系统提出了“改善民生，建立健全基本公共服务体系”和“标本兼治，加强和创新社会管理”的社会建设目标。党的十九大报告以“提高保障和改善民生水平，加强和创新社会治理”为题对社会建设再次进行系统擘画。由此可见，新时代的社会建设需要两条腿走路，遵循两条基本路径：一是保障和改善民生，二是加强和创新社会治理。

社会治理所要满足的是社会成员的安全等需要，而民生所要满足的是社会成员的生计、生存、生活需要，党的十九大报告把“保障和改善民生”放在“加强和创新社会治理”的前面，作为社会建设的重点提出来，其重要意义在于：第一，以民生为中心的社会建设可以为市场经济运行提供稳定的社会秩序。市场不能解决许多社会问题，并且会引发新的社会问题，这必须依靠国家和社会来解决，需要保障和扩展社会权利，以促进社会稳定，为经济社会发展提供良好环境。第二，民生是解决经济社会发展不平衡的内在需要。改革开放40多年来，中国经济建设取得举世瞩目的伟大成就。但必须清醒看到，社会结构和经济结构不平衡、不协调的问题成为制约当前中国发展的重大突出矛盾。加快改善民生，可以解决经济建设“一条腿”长、社会建设“一条腿”短的问题。第三，民生问题在当前是多发、频发、突发、并发的社会矛盾之基本根源，只有解决好民生问题，才能推动中国社会更健康、更平衡、更充分地发育与成长。

然而，需要注意的是，民生型政府建设是一项系统、复杂的社会工程，面临基层政府发展目标错位、民生制度体系供给不足、政府职能定位及机构设置不合理、基层政府GDP考核难割舍等一系列困境。当前，有些地方政府注重经济发展，忽视民生建设投入，导致教育发展滞后、医疗供给不足、养老康复缺位甚至不到位和环境污染严重等问题，甚至出现民生危机。民生危机作为经济体制改革的副产品与改革终极目标背道而驰，如果得不到科学有效解决，不仅

制约城市生活质量可持续改善，加剧社会矛盾，而且会制约经济社会可持续发展。中央无论是强调加强以民生为重点的社会建设，还是提出“在改善民生和创新管理中加强社会建设”“提高保障和改善民生水平”，都是要求地方政府在社会治理创新中不仅要建设服务型政府，还要建设民生型政府，只有这样才能真正实现以人民为中心的发展目标。

在这方面，栖霞区委区政府在创新治理体制、着力打造服务型政府的过程中聚焦民生改善持续发力，不仅将改善民生直接与在社区层次改善公共物品供给、提高社会服务质量、启动城市和农村低收入群体生活保障和大病救助等有机联系在一起；同时也与加强基层治理、推动社区自治选举、加强村（社区）务公开民主管理等紧密联系起来，不断加大民生投入，增进民众福祉，以民生促民主、促发展、促和谐，实现了民生型政府的建设目标。纵观栖霞区的民生型政府建设进程，可以发现其以下经验做法值得推广。

第一，加强以民生为重点的社会建设，以民生型政府建设促进服务型政府建设。栖霞区持续将民生改善理念内化于心、外化于行，注重将中央和省市对民生建设要求与民生领域的法律、法规等正式制度规范变成可落细、可落地的实践机制；不断完善管理与服务有机统一的社会管理体制，以“共同体建设”的方式更加公平使用公共资源，普及教育、医疗、养老等公民的基本社会权利，缩小差别，推动协调发展。特别是关注社会弱势人群权益保障，优先服务老人、残疾人、儿童和社区困难、弱势群体，不断把健全以民生为取向的社会体制作为服务型政府建设的重要内容，具体落实到与民众生产生活息息相关的教育、医疗、养老、环境保护、小区物业等领域的建设工作中。

第二，进行公共资源的合理筹划和分配，形成一整套政策体系。栖霞区特别强调以基本公共服务均等化为目标对公共资源进行合理筹划和分配，形成一整套政策体系，以推动教育、医疗、养老等公共资源均衡分布和标准化、普惠化。民生建设不仅涉及物质上的分配和调节，而且关注权益保障的制度建构。这些权益保障机制主要包括教育、公共医疗、养老保障等社会保险体系健全等方面。在这方面，栖霞区将民生问题作为政府决策、政府职能和政治资源配置的中心，把回应居民基本而普惠的服务需求和保障民生需要作为工作重点，在此基础上，健全惠民的长效机制，形成一整套保障居民各项权益、有效提供优质公共服务和维护社会公平正义的政策体系。政策实施过程中,在方式上栖霞区通过政府的机制设计,将各类主体统筹进社区服务中,这些主体至少包括地方政府、居委会、社区社会组织以及社区居民,栖霞区将这些主体的资源和力量以“共同体建设”的方式汇聚起来供给社区服务,同时注重合理分担各主体间的责任,不仅合理筹划和分配公共资源,而且让辖区民居均等地享受教育权、公共卫生权、居住权和环境权等社会权益,较好地解决了民生问题,真正地提升了辖区居民的幸福感和获得感。

第三,创新公共服务与民生建设模式,从公共服务的单一供给模式跃升到多元复合供给模式。服务型政府、民生型政府将满足公民需求作为最高目标,不仅要求强化社会管理和公共服务职能,更需要通过创新政策工具来促进公共服务的有效供给。在公共财政规模与政府规模的刚性约束下,由政府供给公共服务难以满足居民不断增长的需求,面对公共服务的财政压力与人民群众不断增长的需要之间的矛盾,栖霞区在实践中一方面通过出台优惠和扶持政策,催生社会服务领域社会组织的产生和发展,为政府通过购买社会服务的方式与社会组织合作创造了条件;另一方面通过政府购买、合同外包、特许服务、“复合供给”等多种方式,形成开放竞争的公共服务市场,通过市场化、社会化等复合型方式整合资源,实现有效供给。比如在医疗领域通过府院合作,以有限的资源,实现花小钱、办大事,不仅把三甲医院的先进理念、先进做法以规章形式固化下来,为本地医院规范运行、持续发展提供制度保障,使辖区医院的服务能力和水平取得了长足发展,而且形成了医疗服务的同质化和“基层首诊、分级诊疗、双向转诊”的诊疗秩序。在教育领域通过建立“资源共享、优势互补、合作办学、协同共进”的七大教育共同体,扩大了名校资源辐射力度,促进了区域学校优质均衡发展和有效供给。在养老领域出台《促进养老服务业发展扶持办法》,推进机构养老、居家养老、社区养老融合发展,建立以居家为基础、社区为依托、机构为补充的养老服务体系。在垃圾分类处理和环境整治中,通过政企联动,把政府做更有利的事由政府来做,把市场做更经济的事交给市场来做,把社会和公众做更经济的事交给社会来做,如通过积分兑换活动,激励更多群众参与垃圾分类,从而在精简节约运营成本的同时实现了高效垃圾分类处理和环境整治。

第四,将民生改善作为基层政府新的政绩增长点,引导辖区基层政府不断强化民生建设和保障职能，拓宽应用领域。一是将民生问题的解决与改善程度纳入基层政府的政绩考核体系并具体化，从教育、医疗、养老、环境保护、小区物业等民生领域开展对基层政府工作的绩效评价，以推动基层政府进一步强化民生建设职能。如下发了《栖霞区物业管理工作季度考核办法》，进一步加大对街道层面物业管理工作的考核力度，由以往的年度考核改为季度考核，纳入全区城市综合管理考核体系中。二是通过优化涉及民生领域的基层政府组织结构，理顺部门间权责关系，降低行政管理成本，提高了管理效率，如在物业管理方面，建立起了区、街道、社区三级物业管理体制，不仅整合了区城管局、公安分局、市场监督管理局等十多个部门，而且将管理触角直接延伸到街道和社区，在街道办事处设立物业管理办公室，配备专职人员，在社区居民（村民）委员会设立物业管理工作站。以此类办法来优化组织机构和完善政绩考核体系，有效激励辖区街道政府的民生政绩增长，使得民生保障与建设的领域不断拓宽，广泛分布在公共环境服务、公共卫生服务、社会保障服务、社会事业服务、公共交通、社会工作等多个领域；发展规模不断扩大，政府购买的投入、项目和受益对象不断增加，正成为政府满足社会日益增长的公共服务需求、提高公共服务质量与效率的重要途径。

展望

坚守初心、与时俱进，再创高质治理

党的十九大报告指出："我国经济已由高速增长阶段转向高质量发展阶段"。按照这个定位和要求，江苏省委确定了"推动高质量发展走在前列"的目标定位，明确了推动经济发展、改革开放、城乡建设、文化建设、生态环境、人民生活"六个高质量"的实践路径，要求全省上下开启高质量发展新征程。城市基层社会治理无疑是其中一个重要方面，也必须按照高质量的总定位、总任务、总目标，相应确定社会治理的具体定位和工作目标。在这一大背景和总格局下，栖霞区对社会治理进一步做了新谋划，提出了新设想，做出了新安排，部署全区进一步开启新时代社会治理的新征程，谱写新阶段高质治理的新篇章。他们主要从三方面谋远抓近：一抓全面系统化，致力完善社会治理体系；二抓重中之重，致力提升社会治理能力；三抓发轫初心，致力服务社会造福人民。这都抓住了实现高质量社会治理的根本和关键。我们坚信，栖霞区委区政府及全区干部群众如此持之以恒、久久为功，一定能实现目标、大获成功！栖霞之治一定能创造历史辉煌，善治之旗一定能持久高高飘扬！

全面系统：致力完善社会治理体系

完善体系是加强创新社会治理的首要任务，也是形成共建共治共享社会治理格局的根本保障。栖霞区以"四化融合"治理体系为抓手，通过边实践、边总结、边改进、边完善，打出一套"网格 + 网络、群防 + 技防、审批 + 监管、综合 + 全科"的治理组合拳。借力"互联网 +"丰富社会治理手段，"掌上云社区"微信群实现社区全覆盖，干群广泛参与，有效解决传统社会管理体系下管控有余、

参与不足的问题。受理权与审批权相分离的全科政务服务，检查权与处罚权相分离的综合行政执法，有效促进治理精准化、服务高效化。栖霞的实践表明，强化党委坚强领导，就能战胜一切困难；强化政府负责，就能有力有序破解各类矛盾和问题；强化社会协同和公众参与，就能形成社会治理整体合力和创造力；强化法治保障，社会治理就必然走上持续健康发展之路。开启新时代社会治理新征程，必须创新思路方法，着力在变革体制机制中构建治理体系，不断完善党委领导、政府负责、民主协商、社会协同、公众参与、法治保障、科技支撑的社会治理体制，进一步凝聚思想共识，加强政治领导，明确攻坚责任，聚合各方力量，落实制度法律，建立健全全民共建共治共享的社会治理格局，让社会更加和谐有序、人民更加幸福安康。

重中之重：致力提升社会治理能力

系统推进是提升现代治理整体能力水平的根本方法。栖霞区立足全局和长远，增强系统思维、法治思维，推进集成式改革，基层党建、网格综治和在线治理三管齐下，科技增效、人员赋能和机构赋权协同推进，实践探索、经验总结和标准创设环环相扣，始终将群众最关心最直接最现实的利益问题作为改革突破的重点，有力有序推进社会治理能力建设。栖霞的实践表明，只有适应社会治理良好生态系统性整体性协同性要求，才能全面激活社会治理主体活力，才能真正实现基层治理重心下移，才能有效提高社会治理规范化水平，切实增强人民群众的获得感幸福感和安全感。开启新时代社会治理新征程，必须统筹兼顾发展大局，着力在解决实际问题中提升治理能力，按照“五位一体”总体布局、“四个全面”战略布局，贯彻新发展理念，彰显问题导向，推动改革创新，总结实践经验，完善治理架构，规范治理流程，优化项目标准，精准满足居民需求，不断推进党的领导、人民中心、依法行政三者有机统一，努力促进经济发展、政治清明、文化繁荣、社会和谐与生态文明。

发轫初心：致力服务社会造福人民

科技支撑是提供智慧高效社会服务的时代路径，法治制度是营造公平透明、可预期社会环境的根本保障。栖霞区坚持用大数据、云计算、互联网、人工智能等信息技术，提升社会治理水平，将服务窗口、服务机制拓展到PC端和移动端，推动社会治理更有创新力和影响力。实行两权分离与综合执法、信用监管与联合惩戒、依法治理与依法调解，推动社会治理更有执行力和公信力。栖霞的实践表明，科技是社会治理生态的新鲜血液和制胜手段，只要紧跟时代潮流，注重集聚优秀人才，不失时机运用信息技术，社会治理效率就会不断提高，现代化治理能力和治理格局就会加快形成;法治是社会治理的最优模式，举足轻重，不可或缺。开启新时代社会治理新征程，必须注重科技创新，着力推进信息技术大众化运用，优化手段改进方法，进一步创建信息化治理平台，打造专业化治理队伍，推行规范化治理标准，让社会治理更加智慧、更加高效；必须以法治思维和法治方式推进改革、规范治理，破解基层执法难题，构建共治监管体系，有效化解矛盾纠纷，不断强化法治对社会治理的引领和保障作用，让社会治理更加科学、更加和谐。

【附一】

以民为本：南京栖霞创新社会治理的价值坚守

《中国发展观察》杂志社调研组

“@小栖，一键搞定。”如今在南京市栖霞区，更多“微民生”正求解于指尖。

这个诞生于网络治理平台“掌上云社区”的智能社工，可提供便民信息查询、投诉受理、舆情收集，还增添了144项政务事项办理功能，24小时无休值班。目前，“小栖”的服务已覆盖栖霞区119个社区咨询。

从“掌上云社区”“时间银行”到“红色物业”“桩钉工程”，再到“不见面审批”“互联网＋全科政务”……越来越多回应民生最朴素实际的关切，折射出了栖霞区社会治理的力度与温度。

“像抓经济建设一样抓民生保障，像落实发展指标一样落实民生任务，努力推动民生建设迈上新台阶。”2014年10月，习近平总书记在南京调研时的一番嘱托，在栖霞区趟出的这条社会治理新路上，一步步落地落实。

“政之所兴，在顺民心”，是沿袭千百年的治国智慧。栖霞改革，则把这种民本情怀深深地嵌入了执政肌理。

党建统领聚民力

“党组织向网格一线延伸，党建在矛盾一线加强，党员往民生一线集聚”，栖霞区网格化治理的最大特色是彰显党建统领的担当。

在栖霞区仙林街道办事处入门处的上方，一张放大的证书首先吸引了调研组一行的视线。2016年7月，仙林街道工委被中共中央授予“先进基层党组织称号”。这是对仙林特色的“网格化”街域党建模式的肯定，更是鞭策。

一“网”情深，成为仙林模式最生动的概括。据街道办工作人员介绍，仙林街道于2010年率先试行的网格化探索，如今已覆盖专属网格成员单位67个，党员 1.2 万人。街道全面建立了与网格相契合的“1+3+N”党组织架构，常态化开展网格“大家谈”“党旗辉映网格行”“三比五看”等党建活动，创新区域化党建机制、扁平化管理机制、精细化监管机制，让党员零距离面向群众承诺为民服务事项。在党员示范引领下，街道还组建了“万家欢”“爱飞扬”“百事帮”“搭把手”“管得宽”等多支志愿服务队伍。

以网格为单位，优化党组织设置，栖霞区将党的组织植根于最基层，党的领导直达社会治理的末端。

据了解，栖霞全区的网格化治理已于 2012 年全面推开，并逐步向“网格化 +”转变，将辖区内人、物、地、事、情、组织全部纳入。目前，共形成一级网格 113 个、二级网格 593 个、三级网格 4049 个。综合网格长由社区（村）“两委”成员担任，专属网格长由单位分管领导担任。同时发动楼栋长、老党员、志愿者等担任兼职网格员。

目前，全区共有网格党小组 576 个，下沉入网党员超过 3.2 万人，去年以来共走访群众约 23 万户，梳理诉求 1.4 万余条，办结率达 100%。

栖霞区委还联合仙林大学城工委与各高校，共同发起成立校地党建联盟，探索建立大学校区、科技园区、城市社区“三区联动”党建机制，开展组团式服务，完善区域党员志愿服务制度，搭建高校社团与区社会组织服务中心、党建中心的链接平台。

同时，尧化街道党工委积极开展企地党建共建活动，实现街道工委、驻地企业及属地社区党建的深度融合。例如，开发上线运行“新城 e 家”手机 App 党建管理系统，集中打造互联网园区党建阵地，全力推进非公党建全覆盖。

党建体系的构建将作为“支点”，有效撬动社会组织的服务力量。栖霞区于 2015 年 12 月成立社会组织党委，统管全区社会组织党建工作，已单独建立党支部 29 个，联合建立党支部 13 个，并在各街道同步建立社会组织党支部。

“唐大姐工作室”便是栖霞创新社会组织党建模式的一张“名片”。区委选派了一名懂党务、有经验、热情高的转员干部专职担任区社会组织党委常务副书记，聘请省市 6 名党建专家组建“智囊团”，建立了社会组织党建的 6 项“服务菜单”，并积极开展“党旗领航·红色飞扬”12 个系列党建沙龙，通过发挥领军人物的带动作用以释放党建集聚效应。

调研组在迈皋桥街道省电建宿舍小区了解物业长效管理经验时发现，注入红色基因的物业服务，正成为推动基层治理体系和治理能力现代化的重要载体。

据社区负责人介绍，2014 年栖霞区政府对小区进行整治出新，2015 年小区管委会引进迈皋桥物业管理有限公司合班分公司。自接管开始，服务中心建立了秩序维护队伍，实现 24 小时不间断巡逻。物业创新管理还体现在诸多细节中，调研组看到，小区内设有两个智能电动自行车库，楼房单元门口划设了机动车位，机动车有序摆放，统一车头朝向。小区广场定期放映电影，组织文化活动，拉近邻里关系，营造了“共同家园”的和谐氛围。

调研组了解到，2009 年成立的迈皋桥物业管理有限公司，已扩展下设了 12 个社区分公司，现有员工 980 人，管理服务项目 62 个。其兜底负责的 60 多个老旧小区，普遍存在“脏乱差”、违建多、物业管理缺位等问题，省电建宿舍小区即是其中之一。

2015 年物业公司设立党支部后，在“红色引领”下，被打造成党的工作队、先遣队。2016 年 6 月，支部从各社区分公司挑选了 60 余名党员骨干，成立了 6 支党员突击队，负责执行抗灾抢险、应急抢修、治安巡查等突击任务，并通过大走访活动贴近群众，融入业主。2017 年，辖区内共有 7 个物管项目，荣获南京市物业管理示范项目称号。

“红色物业”的创新管理方法，架筑了物业、社区与居民间的沟通桥梁，以党员职工为骨干的物管队伍壮大完善，也进而加快了物业服务融入基层治理的步伐。

协同共治畅民意

生长于城乡社区中的基层自治，站在民意的土地之上，亲和力是天赋。

互联网语境下，社会治理的逻辑得以重新审视。赋权于社会，栖霞区的协同共治领先一步，实现了基层治理的“线上转型”。

“掌上云社区”，依托微信群、微信公众号等移动互联网平台，将社区党组织、居委会与社区居民、驻区单位、物业、社会组织在线联系起来，做到了社区服务“24 小时不打烊”。

在栖霞区综合信息指挥中心，区民政局相关负责人向调研组介绍说，“基于人工智能、大数据等技术加强功能开发和资源整合，我们打造了邻里互助、诉求表达、政务咨询的线上治理平台，并同步嫁接‘不见面服务、协商议事、党建引领、数据分析’等系统，将进一步延伸良性互动的空间。”

自此，社区自治的渠道更丰富、更便利，社会力量的参与和响应也不断升温。“掌上云社区”日益嵌入社区常态化治理的框架中。通过共商共议，居民提升自我服务管理的潜力被更大限度地激发出来。据统计，2017 年至今，栖霞全区线上收集居民意见建议 8000 多条，组织在线协商超过 1500 次。

从动员全区居民加入 2018 年暴雪清理工作，创造了雪后交通无阻的奇迹，到尧化新村开展线上征婚，龙潭村 24 小时帮助患儿筹集 24 万捐款，再到金陵驿社区通过线上动员线下组织，向相关部门反映争取，解决了区域公交线路少的出行难题。掌上的“熟人社会”，收获了厚实的社区归属感与认同感。

从个体价值到集合智慧，依托“掌上云社区”，将会引导更多元的社会主体参与到民主协商自治的过程中。一些居民在群里求助、咨询，其他居民自发地分享经验、提供参考，自助和互助的氛围浓郁。在此基础上，平台吸纳培养了不少于群成员 20% 的优秀居民作为骨干，鼓励引导这些“意见领袖”在群内理性发声，维护“掌上云社区”有序运行，也使得主流声音和正能量的传递有了更广阔的阵地。

2018 年，借助“掌上云社区”在线协商模块，栖霞区开展了“美好社区共同营造”社区微幸福项目，通过项目线上发布、居民意见建议收集、项目培训、项目公示、项目实施、考核验收等让居民、社会组织参与主导身边的“边角料”空间改造，培养居民自治意识，进一步激发公众参与社区治理的热情。截至目前，全区已实施微更新项目 37 个，入围市级微更新项目 5 个。2018 年 7 月 8 日，齐民路“掌上云社区”在线直播互动，共吸引了 2000 人线上线下同步参与改造方案的协商。

“把最基层的社会事务交给老百姓去自治，从社会治理角度来讲，这是能耗最低的方式。”陪同调研的栖霞区委副书记张志超对调研组表示，“双网融合”的治理模式，一方面是通过线下，调动社区志愿者去关照家长里短的民生细节；另一方面是从线上，调动居民的闲暇时间参与社区管理。线上的微信群与线下

的网络一一对应，再用智能化机器人连接起来，可为居民提供更加精准的服务。

统计显示，当前“掌上云社区”已完成全区119个社区全覆盖，建群共计835个，吸纳居民成员超过16万人。

致力于整合各方资源优势，浓厚共治氛围，栖霞区一方面继续深挖现有高校资源，培养志愿者队伍，提升参与治理的能力；另一方面，理性引导相应的社会组织参与更多领域的工作。

如今，栖霞区有关社会组织的培植机制逐渐成形。政府率先在全市建立了“1+9”社会组织培育体系，即1个区级社会组织培育发展平台，9个街道级社会组织培育支持发展中心，形成区、街道、社区三级购买社会组织服务支持体系，让社会组织作用的发挥和社会服务项目的开展有了实体支撑。

在栖霞区社会组织服务中心，调研组了解到，2014年由该中心发起创立的“姚坊门”慈善基金会，是江苏省首家镇街级非公募基金会。几年来，有很多助老、助学、助残、解困平台和项目在此落地。

自2012年起，栖霞区将开展公益性社会服务，促进公益性社会组织发展，作为改善民生和管理创新的关键举措摆上议事日程。

近5年，栖霞区累计投入社会组织公益创投资金超千万元，借鉴招商模式，连办五届“社洽会”，签订470个公益项目，涉及资金3500万。并且，先后引进爱德基金会、上海屋里厢、帮帮团等专业社会组织。包括本土及引入的社工机构已有14家，机构持证社工约37位。枫盛、颐和、彩虹、启蒙、爱邻、德法等品牌机构在为老、为小、助残、临终关怀、司法矫正、社区发展中各具特色，成为参与社区服务的核心组织。

社会组织的能力建设决定其参与社区治理和服务的水平。为此，栖霞区政府组建专业化指导团队，通过“外引内培”的方式，结合栖霞区较为紧迫的社会服务需求，先后开展多批次的社会组织招募培育工作，既助力辖区初创期社会组织茁壮成长，又引入了较为成熟的社会组织扎根街道社区，促其优质服务生根发芽。

如今，栖霞区的社会组织发展环境进一步优化，社会服务资源更加充实。截至2017年底，全区万人拥有登记社会组织数达已达21个，位居全市第一。

夯实获得感暖民心

据统计，2017年，栖霞区教育、文化、社会保障和就业、医疗卫生、环境保护、住房保障等民生领域支出占一般公共预算支出比重达82.51%。以更高标准、更大投入夯实民生获得感，是栖霞求解社会治理的初心，更是承诺。

栖霞的良苦用心正换来百姓乐见的改革红利。

医改走向纵深，栖霞区开出的“院府合作”这剂药方很快见到成效。从2013年开始，栖霞区政府先后与江苏省人民医院、南京中医药大学、南京市妇幼保健院、江苏省中西医结合医院、江苏省中医院签订“院府合作”“校府联动”战略合作协议。

打破“医联体”只有医院间联合的常见思路，栖霞区关于“府为主导、院为主体、医为主力”的探索，有效带动了优质医疗资源分解下沉。

这一模式的内涵还在不断深化中。2017年，栖霞区启动了新一轮区域医联体建设，探索形成以江苏省人民医院等优质医疗资源为支撑、以区属两家二级医院为纽带、以10家基层社区卫生服务中心为基础的“1+1+X”区域医联体新模式。据统计，医联体全年下派专家203人，实施帮扶8020天，开展坐诊、查房、带教、业务培训等工作。

通过全面落实分级诊疗、双向转诊，如今三甲医院100元的专家号在栖霞区只需9.8元，群众首选就医的比重超过60%。此外，《栖霞区贫困患者免费服药实施办法》于2017年12月出台。目前，全区已有1531名贫困患者可领到免费服用的药物。

栖霞区还启动了家庭医生签约服务的“四个一”工程，即各社区卫生服务中心开通一部家庭医生服务热线、配备一批家庭医生服务用车、使用一批便携式健康检测一体机、建立一套健康数据云服务信息系统。

《栖霞区深化家庭医生签约服务工作方案》也得以细化落实，通过大力推进家庭医生工作室建设，实现家庭医生签约服务全覆盖，逐步建立“社区卫生服务中心—社区卫生服务站（村卫生室）—家庭医生工作室”基层卫生服务体系。

调研期间，栖霞区委书记、区长黎辉向调研组阐述了栖霞改革的思路和成效。他强调，“高质量发展补齐短板，解决公共服务均等化，不只要把外部优质资源‘引

进来’，更要激发内生动力，从而更大程度地服务百姓。院府合作的核心要义，就是依靠政府力量，依托优质资源，对医疗卫生服务体系做改造、做增量。并非单纯地把医院建好做大，更重要的是，辐射带动社区服务中心的建设，全科医生的培训，双向转诊的落地等诸多方面。”

通过强化教育联盟，栖霞区的教育整体水平同样实现了弯道超车。栖霞区委办公室副主任、研究室主任李春节介绍，以名校、名师、名校长“三名工程”为引领，栖霞区先后与南师附中、金陵中学、海门中学等省内外名校合作办学、开设分校，对接名校资源，组建了 7 个中小学教育发展共同体，有效推动了区域教育高质量均衡发展。

养老服务领域，西方“时间银行”的志愿管理工具在栖霞也有了本土化落地。

在尧化街道王子楼社区的“时间银行”，工作人员手持一张可以存储时间的银行卡，向调研组介绍说，“这张卡可以实现刷卡计时，刷卡支取，志愿服务 70% 的时间存款可兑换相应的志愿服务时间、20% 可兑换生活物品、10% 可兑换现金补助。”

“姚坊门时间银行”社区互助项目于 2014 年 8 月开始试点，至 2015 年底，已实现下辖 13 个社区的全面覆盖。不只局限于助老服务，还涉及家电维修、儿童辅导、咨询代办等多项便民内容。

以较低的志愿服务成本，解决了更多社会需求，守望互助的社区风尚在逐渐形成。截至目前，项目共募集区域内外的单体志愿者近 3000 名，志愿团队 34 个，累计提供志愿服务 16.7 万人次，服务时间超过 8.9 万小时。

调研组实地走访了燕子矶街道化纤新村社区，其“助餐、助浴、助医、助洁、助乐、助急”的六助养老模式，体现出诸多暖心细节。燕子矶街道工委书记窦立华向调研组介绍说，这个小区共有居民 3320 人，75 岁以上老人有 221 人。社区“中央厨房”服务对象涵盖小区内所有 60 岁以上老人，对于 75 岁以上高龄且行动不便的老人还会免费送餐上门。下一步，“中央厨房”的送餐服务范围计划逐步扩大，将会面向全街道 2000 多名老人开放。

据了解，栖霞区还建立了居家养老服务需求和服务提供商数据库，通过数字电视、微信平台、网站平台等渠道，及时受理老人及家属发送的服务需求，实现居家养老服务的多渠道、快速化和全面响应。

近年来，栖霞区相继制定出台《养老服务体系建设规划》和《促进养老服务业发展扶持办法》，全区 76 家社区居家养老中心全部实现了“医养融合”，15 分钟步行半径内即有一处便民为老服务机构、场地或设施，逐步形成了“高端养老有市场、中端养老有需求，低端养老有保障”的养老服务格局。

营造宜居环境，栖霞区在垃圾分类的探路中同样不遗余力。以尧化街道为例，2014 年以来，街道引进环保科技企业，积极探索垃圾分类市场化运作模式。通过建立分类处理衔接机制，对生活垃圾从源头到末端全程分类处置，逐步构建起现代化垃圾分类投放、收集、转运、处理体系。

目前，尧化街道实现垃圾分类的小区达 33 个，试点 30291 户，垃圾分类覆盖率 92%，试点小区整体参与率达 55%，垃圾分类知晓率近 93%。

调研组在负责尧化街道垃圾分类服务的环保科技企业，具体了解到其“慧系统”的后台数据处理和相关运行情况。该企业负责人介绍说，公司研发搭建的大数据系统平台——“慧系统”，以数据形式详细记录了每位居民产生的每一个垃圾分类行为。系统中，用户积分可实时累计，自助查询、提现，政府能监控、可参考。“由此一来，居民在接受服务的同时，也逐渐养成了自觉分类的环保习惯。”

治安稳则民心安。栖霞区创新实施“桩钉”工程，筑牢治安屏障。目前全区共设置了 3200 多名小区楼栋长、单元长、楼层长，作为“防范桩”和“守望钉”，协助公安机关做好信息采集、隐患排查等基础工作，解放警力的同时让群众的安全感更有保障。

开全国先河，栖霞区探索实行了“检查权与处罚权”相分离的综合执法体制改革，将 1313 项与群众生产生活密切相关、执法频率高、多头执法扰民问题突出、专业技术要求适宜的行政检查权相对集中交由街道综合履行，将执法力量下沉在街道，大量基层的违法行为和安全隐患被消除在萌芽状态。

“不见面”是常态，“见面”是例外。少了往日印象中“门庭若市”的拥挤与忙碌，栖霞区政务服务中心民生服务大厅的井然有序让调研组一行印象深刻。在场的区市场监管局工委书记张平介绍说，2017 年 4 月，全国首份“不见面”审批营业执照，就是从栖霞发出的。从申请到审核再到出照，全程 20 分钟办结。2018 年再次推出升级版，实现了“不见面”的全领域、全过程、全覆盖。

栖霞区“放管服”改革的另一品牌同样令人瞩目，“全科政务”致力于将基层政府打造成服务群众、服务发展的“店小二”。“不见面审批”运用“互联网+”思维，优化审批流程、创新服务方式，按照“外网受理、内网办理、全程公开、快递送达、网端推送、无偿代办”的方式开展审批，是对传统窗口审批模式的创新和变革，它将传统窗口“面对面”转变成为互联网上“键对键”，群众办事不再需要跑到服务中心。升级后，部门行政许可事项以及街道公共服务事项已能够100%实现“不见面”或通过代办、陪办办理，“一次不跑，事情办好”成为现实。据悉，区政务服务中心每个全科窗口可受理政务服务超过211项，街道中心突破103项，窗口效能同比提高120%，可节约90%以上的办件时间。

同时，“掌上云社区”也升级融入了“不见面”办事和智能实时回复便民事项等功能，将政务服务延伸至线上。截至目前，通过“掌上云社区”的工单及不见面服务开展次数总和约2334单，办结率可达到92.89%。

未来可期寄民望

从曾经的城郊接合部、化工重镇，到如今现代化的“南京副城”，旧貌新颜，见证了城市蜕变的栖霞速度。

与之伴生的，还有转型进程中难免的治理困惑。

栖霞区目前常住人口约70万。辖区共由9个街道和国家级南京经济技术开发区、仙林大学城三个板块组成。一方面，栖霞区的社会结构较为复杂，既有高标准建设、环境优美的现代化新型城区，也有主城边缘历史遗留的城郊接合部，包括丁家庄、花岗两大市级保障房片区和尧化、栖霞等地国企改制遗留的大量老旧、厂居小区，以及龙潭、八卦洲等远郊传统农村。另一方面，生活在栖霞区的人员类型多样，既有20多万高校师生、高科技人才，也有10多万低收入外来务工者、10多万从老城区迁移来的居民，还有近20万征地拆迁人员、10万下岗职工和户籍农民，多元利益和多元诉求交织混合。

“为之，则难者亦易矣”，正是这些社会治理的难点和痛点，成就着栖霞实践的创新亮点。

“以‘党委统领、人民中心、问题导向、科技支撑、法治保障’为工作重点，着力打造现代化基层治理格局。这些亮点相互联系、相互作用、相互影响，同频共振、优势互补、共同提升，造就着新时代栖霞区加强和创新社会治理的良好生态。”江苏省政府研究室副主任沈和在接受调研组采访时，如此归纳栖霞的改革探索。

党的十九大报告指出，“打造共建共治共享的社会治理格局”，这是对十八大以来治理经验的科学总结，也是为站在新历史起点上的社会治理廓清路径。

以“网格化”为基础，构建“信息化”平台，引入“社会化”资源，“三化”间融会贯通，进一步凝聚了栖霞区社会治理的合力。如今，栖霞联动融合、集成改革的善治格局愈加清晰。

在沈和看来，有三方面具体体现，一是基层党建、网格综治和在线治理三管齐下。二是科技增效、人员赋能和机构赋权协同推进。三是实践探索、经验总结和标准创设环环相扣。

“社会治理的复杂化倒逼改革治理的集成式。”黎辉对调研组表示，社会治理是一个综合复杂的过程，仅仅靠“零打碎敲”的方式去解决，并不可能。社会治理要进入一个良性有序的状态，就必须运用系统化思维，集成式推进改革。

国家发改委社会发展研究所副所长常兴华在接受调研组采访时指出，社会治理现代化是社会主义现代化建设的重要组成部分。基层社会治理现代化是推进国家治理体系和治理能力现代化的应有之义，也是重中之重。他肯定道，南京栖霞区结合自身特点，从党建统领、自治共治结合、创新公共服务提供、寻找善治模式等方面进行了积极而有益的探索。

常兴华继而指出，栖霞倡导“党组织向网格一线延伸，党建在矛盾一线加强，党员往民生一线集聚”，充分体现了党在社会治理中的应有作用，也使得基层社会治理有了“主心骨”。共治与自治结合的社会治理模式，不少地方都在探索，栖霞区强化了更便利的社区自治渠道，使得共治自治的结合有了更有效率的通道。此外，还在教育、医疗等基本公共服务提供模式上进行创新。显然，只有保障和改善民生，基层社会治理才有持续下去的可能。

“栖霞区从满足人民根本需求出发，积极探索基本公共服务众多领域的解决之道，是尤其值得称道的，其本身也具有极强的示范意义。再有，栖霞区在基层社会治理上强调善治，追求一种更有弹性、更具人性化和民本情怀的治理

之道，是社会治理方式上的探索，更是实现社会主义现代化征程上创新社会治理的价值追求。”常兴华评价道。

国务院发展研究中心研究员李国强对调研组表示，社会建设是“五位一体”总体布局的组成部分，创新社会治理是社会建设的重要内容。栖霞区以民为本的基层社会治理创新经验，体现了十九大“加强和创新社会治理”的精神，从实践中丰富深化了基层社会治理的内涵和认识，是社会治理的最新实践，体现了人民首创精神，体现了新时代的特征。他进而总结了以下三点经验和启示：

一是栖霞区持续深入践行网格化治理方式，表明网格化治理是基层社会治理有效的方式，需要不断充实和丰富。国家实行基层网格化治理于 2012 年全面推开，但有些地方仅是限于社会治安维稳范围，甚至于有名无实。而栖霞区创新网格化治理，逐步向“网格化 +”转变，与互联网相结合，以网格为单位优化党组织设置。栖霞实践表明，网格化治理要加强和发挥基层党组织的领导作用，要将辖区内人、物、地、事、情、组织全部纳入一起统筹，才能打牢网格化治理的基础。

二是把提高保障和改善民生生活水平与创新基层社会治理有机结合，形成整体性系统性协同性的治理格局。栖霞区在不断加大保障和改善民生力度的过程中，把医疗、教育、养老、物业管理、社会治安、“放管服”改革等都纳入基层社会治理范围之内，抓住了人民群众最关心最直接最现实的利益问题，尽力而为、量力而行，从根本上预防和化解社会矛盾，使人民群众获得感幸福感安全感更充实、更有保障、更可持续，形成了有效的社会治理的基础。栖霞的实践表明，基层社会治理涉及广大老百姓方方面面的基本利益，需要整体性系统性治理，才能取得巨大的协同效应和效果。

三是栖霞区注重打造共建共治共享的社会治理格局，推动社会治理重心向基层下移。栖霞区通过发挥社会组织作用，鼓励和支持社会组织参与社会治理，激发社会活力；广泛地动员和组织人民群众积极投身社会治理，包括组织志愿服务队伍，体现了基层社会治理是广大老百姓之间的一种共建共治共享，是相互服务，需要广大群众共同参与的精神，增强了社会自我调节能力和居民自治能力。

创新社会治理的前路，对于栖霞区来说，同样没有后退余地，没有徘徊借口，也没有既定答案。

改革进阶，社会治理直面新变量，也被寄予更多改革期待。栖霞人民对于美好生活的向往，更具象，也更迫切。

“创新治理要始终坚持以人民为中心。如果说之前的治理更多集中在问题导向，解决自身实际矛盾和问题，那么当下要侧重从发展更平衡更充分的角度，实现每位群众对美好生活的期待，保证整个社会运转更有序健康，这是我们接下来的改革目标。”黎辉说。

沈和还建议，改革下一步尤其要重视科技创新支撑。他指出，要紧跟时代潮流，集聚优秀人才，将大数据、云计算、互联网、人工智能等现代科技优势顺利转化为治理效能，进而推动现代化治理能力和格局加快形成。

“栖霞区创新实践的未来，仍需致力于社会治理走向更高效、更智慧。互联网时代的社会治理必须与信息化携手同行。科技创新是社会治理生态的新鲜血液和制胜手段。”沈和强调。

【附二】

江苏省人民政府研究室

调查研究报告

第 28 号（总第 1143 号） 2018 年 8 月 21 日

集成改革　造就社会治理良好生态

——南京市栖霞区的创新实践与启示

完善党委领导、政府负责、社会协同、公众参与、法治保障的社会治理体制，打造全民共建共治共享的社会治理格局，让社会充满活力又和谐有序，让人民享有更加幸福安康的生活，这是习近平总书记在十九大报告中作出的重大战略部署，也是当前地方党委政府加强和创新社会治理孜孜以求的奋斗目标。南京市栖霞区经过近几年的积极探索，使奋斗目标呈现出现实模样，造就了社会治理良好生态，孕育着更加幸福美好的发展前景。

栖霞区地处南京城东，由 9 个街道和南京经济技术开发区、南京仙林大学城三个板块构成，常住人口 70 多万，社会结构相对复杂，群众诉求多样多发，社会治理任务非常繁重。党的十八届三中全会作出全面深化改革战略部署以来，栖霞区委区政府抓住重大改革机遇，紧密结合实际，着力推进集成改革，加强和创新社会治理，取得了令人瞩目的显著成绩。

一是社会治理体制的引领力显著增强。党委领导摆上了社会治理体制建设的核心位置，党组织向一线延伸，党建在矛盾一线加强，党员往民生一线集聚，党的领导直达社会治理末端。所有领域、所有单位、所有人群，在党委坚强领导下，锐意进取、不畏艰险，努力战胜前进中一切困难。政府公共服务、公共管理和公共安全能力持续增强，行政效率大幅提升。社会协同和公众参与氛围浓厚，形成了社会治理人人参与、人人尽责的良好局面。

二是社会治理格局的凝聚力显著增强。制度和体系建设摆上了社会治理格局打造的战略地位，系统化、规范化治理水平不断提升。专项治理与系统治理、综合治理、依法治理、源头治理紧密结合，党总揽全局、协调各方的政治优势同政府的资源整合优势、企业的市场竞争优势、社会组织的群众动员优势有机统一，多元多方积极参与，社会治理创新硕果累累，更多更公平地惠及全体人民。群众安居乐业，社会和谐稳定。

三是社会治理模式的带动力显著增强。科技创新成为坚强支撑，改善民生福祉成为根本追求。社会治理从单向发力转向双向互动，从线下推动转向线上线下融合，从单纯政府服务转向社会协同，焕发出无穷的社会活力，激发出强劲的经济张力，彰显出丰富的文化魅力。2017 年，全区地区生产总值突破 1000 亿元大关，一般公共预算收入接近 120 亿元，比上年分别增长 9% 和 9.2%；引进 100 亿元以上重大项目 7 个；当年新设企业突破 1 万家、增长 80%；在南京市综合考核评比中获得一等奖，连续五年保持南京城市治理考核城区组第一名。先后获得全国科技进步先进区、国家知识产权强县工程示范区、全国国土资源节约集约示范区、国家生态工业示范园区等荣誉称号。栖霞，成为令人向往的创业热土、生态高地和幸福家园。

综合考察栖霞区的创新实践，我们看到，集成改革无疑是提高和创新社会治理的强大动力，而实践中凸显出的党委统领、人民中心、系统推进、科技支撑、法治保障等工作重点，已经成为集成改革的突出亮点。这些亮点相互联系、相互作用、相互影响，同频共振、优势互补、共同提升，造就了新时代栖霞区加强和创新社会治理的良好生态。

一、党委统领，凝聚攻坚克难的强大力量

这是根本保障，也是社会治理良好生态的方向与灵魂。加强和创新社会治理，必须把党的领导作为最高原则。栖霞区针对社会结构复杂、矛盾错综复杂、治理力量分散的现实情况，坚持以党建引领社会治理，凝聚了无比强大的力量。

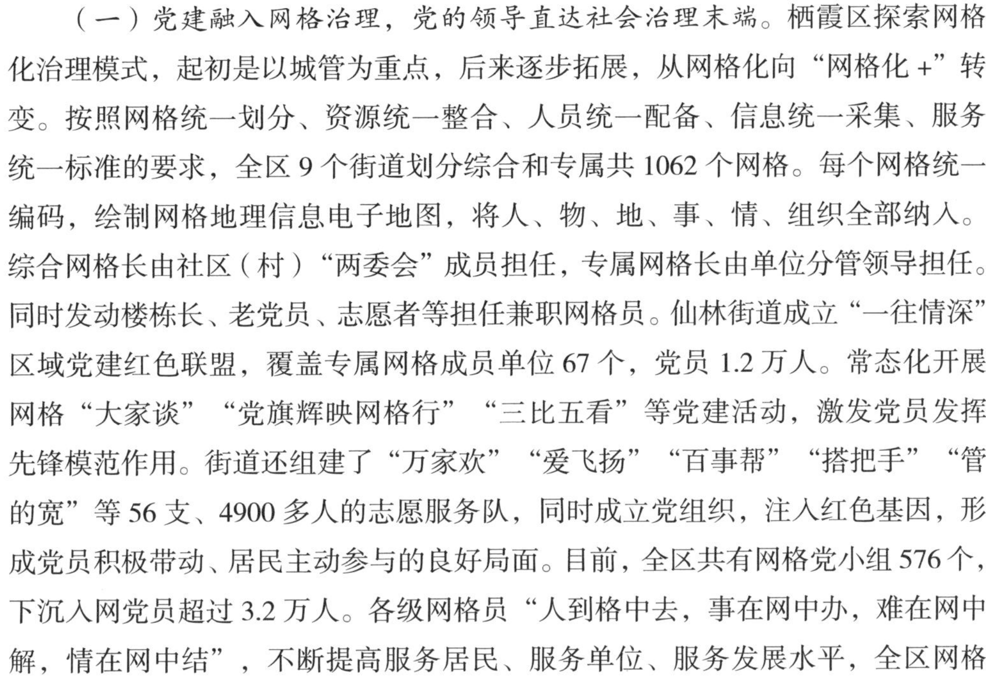

（一）党建融入网格治理，党的领导直达社会治理末端。栖霞区探索网格化治理模式，起初是以城管为重点，后来逐步拓展，从网格化向“网格化 +”转变。按照网格统一划分、资源统一整合、人员统一配备、信息统一采集、服务统一标准的要求，全区 9 个街道划分综合和专属共 1062 个网格。每个网格统一编码，绘制网格地理信息电子地图，将人、物、地、事、情、组织全部纳入。综合网格长由社区（村）“两委会”成员担任，专属网格长由单位分管领导担任。同时发动楼栋长、老党员、志愿者等担任兼职网格员。仙林街道成立“一往情深”区域党建红色联盟，覆盖专属网格成员单位 67 个，党员 1.2 万人。常态化开展网格“大家谈”“党旗辉映网格行”“三比五看”等党建活动，激发党员发挥先锋模范作用。街道还组建了“万家欢”“爱飞扬”“百事帮”“搭把手”“管的宽”等 56 支、4900 多人的志愿服务队，同时成立党组织，注入红色基因，形成党员积极带动、居民主动参与的良好局面。目前，全区共有网格党小组 576 个，下沉入网党员超过 3.2 万人。各级网格员“人到格中去，事在网中办，难在网中解，情在网中结”，不断提高服务居民、服务单位、服务发展水平，全区网格化治理群众满意度高达 90%。

（二）党建整合辖区资源，党旗聚集各方力量。栖霞仙林大学城集聚南大、南师大等大专院校 18 所、在校师生 20 多万人，还有数十家各类科技园区。栖霞区委联合仙林大学城工委与仙林高校，共同发起成立校地党建联盟，建立大学校区、科技园区、城市社区党建机制，完善区域党员志愿服务制度，搭建高校社团与区社会组织服务中心、党建中心的平台，融合推动各方力量参与社会治理，显著增强辖区社会治理能力。着眼辖区专家学者和科技人才云集的特点，成立“同心社”“素心社”等六家“心社”，组织引导专家学者、民主党派人士和新社会阶层等 1500 多人参与社区治理。先后促成校地民生保障共建项目 9 项、科研研究成果转化 10 余项，为社会捐资捐物 600 余万元，共同做好困难补助、求学资助、医疗救助、就业帮助、法律援助、爱心捐助、弱势扶助等服务工作。目前，仙林党群服务中心集聚社会组织 24 家、群众公益服务队 56 支、高校社团 335 个，将社区居民、单位和居民自治组织凝结成服务社会的重要力量。东方天郡二期小区居民不到 5000 人，社会治理志愿者达到 1100 多人，成为排查隐患、化解矛盾、提供服务的重要力量。

（三）党建植根社会组织，红色基因激活治理细胞。发挥政府主导作用，建立区级社会组织发展平台、9个街道级社会组织发展中心。区、街道、社区三级以政府购买服务方式支持社会组织发展。发挥市场引导作用，运用市场机制先后引进爱德基金会、上海屋里厢、帮帮团等国内专业社会组织。连续五年举办“社恰会”，累计签约公益项目470个，涉及资金3500万元。累计拥有社会组织1400多个，万人拥有量21个，位居南京第一。共产党员在社会组织成员中占比超过1/3。2015年12月，成立社会组织党委，统管全区社会组织党建工作，单独建立党支部29个，联合建立党支部13个，各街道同步建立社会组织党支部，形成了社会组织党建体系，并通过开展教育培训、落实组织生活制度和评优创先活动，强化社会组织服务能力，使党组织、社会组织和经济组织形成同心圆。2009年成立的迈皋桥物业公司，管理的60多个老旧小区，普遍存在“脏乱差”、违建多、居民抵触物业问题。2015年成立党支部后，企业组织力、凝聚力和服务能力明显增强，有效改变居民小区服务的历史问题。2017年，迈皋桥物业公司管理的7个物管项目，成为南京市物业管理示范项目。

二、人民中心，增创民生福祉的综合优势

这是根本目的，也是社会治理生态的根基和归宿。人民群众是加强和创新社会治理的根本力量。栖霞区坚持以人民为中心发展思想，紧紧围绕发展所需、基层所盼、民心所向推进集成改革，让人民群众在社会治理中创造历史伟业。

（一）“不见面审批”改革催生最佳营商环境。坚持主动向基层放权、向窗口授权、向社工赋权，打出“不见面审批”、全科政务、综合执法等一套集成式改革“组合拳”。在全省率先自主开发“不见面审批”软件系统，开出全国第一份“不见面审批”营业执照，获得中央领导肯定，全省推广。“不见面审批”通过人脸识别、人证核对、人机互动等技术手段，对比传统窗口审批，有效实现了对申请人身份更为严格的审查，是建立在“真实场景、真实身份、真实意愿、真实信誉、真实联系方式”基础上的全新审批架构。目前“不见面审批”已经实现“不见面办照、窗口刷脸办照、大厅自助办照、街道就近办照、银行联合办照”五位一体，94.6%的新设企业通过“不见面”办理，区级审批许

可事项不见面办理实现 100% 全覆盖，成为省服务业标准化的标志性品牌。全科政务、一网通办改革做到“放权又赋权”，实现服务能力全科化、行政审批协同化、政务服务智能化。街道便民服务中心政务服务窗口全科率达 90%，全科窗口办件量占比 80%，居民办事时间节约率达 84% 以上，企业和群众综合满意率达 99.5% 以上。

（二）“掌上云社区”提供全天候社会治理法宝。2016 年 12 月，栖霞区推行“掌上社区”治理模式。由社区党支部领导、居委会主导，协同社区居民、驻区单位、物业和社会组织，依托微信群、微信公众号，运用人工智能、大数据等技术，建立线上社区治理综合平台。群众可以随时随地打开微信，参与社区大小事务、咨询各类信息。这个平台，突破了居民办事的时空限制，让居民诉求表达更便捷，政府的回应解答更及时。2017 年，推出升级版“掌上云社区”，新增包括“不见面服务、工单流转、党建引领、协商议事”在内的 8 个功能，按照“一个网格、一个微信群”的标准，在微信群内植入智能机器人，通过技术手段减轻群管理员工作压力，为居民提供更加精准高效的服务。同时，设计开发“掌上云社区”卡通形象 IP“小栖”智能社工，除了能 24 小时为居民提供服务外，“小栖”还能够在“掌上云社区”的后台自动生成“民情民意、党务政务、智能服务、协商自治”四大数据系统，并聚合成环境卫生、医疗教育等十类民情，分析结果同步供政府部门参考，有效提高了政府决策的科学性精准性，提升了社区服务效能。全区共建成 685 个“掌上云社区”群，入群用户近 15 万，覆盖率达到常住人口的 23.5%，为提高社会治理效率和质量提供了坚强支撑。

（三）优质民生资源下沉增强群众归属感幸福感。一是深化院府合作，让居民在家门口看名医。推进省人民医院、省中医院、鼓楼医院、市妇幼保健院等“医联体”建设，提升基层医疗服务水平。2016 年 5 月，成功创建二级甲等医院，西岗社区卫生服务中心被评为国家级优质示范社区卫生服务中心。全面落实分级诊疗、双向转诊制度。在栖霞只需 9.8 元就能挂到三甲医院 100 元的专家号。群众对医疗服务满意率持续提高。二是强化教育联盟，让孩子在家门口上名校。先后引进南师附中、金陵中学和海门中学等优质教育资源合作办学 10 所，组建中小学教育共同体 7 个，小升初本地生源外出择校率由五年前的 25% 下降到 6.9%，成为“全国义务教育发展基本均衡区”。三是优化服务供给，让老人在家门口能养老。推行社区养老，76家社区居家养老中心实现“医养融合”，20分钟步行半径内就有便民为老服务机构、场地或设施，居家养老为基础、社区养老为依托、机构养老为补充的社会化养老服务体系已经建立，形成了“高端养老有市场、中端养老有需求、低端养老有保障”的养老服务格局。被评为首批“全国社区与养老服务工程建设示范城区”。尧化街道姚坊门时间银行社区互助项目，形成社区居民参与互助服务的良性循环，被央视专题报道。四是加强小区管理，让居民享受优质服务。2015年开始，区财政每年安排1300万资金，对区内由物业公司管理的居民小区进行星级评选和效能补贴，通过财政拨款奖励管理好的小区物业。各街道都成立物业管理公司，并对无人管理老旧小区、厂居小区兜底托管，各类小区物业管理实现全覆盖。实施“桩钉工程”，推进社区综治警务一体化改革，通过成立二房东管理协会、组建专业打传队等措施，彻底解决传销顽症，实现各类案件逐年下降，获评全省公安机关改革创新成果“优秀奖”。

（四）生态环境整治增强群众获得感安全感。栖霞区曾是南京历史上的重化工基地，中石化、金陵石化等大型央企集聚，中小型化工企业遍地，化工厂棚户区扎堆。近几年来，栖霞区积极探索绿色发展路径，加快产业转型升级，着力解决突出的生态环境问题。以舍弃“10亿税收”的决心铁腕治污，整治“三高两低”“两高一资”企业超过500家，关停化工企业100多家，48家主城工业企业“退城入园”，一举摘掉“化工重镇”帽子，还绿水青山本色。曾经处处冒烟的燕子矶，如今蝶变成南京长江段最美丽的幕燕滨江风光带。总投资200亿元的华润万象汇商务集聚区项目顺利落户燕子矶新城，实现了百亿级项目的重大突破。大力推进老旧小区出新，不让老旧小区沦为城市遗忘的角落。统筹好老城保护与新城建设，最大限度发挥自然资源、人文环境蕴含的发展潜能，认真保留古旧建筑和文化遗存。改变八卦洲“不发展就是最大发展”的理念，积极利用自然资源禀赋促进绿色发展。

三、系统推进，提升现代治理的整体水平

这是科学方法，也是适应社会治理良好生态系统性、整体性、协同性要求

的必然选择。栖霞区立足全局和长远，以系统性思维、集成式改革，有力有序推进社会治理体系和治理能力建设。

（一）基层党建、网格综治和在线治理三管齐下。一是加强基层党建，使党组织和党员成为治理主体的主心骨和黏合剂，让治理主体聚起来，成为共同开展社会治理的联合体。二是强化网格综治功能，将党组织和党员的战斗力转化为社区治理的执行力，让治理主体强起来，成为能够攻坚克难的工作队和战斗队。三是发挥在线治理优势，为政府主导、社会和居民参与治理创造便捷渠道和互动机制，使治理主体实起来，成为掌握情况迅速、处置及时有效、协作合作紧密的治理生力军。三管齐下，全面激活了社会治理主体活力。

（二）科技增效、人员赋能和机构赋权协同推进。坚持将平台、队伍和机构的整体升级统筹谋划、一体推进，不断推进平台、人员和机构的高度融合和匹配，有效推动了治理体系升级。在深化“放管服”改革中，以“互联网+”的模式对审批平台进行改造，依据平台网络结构对审批流程进行再造，移动互联网、人脸识别、大数据分析、手机App等现代科技优势被顺利转化为治理效能。以与平台高度匹配为目标加强队伍建设，通过全科培训、业务交流和定期轮岗提升人员业务技能，培养了一支能够一口清导办、一门式受理、一条龙服务的“全科社工”队伍。以权力下移为手段赋予基层行政机构权力，将两批次共91项区级权力事项下放街道，把权力尽量集中到服务群众和企业的最前端，集中到服务效能最高的审批平台，基层治理重心有效下移。

（三）实践探索、经验总结和标准创设环环相扣。坚持无愧于时代，勇于责任担当。主动在网格化党建、不见面审批、全科政务、批管同步、社会组织培育、社区养老等方面，增强改革的思想自觉和行动自觉，努力为群众谋利益，为全局探路。注重及时总结经验教训，倾听民情民意，主动委托南京大学、省城市调查队等第三方机构开展民意调查、监管职能评估、行业评议等，及时调整改革路径，优化治理方法。十分注重提高政府社会治理行为的规范性和长效性，对实践中形成的成熟经验及时转化成为行业标准。全科政务服务等经验已经编制成省级、国家级标准，有效提高了社会治理规范化水平。

四、科技支撑，增强智慧高效的治理能力

这是根本要求，也是社会治理生态的新鲜血液和制胜手段。现代社会治理必须更加注重科技创新。栖霞区坚持用大数据、云计算、互联网、人工智能等信息技术提升社会治理水平，将服务窗口、服务机制拓展到PC端和移动端，推动社会治理更加智慧、更加高效，更有创新力和影响力。

（一）创建信息化治理平台。综合运用互联网、物联网、多媒体等新型信息化技术构建网上虚拟“服务窗口”，开发具有自主知识产权的“不见面”网上行政许可审批系统。依托“人脸识别”“远程操作”监控、信用数据自动审核等多种技术手段，把好商事登记准入关。以综合大数据平台破解信息不对称难题，形成信用激励和约束机制。实施“E网通”远程查档终端社区（村）全覆盖工程，做到即到即查、即查即出。建立居家养老服务需求和服务提供商数据库，通过数字电视、微信平台、网站平台等多种渠道，随时接受老人及家属发送的服务需求，实现居家养老服务多渠道、快速化、社会化和全面响应。

（二）打造专业化治理队伍。打造专业化党建队伍，以党建新媒体建设为突破口，创建“党建微课堂”，实现党建教育“全天候、不掉线”，加强商业街区、社会组织、物业公司等社会组织队伍建设，把业务骨干培训成党的先锋队。打造专业化全科社工队伍，推进全科政务服务改革，通过培训、帮带、考核、选拔，全面提升服务窗口工作人员综合能力。全区76个专业窗口调整为35个全科窗口，减少服务人员一半以上。积极推行“师徒制”，让经验丰富的老党员老同志与年轻社工结对子，手把手帮带提高。打造专业化社区服务和志愿者队伍，将社区居家养老等社会服务委托给第三方专业组织，同时与社会公益组织团队合作，吸引更多的专业化志愿者队伍参与社会治理。

（三）推行规范化治理标准。一是“一网通办”实现服务管理整齐划一。把区、街道和社区三级所有对外服务窗口统一接入政务服务平台和业务专网，构建“区街一体、上下对接、同权受理、一网通办”的政务服务体系，实现一个窗口就可承接区、街服务中心所有业务，确保居民在任何窗口都能接受到相同规范的政务服务。二是“一表申请”促进服务管理廉洁客观。建成区、街道网上服务大厅，完善标准化服务清单，群众和企业只要在网上大厅或使用手机App即可

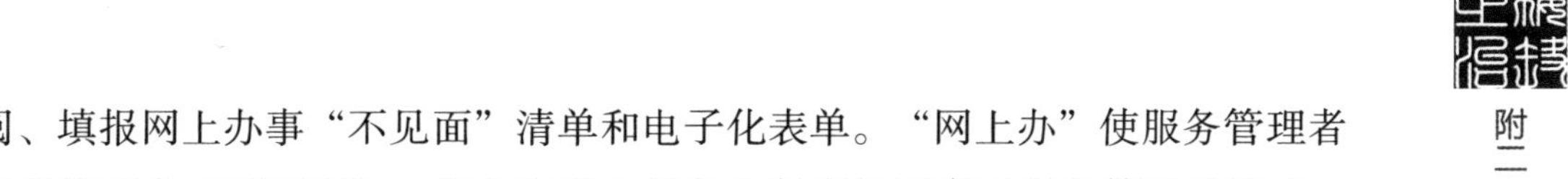

查阅、填报网上办事“不见面”清单和电子化表单。“网上办”使服务管理者与服务管理者“不见面”，很大程度上避免非制度性因素对服务管理的影响。三是“一站审批”强化服务审批公开公正。使用统一的政务办理平台和审批标准，所有申请材料、办理结果，通过网络实时传递，审批数据共享、审批流程可查，有效强化了制度标准的刚性执行。

五、法治保障，走上健康持续的法治轨道

这是根本途径，也是社会治理生态的定海神针和压舱石。法治是社会治理的最优模式，举足轻重，不可或缺。栖霞区以法治思维和法治方式推进改革、规范治理，法治对社会治理的引领、规范和保障作用得到有效发挥。

（一）推进两权分离、综合执法，破解基层执法难题。坚持依法授权、持证上岗、综合巡查、分类处置的原则，推行“行政检查权”与“行政处罚权”相分离的综合行政执法体制改革。将区级相关执法力量和 1313 项与群众密切相关的检查事项下派街道，组建街道综合执法大队，突破条块分割的体制障碍，街道负责综合巡查，对多发性轻微违法行为力求解决在现场，部门负责依法处罚。“两权分离”的综合行政执法，是“放权又放人”的改革，不新增编制和人员，推动部门的行政检查权、执法人员与街道监管力量有效整合，有效破解“看得见管不着、管得着看不见”的基层执法难题，做到了 98% 以上违法违规行为第一时间发现、第一时间处置。

（二）推进信用监管、联合惩戒，构建共治监管体系。信用监管是企业自治、政府善治、社会共治的重要前提。创新建立区市场主体信息归集机制和信用约束与激励机制，以信息化手段为市场主体精确“画像”，将信用监管贯穿事前事中事后全过程、全领域。在部门专业监管、联动监管、街道综合执法检查的基础上，利用社会监督力量，构建共治监管体系，对失信主体和人员实施联合惩戒。在严把商事登记准入方面，将“不见面审批”服务系统链接到省市法人信用库、自然人信用库，自动查验办理当事人是否有失信记录，根据失信等级采取相应的监管措施。在加强商品流通领域监管方面，自主开发“商品市场远程信用管理系统”，实现对农贸市场及经营户远程信用监管，通过远程监控、

后台监测、管理用手机、检查留痕迹、结果自评分、网上即公布、摊前挂红旗等多种信用约束与激励手段提升经营者的自律意识。

（三）推进依法治理、依法调解，有效化解矛盾纠纷。针对经济结构调整、城市更新改造引发的企业劳资纠纷、拆迁利益诉求等矛盾，制定法律顾问制度实施意见，聘任 12 名专业律师作为区和街道法律顾问。推行“一社区一法律顾问”制度，实现社区、村居法律顾问全覆盖。组织社区律师深入基层，服务群众，开展法律知识普及宣传、调解群众矛盾纠纷、提供法律援助服务。建立“法润民生微信群”，实时发布法律知识和法律风险提示，拓宽法律援助渠道。在重点保障房、经济适用房片区设立 14 家法律诊所，为居民提供法律服务。设立城管巡回法庭、公安警务室、公证服务室、法律援助室、行政调解室，实现司法与行政的有机结合，推动民事手段与行政手段统一协调，群众和执法相对人的满意度不断提升。

综合分析栖霞区推进集成改革、加强和创新社会治理取得的显著成绩与成功经验，我们深切感到，这是党中央和省委科学决策、坚强领导的结果，也是栖霞区高度自觉、主动担当、善作善成的结果。栖霞区的经验，对于贯彻落实习近平新时代改革思想和社会治理思想，对于加快建设“强富美高”新江苏，特别是对于依靠集成改革加强和创新社会治理，都有着许多有益启示。

启示之一：加强和创新社会治理，必须着力推进集成改革。改革是实现中华民族伟大复兴的关键一招。集成改革是破解深层次矛盾的有效方法。社会是个巨系统，相对于经济、政治、文化、生态等领域，社会领域矛盾的复杂性、艰巨性更突出。栖霞的实践表明，只有通过集成改革，充分调动各领域、各方面积极性、创造性，尤其是发挥基层群众的主动性、首创性，有力有序、全面系统地破解矛盾和问题，加强和创新社会治理，才会形成强大的不竭动力，才能不断取得一个又一个成功。

启示之二：加强和创新社会治理，必须加快完善社会治理体制。完善社会治理体制是加强和创新社会治理的首要任务，是形成共建共治共享社会治理格局的根本保障。栖霞的实践表明，强化党委的坚强领导，就没有战胜不了的困难；强化政府负责，就能有力有序破解各类矛盾和问题；强化社会协同和公众参与，就能形成社会治理的整体合力和创造力；强化法治保障，社会治理就必然能走

上健康持续的发展之路。

*启示之三，加强和创新社会治理，必须更加注重科技支撑。*加强和创新社会治理，依靠科技支撑是题中应有之义。互联网时代的社会治理必须与信息化携手同行。栖霞的实践表明，只要紧跟时代潮流，集聚优秀人才，不失时机用大数据、云计算、互联网、人工智能等信息技术，优化手段，改善方法，社会治理效率就会不断提高，现代化治理能力和治理格局就会加快形成。

*启示之四，加强和创新社会治理，必须统筹兼顾发展大局。*统筹兼顾发展大局，是加强和创新社会治理的必然要求。栖霞的实践表明，只有坚持"五位一体"总体布局、"四个全面"战略布局和新发展理念三者有机统一，坚持党的领导、人民中心、依法行政三者有机统一，坚持问题导向、改革开路、创新驱动三者有机统一，才能有效促进经济发展、政治清明、文化繁荣、社会和谐与生态文明，才能不断增强人民群众的获得感幸福感和安全感。

省政府研究室调研组

执笔：沈　和　刘忠卫　刘大勇　时　准

【附三】

栖霞区“放管服”改革质量评估报告

零点有数

2018 年 5 月

零点有数重要声明

本项目的研究成果专属栖霞区委研究室所有。零点公司拥有本项目的分析方法、报告格式的技术版权

项目委托	栖霞区委研究室
项目承接	上海零点市场调查有限公司
高层指导	闫晶、付艳华
项目指导	于相龙
项目经理	张天舒
报告撰写	张天舒
技术分析	陈慕华
项目督导	徐宏艳
质量复核	王 琛
完成时间	2018 年 5 月

第一部分　项目概要

一、项目背景

近年来，全国范围内的“放管服”改革日益深化，改革释放了市场的活力和社会的创造力，解决了政府在多元社会管理中的难题，体现了政府治理体系和治理能力的现代化。目前，各地的改革成果初显，形成了诸多具有地域特色

的改革模式，如烟台模式、银川模式、杭州模式、青岛模式、兰州模式等。

在此背景之下，栖霞区以建设营商环境最佳区为目标，坚持以权责清单为边界，以优化流程为重点，以信用监管为核心，以综合执法为支撑，以网格协同为基础，以“双随机一公开”为抓手，打出了一套“扁平化管理、不见面审批、综合化监管、全科化服务”的改革组合拳，初步构建起了以“放管服”全链条改革为核心的基层现代治理体系。就目前来看，栖霞区的“放管服”改革成效颇显，在经济领域和社会领域两个方面都有所体现。为了评估目前的“放管服”举措还存在哪些可深入推进的空间，栖霞区委研究室委托上海零点市场调查有限公司（以下简称“零点公司”）开展了“栖霞区‘放管服’改革质量评估项目”，倾听区内企业及居民的评价及需求，并从第三方机构的独立视角总结目前栖霞区各项改革工作的成效及不足，为进一步深化“放管服”改革、优化营商环境提供参考。本次调研达到了如下目的：

1. 从经济和社会两个领域评估“放管服”改革的相关举措，把握企业与居民对改革措施的感知与评价，进一步挖掘企业与居民的需求；

2. 结合调研获得的评价与需求，向委托方提出未来深化改革、提升服务的参考性建议，助力改革朝健康、稳定、可持续的方向深入推进。

二、项目实施

（一）研究内容

作为第三方研究机构，零点公司首先在“放管服”改革中划分出了三类角色，即改革的设计主体、执行主体和市场及社会主体。设计主体属于顶层规划的范畴，是开展此次评估的基础和来源；执行主体是各相关单位的公务人员，他们负责落实各项举措，具体从放、管、服三个维度上提升政务服务质量；市场及社会主体包括企业和居民两类，他们是改革的直接体验者，也是决定改革是否取得预期成果的最后一个环节。

此次调研的对象，主要包括后两者，即栖霞区各相关单位的公务人员，以及栖霞区的企业和居民。一方面考察栖霞区“放管服”改革的顶层设计的合理性，以基层办事人员为切入点，获取他们对改革后工作质量、效率的感知，挖掘他们在工作中遇到的问题或困惑，评估各项改革措施在推进的过程中是否顺畅；另一方面从市场及社会主体的角度考察在栖霞区“放管服”改革的顶层设计之下，企业与居民的办事效率是否有所提升、提升了多少、他们对目前政务服务的满意度如何、还有哪些期待与需求。

（二）研究方法

1. 定量研究

针对在栖霞区各便民服务中心办理事务的企业和居民，零点公司通过问卷调查的方式，获取了一定数量的评估数据。数据获取方式有三种：电话访问、现场拦截访问、微信扫码填答。最终共完成了 360 份针对居民的有效问卷和 291 份针对企业的有效问卷，共计 651 份有效问卷，高于计划的 500 份配额。具体的配额见下表：

	居民	企业
栖霞区政务服务中心	47	85
龙潭便民服务中心	32	19
栖霞便民服务中心	42	54
西岗便民服务中心	33	12
尧化便民服务中心	37	25
仙林便民服务中心	31	11
马群便民服务中心	31	11
迈皋桥便民服务中心	24	33
燕子矶便民服务中心	33	28
八卦洲便民服务中心	50	13
总计	360	291

2. 定性研究

本次调研过程中，零点公司主要通过面对面的深度访谈、座谈会、文本分析、实地调研等方式获取定性研究资料。深度访谈主要围绕栖霞区各政府单位的工作人员展开，涉及市场监管、全科社工、网格治理人员、综合执法人员等主要角色，共计完成 7 次深度访谈。

针对前期问卷和深度访谈获取的信息，零点公司于 2018 年 2 月 4 日组织召开了一次针对企业、中介服务机构的座谈会，企业类型涉及农业、文化、餐饮、中介、教育等多个方面，与会人员从各自与政府部门沟通的经历出发，共同讨

论了目前栖霞区营商环境的优势和不足，为此次调研提供了较为丰富的一手材料。参与座谈会的企业有：

序号	企业名称
1	南京雷贝教育信息咨询有限公司
2	江苏凤凰传媒股份有限公司
3	南京银茂农业休闲公司
4	南京志达环保科技有限公司
5	南京芳草渡农业科技有限公司
6	南京翔泽财务管理有限公司
7	南京市栖霞区川道久久火锅店
8	南京市栖霞区同辉林记快餐店

3. 技术说明

为了清晰直观地呈现定量问卷的测评结果，参照公共服务评价标准，零点公司对各项指标的得分进行五分法赋值，将最终得分转换成百分制。具体赋值方式如下：

表 满意度（提升度）得分的五分法赋值

满意度（提升度）	得分	赋值
非常满意（提升很大）	5	100
基本满意（提升较大）	4	75.25
一般	3	50.5
较不满意（提升较小）	2	25.75
不满意（没有提升）	1	1

转换成百分制后的优良等级见下表：

表 优良等级分类标准

得分段	优良等级
得分≥ 85	优秀
75 ≤得分 <85	良好
65 ≤得分 <75	一般
60 ≤得分 <65	合格
得分 <60	不合格

第二部分　改革成效

一、政务服务持续向好

“放管服”改革中，放和管的最终落脚点是为企业和居民提供更加高效、便捷的服务。随着一口式窗口、全科政务的推进，大多数事项不再需要到各个职能部门、业务处室办理，取而代之，区政务服务中心和各个街道便民服务中心成为企业和居民办事的主要场域。此次调研发现，不论是企业还是居民，均有超过 90% 的受访者认为，与 2017 年之前相比栖霞区目前的政务服务水平有较大甚至很大的提升，说明各项改革工作落实到为企业及居民提供服务上，受到了较为广泛的认可，未来可继续稳步推进实施。

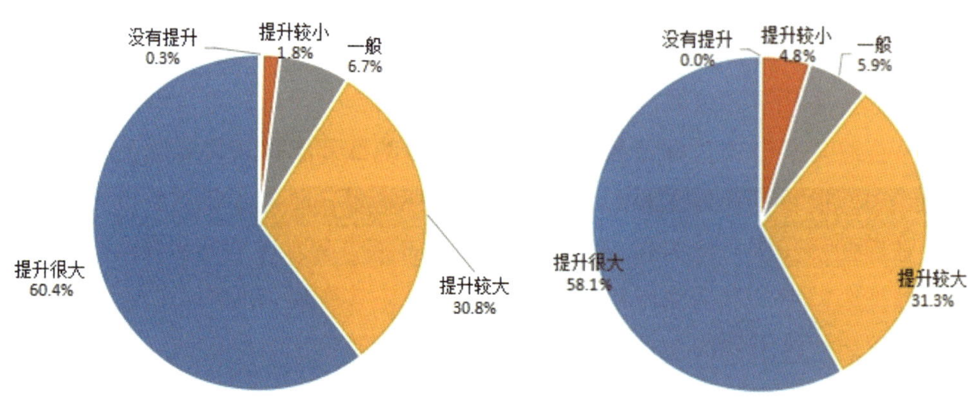

图　居民对栖霞区政务服务水平提升的感知情况（N=360）

图　企业对栖霞区政务服务水平提升的感知情况（N=291）

具体来看，栖霞区政务服务呈现如下三个特点：

（一）政务服务全要素高质高效

此次调研对栖霞区政务服务的全要素进行了综合考察，包括政务服务的环境设施、办事指南、办事过程、工作人员、政务热线等要素。

不论是企业还是居民，对政务服务的各个要素的满意度均达到了优秀水平，且除了企业对政务热线的评分略低于 90 分外，其余各要素的评分均超过了 90 分，总体满意度很高。

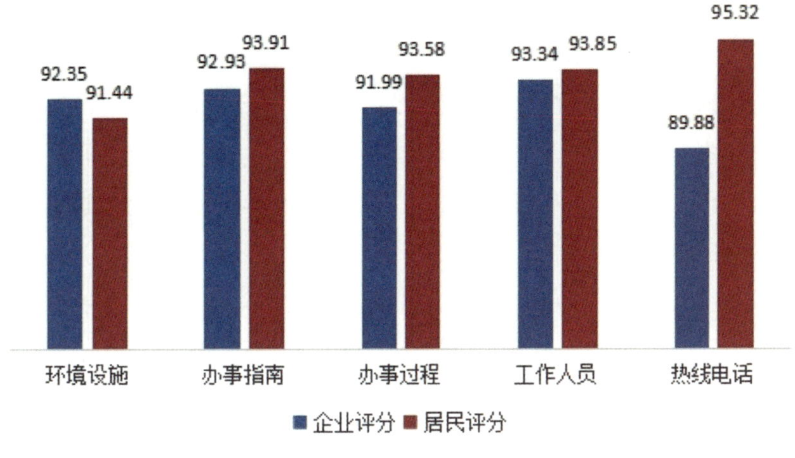

图　企业及居民对栖霞区政务服务全要素的评价

这一数据得益于栖霞区建成了"区街一体、上下对接、一网通办"的政务服务体系和"一刻钟政务服务圈"。在实体机构建设上，栖霞区建成了区、街、社区（村）三级政务服务网络，包括 1 个区政务服务中心、9 个街道便民服务中心（含 3 个街道分中心）和 115 个社区（村）便民服务站，平均每 3.2km^2 有一个政务服务网点、每百人拥有约 1.4m^2 的政务服务面积，打通了政务服务"最后一公里"。与此同时，全区所有 128 项行政许可、211 项备案、核准等其他权力和公共服务事项都入驻区政务服务中心，群众办事不再"到处跑"，街道、社区政务服务一体化，也打通区内政务服务地域之间的隔阂，很多事项实现了区街联网联办，如企业设立登记下放街道便民服务中心，个体、企业、食品经营许可证受理及发照商事登记可以在任意街道便民服务中心提出申请。2017 年，栖霞区各服务中心共办理各类许可、备案和公共服务事项 512783 件，接待办事群众近 107 万人次。热线方面，2017 年共办理"12345""96106"热线工单 3.74 万件，超过前五年的平均每年 2 万件的水平。

（二）全科政务稳步扩容有力度

全科政务是栖霞区"放管服"改革的亮点之一。这一在全省领先的"前台全科受理、后台限时审批"、受理与审批相分离的"全科政务"服务模式，由各相关行政审批部门出具授权委托书委托服务中心窗口受理各类行政审批事项，将事项受理、结果反馈与行政审批相分离，服务中心行使受理权、各相关部门按照“三集中、三到位”要求集中行使审批权，实现一个窗口、一台电脑、一名全科社工即可承接区、街服务中心的所有业务。

目前，区政务服务中心全科窗口可受理18个部门的211项事项，街道便民服务中心全科窗口可受理社保、民政、计生、助残、个体工商登记等9大类100多项便民服务事项。推行全科模式后，窗口统一收件、后台部门集中审批，2017年办件效能同比提高120%。2017年7月，全区政务服务的264项标准通过了国家级社会管理和公共服务综合标准化试点建设工作的中期评估验收。目前，区、街服务中心窗口全科率达到80%，2017年区、街服务中心51万余办件中，全科窗口办件量占比79.6%。

上述数据表明，栖霞区的全科政务所覆盖的职能部门较为广泛，且全科窗口占比高，未来全科办理的事项将从211项进一步扩容到483项，向“大全科”的目标迈进的步伐有力而坚定。

（三）政府代办专人专职空间大

栖霞区的政府代办服务作为本区政务服务的另一大亮点工作，也在区及各个街道服务中心稳步推进。目前，区政务服务中心成立了专门的办公室，负责代办工作，市区重点投资建设项目、商事登记等事项均可以在区、街服务中心由全科社工代办或陪办。对市重点项目和列入高企培育库的企业，还配备专职代办员，通过“项目经理”制，推进代办工作。区代办中心现日均代办商事登记80余件，领取营业执照从10个工作日压缩到2小时，提速率为97.5%；街道（社区）2017年代办陪办60类公共及便民服务事项51000余件。

政府提供代办服务有着先天优势，能够降低企业和居民在办事过程中对政府的疏离感，未来的增长空间较大。真正发挥好政府代办服务的“店小二”功能，为企业和居民提供更优质的服务，长期系统地推进下去，对于民生环境和营商环境而言均有利好作用。

二、基层治理稳步推进

（一）网格化治理深耕多年，一张网格局有时效

从2012年栖霞区推行网格化社会服务管理模式开始，经过多年的深耕，目

前网格已经成为栖霞区各街道履行社会管理和服务职能的重要载体，融入各项日常工作中。目前栖霞区已形成一级网格125个、二级网格656个，三级网格3399个，各级网格实际入网人员超过4580人。三级网格任务各有侧重、责任逐级传递、信息横向交流、考核贯穿过程，网格体系覆盖所有社会管理对象，将社会管理工作触角延伸至每个网格，形成了全区社会管理"一张网"的格局。

此次调研数据体现了栖霞区公众对网格治理的认可。企业和居民的满意度评分分别为93.28分和91.71分，均处于优秀水平，但各街道的表现略有差异。从两项二级指标来看，网格治理做到了处理问题的及时和有效。

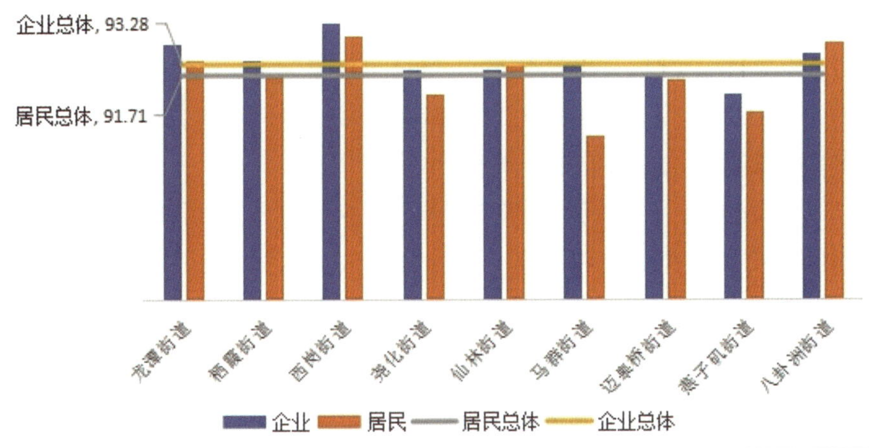

图　各街道网格治理的得分情况（企业与居民对比图）

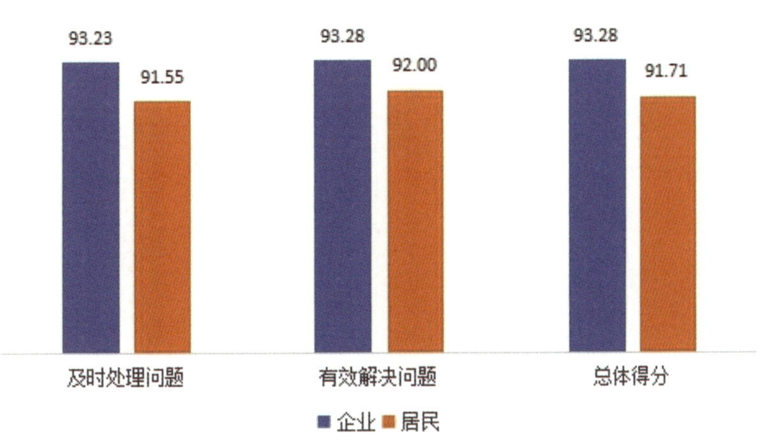

图　网格治理各二级指标的得分情况

（二）综合执法检查勇创新，一张网执法全覆盖

栖霞区在各街道成立综合行政执法检查大队，是基层治理的又一创新之举，该项改革举措将城市管理、市场监管等部门条线的人员力量整合在各个街道，形成执法检查的块的合力，旨在打破条块分割，使大量轻微违法行为消除在萌芽，解决在基层。同时，综合行政执法检查还将处罚权和检查权相分离，形成了基层执法的“一张网、全覆盖”，全面履行城市管理、环境保护、住房建设、安全生产、市场监督、劳动保障、农业林业、水务、交通运输、文化旅游等10个领域的1313项行政检查执法职能，既涉及百姓民生的社会领域，也覆盖经企业及个体的经济领域，尤以后者为重点，最大的亮点是对经济体的批管同步改革。审批和监管的同步，降低了经济体开办的时间，激发了市场的活力。栖霞区的具体做法是：建成综合执法信息平台数据库，将区、街审批信息同步推送到行业主管部门和综合执法平台，由综合执法大队3个工作日内上门服务，告知政策、检查承诺、现场查看。2017年，栖霞区全区完成了综合执法检查32.7万件，汇聚了85346个市场主体的信用信息，各综合执法大队按3个工作日的要求，及时完成了批管同步检查任务28939家，并将4065件涉及综合执法领域群众投诉同步推送至综合执法信息平台，检查、督查整改问题1392件。

上述客观数据的实际成效也得到了此次调研所获数据的印证。下图可以看出，企业和居民对综合执法检查的满意度评分分别为92.42分、91.25分，均处于优秀水平。

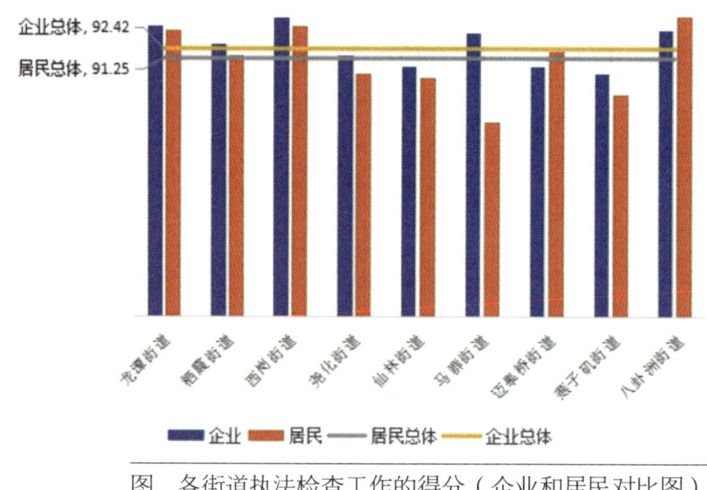

图　各街道执法检查工作的得分（企业和居民对比图）

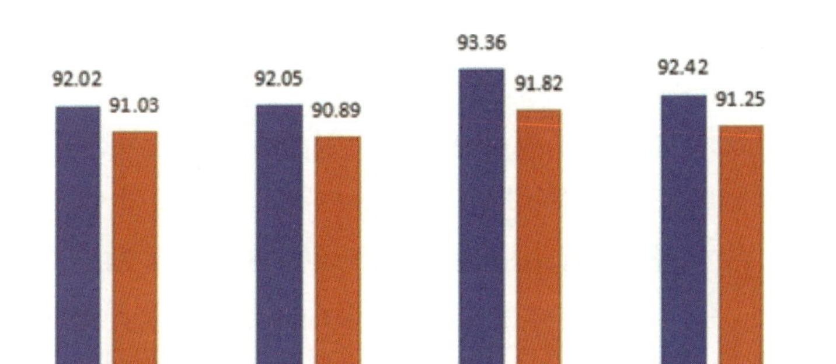

图　执法检查各二级指标的得分情况

（三）基层自治智能化转型，云社区连接你我他

在基层自治领域，栖霞区领先一步，实现了基层治理的“线上转型”，即“掌上社区”治理模式，依托微信等移动互联网平台，将社区党组织、居委会与社区居民、驻区单位、物业、社会组织在线联系起来，实现社区服务“24 小时不打烊”。这一做法正契合了目前居民的互联网生活方式，提升了居民参与自治的积极性和便利性，解决了原本基层自治参与度不高的现实问题，2017 年线上收集居民意见建议 4000 多条，组织在线协商超过 1000 次。2018 年，“掌上社区”完成向“掌上云社区”升级并在全区推广，塑造了 IP 卡通形象“爱小栖”，进一步运用人工智能、大数据等技术加强功能开发和资源整合，着力打造邻里互助、诉求表达、政务咨询的线上治理平台，并同步嫁接“不见面服务、协商议事、党建引领、数据分析”等系统，促进社会治理良性互动。目前已有超过 10 万名居民参与到社区建设当中，省级城市、农村和谐社区建设合格率分别高达 96%、91%。

三、营商环境日益优化

（一）不见面审批系统升级，办理时间再压缩

在栖霞区“放管服”改革的各项举措中，对营商环境产生最直接影响的当

属商事登记"不见面审批"的推行，即利用人脸识别、互联网+、大数据分析等技术，开发手机App、推进"网上办、不见面"。随着改革的推进，除了商事登记外，目前区级有351项、街道有132项服务事项已经实现了"不见面"办理，例如公章刻制备案、税票领取、银行开户等。全区超过90%的服务事项能够实现不见面在线办理，群众在任意地点登录栖霞不见面App系统或微信，都能在线填报提交，系统后台实时在线审批，及时推送结果，办事时间大大缩短。以商事登记为例，其时间从过去的平均10个工作日缩短到现在的0.5个工作日，增速提升明显。"不见面审批"从2017年5月运行以来，经过不到一年的探索，已于2018年3月快速推进到2.0版本，实现了不见面的全领域、全过程、全覆盖，构建了一个多维度多模式高效便民的行政审批体系。该版本取消了纸质文书申请，将原来6个申领环节压缩为3个，20多页的申请材料变为无纸申请，申、批、领时间由多个工作日压缩到20分钟。

从此次调研数据来看，企业对不见面审批的满意度评分高达94.75分，其中，对不见面审批之下流程简化的满意度最高，具体得分见如下两张图。

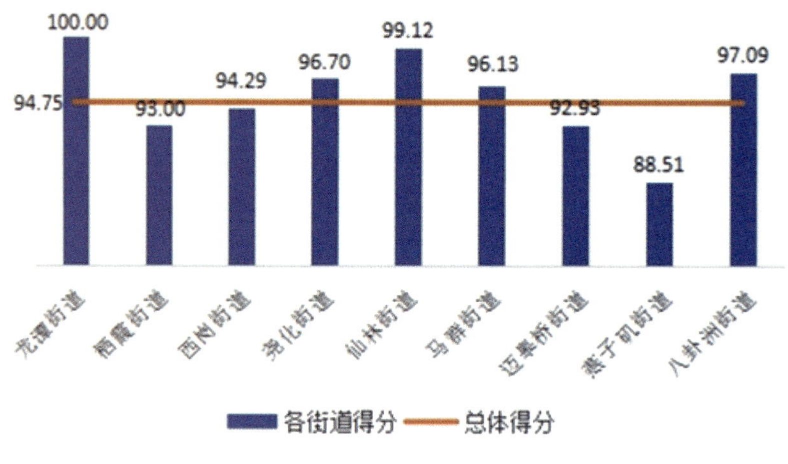

图　各街道不见面审批的得分情况

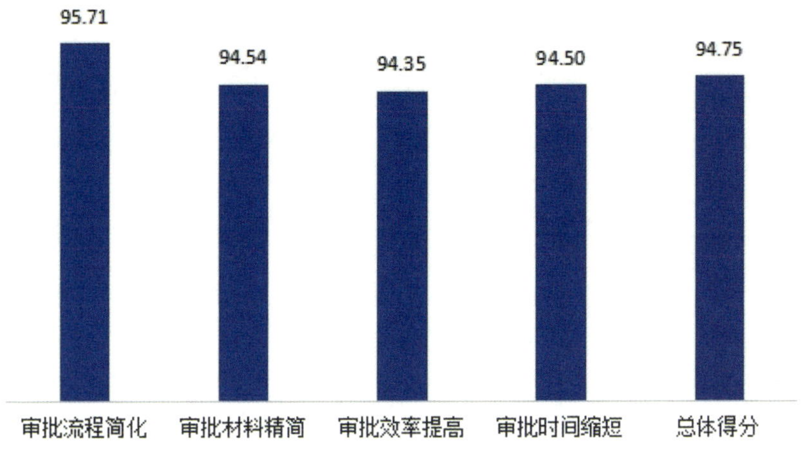

图　不见面审批各二级指标的得分情况

（二）信用监管贯穿全过程，监管共治成体系

除了不见面审批之外，企业开办之后，对其进行有效的信用监管也是维护本区营商环境的重要环节。在此环节，栖霞通过建立市场主体信息归集新机制，以信息化手段为市场主体精确"画像"，通过信用约束与激励机制，将信用监管贯穿事前事中事后的全过程、全领域监管，对失信主体和人员实施联合惩戒，在部门专业监管、部门联动监管、街道综合执法检查的基础上，充分利用社会监督力量，构建共治监管体系。在严把商事登记准入方面，将不见面审批服务系统链接到省市法人信用库、自然人信用库进行核验，自动查验办理当事人是否有失信记录，根据失信等级采取相应的措施，并做出相关承诺。

（三）市场主体年度增量大，数量资金双丰收

上述审批和监管两大环节双管齐下，推动了栖霞区营商环境持续向好。2017 年，栖霞区全年增加企业数量为 10418 家，较 2016 年增长约 77.2%，新增注册资金近 625 亿元，较 2016 年增长约 185.0%；全年增加个体工商户 6590 家，较 2016 年增长约 43.7%，新增注册资金约 5.3 亿元，较 2016 年增长约 48.8%。下面两张图分别反映了 2017 年 1—12 月栖霞区新增企业、新增个体较 2016 年在数量和注册资金上的增长率情况。

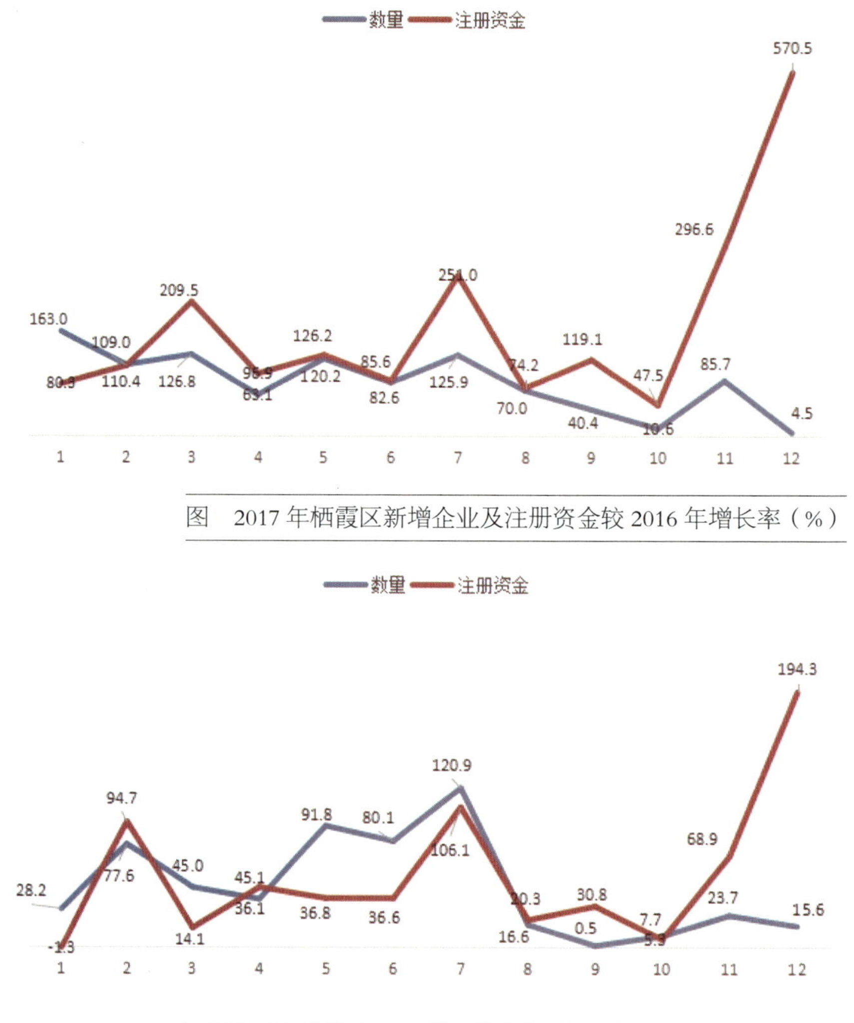

图　2017 年栖霞区新增企业及注册资金较 2016 年增长率（%）

图　2017 年栖霞区新增个体及注册资金较 2016 年增长率（%）

总体而言，在政务服务、基层治理和营商环境三个方面，此次调研所获数据与栖霞区的客观统计数据相互印证，充分体现了各项“放管服”改革举措所取得的实际成效，为改革的继续深化奠定了良好的现实基础。综观全国各地“放管服”改革经验，零点认为，栖霞区“放管服”改革具备如下三个特色：

一是改革具有引领性。不论是目前已经升级到 2.0 版本的不见面审批，还是代办服务中推行的项目经理制，抑或是单一窗口的全科政务服务，都走在了全

国各地放管服改革的前列，虽然各地也在陆续推进上述举措，但栖霞区仍然在不断创新，引领了各项改革向更优化、更合理的方向发展；

二是服务具有贴心性。从栖霞区各项改革举措的细节来看，真正做到了从企业及居民的角度来优化各项服务。例如，不见面审批 2.0 版本无须办理人下载 App，改为微信扫码即可办理，这一细节的改进大大提高了用户亲和度；掌上社区的治理手段，也充分适应了互联网时代的特点，尤其是在社区中嵌入机器人的做法，更能充分利用数据智能的力量，有的放矢服务居民。

三是问题解决具有系统性。不论是新成立的综合行政执法检查大队自身职能的多部门集成，还是大队与已有的网格工作的共融共通，都在以系统性的要求来解决基层问题，充分做到了重心下移、条块结合。

为了充分论证栖霞区各项改革对其他地区的借鉴意义，需要回答的问题是：上述这些改革举措，为何能够在栖霞区推进？

第三部分　改革动力

进一步分析发现，上述改革措施之所以能够在栖霞区推进，得益于栖霞区的五力融合，即改革领导力、共识力、资源力、推进力、扩散力。

一、改革领导力：顶层设计久久为功

在调研之初，调研组就从“放管服”改革中划分出了三类角色，即改革的设计主体、执行主体和市场及社会主体。改革的总体走向和持续推进成效，首先离不开设计主体缜密、系统且具有前瞻性的顶层设计和坚定推动。不论是区层面的改革设计者，还是各个职能部门如市场监管局的改革推动者，都有着清晰的工作思路和改革推进目标，且均具备很高的执行力。

为推进各项改革举措，栖霞区政府出台了《栖霞区推进简政放权放管结合优化服务改革的意见》和《栖霞区成立简政放权放管结合优化服务改革工作领导小组的通知》，确定了改革的总体方向和领导小组，形成了较为有力的改革领导力，保障了栖霞区的“放管服”改革各项举措能够较为顺利且流畅地推行

下去，构成了改革推进的基石和源泉。

二、改革共识力：上下联动形成共识

改革创新，既需要自上而下的引导，又需要自下而上的推动，只有将二者贯通，才能最终形成较为融洽的改革创新氛围。这种融洽的创新氛围像空气一样逐渐在改革场域中弥散开来，使场域内的各方主体不自觉地达成创新共识，各项创新工作的推动由此更加顺畅。此次调研发现，栖霞区之所以能够成为“放管服”改革的高地，正是具备了上述所说的改革创新共识，主要体现在基层政府人员对各项改革措施的认可上，这些认可是一种反思性的认可，而不是一种强行灌输的认可，正因如此，栖霞区整体的改革创新共识是理性、健康的，这也进一步保障了各项改革措施的可操作性和落地性。

一位基层公务员表示：“对于业务量不大的没必要搞那么大规模的机构，比如说街道的全科就可以解决了。一是人的问题，二是资源设置问题，第三个是管理问题。所以提出全科政务从它的立场来讲是有它的合理性的。就是用最少的人办最多的事情，就是实现了人和资源最大的结合，提高了办事效率。”

另一位公务人员表示：“现在的行政审批，把审批权从街道移到行政审批科，这种情况下从逻辑分析是这样的，个体的审批像食品的许可，如果在街道的话，每个街道都要有一个人来负责，那 9 个街道就是 9 个人，要把这个权力收到区的行政审批科集中审批，那可能三四个人就可以解决这些问题的，这样一下子解决了人员的问题，在人员这么紧张的情况下我们又可以释放人，去投入到具体的行政检查，巡查，简易执法，监督这样的业务上去，把我们合理的资源分配到合理的岗位上去。”

三、改革资源力：调动存量培育增量

创新共识构成了改革推进的氧气，而充足的创新资源则是在凝聚共识的前提下进一步凝聚各方力量的基础，从而推动形成多元互动的改革合力。调研发现，栖霞区在改革创新资源上，不仅具备先天力量优势，而且在后天动员上，也渐

渐显露出自身的优势和特色。

一方面，栖霞区高校资源丰富、高素质人才充沛、创意工业园区较多，在南京各区中属于后发优势较为明显的地区。这些资源不仅促使栖霞区通过各项改革抓手提升本区的政务服务环境和营商环境，而且又于无形中为栖霞区的改革提供了经济、文化和智力支持，多方力量的有机融合互动，最终促使栖霞区在一定程度上发挥出了本区域的“比较优势”，进而占据了“放管服”改革的高地。

另一方面，栖霞区在党建引领的作用之下，从纵向上和横向上充分发动各方力量，包括社区居民、居委会、物业、网格治理员、第三方组织、综合行政执法检查大队等等。最终通过各方力量的磨合，营造出顺畅清新的民生环境和营商环境，使得居民和企业可能遇到的堵点、难点、痛点，都能够通过各方资源形成的合力而最终转化为爽点。

某受访者表示：“我们现在人员不够，目前就是把社区发动起来，就是我们对接每一个社区，然后由社区安排一个信息员……首先是大队，大队派出中队，中队然后再跟社区进行沟通，进行联系，然后整个就形成一个网格治理。等于是把社区发现的问题搜集起来，上报给我们。然后在中队能处理的范围之内，就去进行有的放矢去处理，如果我处理不了的，再向上汇报，路径是通的。”

四、改革推进力：深入理解系统执行

具备了较强的领导力、达成了较高的共识力、凝聚了充足的资源力，接下来各项改革措施落到实处便需要有持久的改革推进力。

从 2012 年开始推行网格化治理开始，栖霞区陆续且持续推进了三局合一、综合行政执法、全科政务、不见面审批等一系列创新举措，每一项举措均掷地有声，出台可具操作性的方案具体推进，主要有：《栖霞区“不见面”审批改革工作实施方案》《栖霞区行政许可与监管体制改革实施意见》《栖霞区全科政务改革实施方案》《栖霞区项目审批代办服务工作实施办法》《栖霞区重点项目模拟审批工作实施办法》《栖霞区深入推进网格化治理的实施意见》《栖霞区公共信用信息归集和使用管理暂行办法》《栖霞区街道办事处综合行政检查执法大队人员管理暂行办法》等，这些实施方案、意见、办法为各项改革的顺利推进提供了较为明确的指导。

与此同时，上述各项举措之间呈现出相辅相成、互相推进的特点，共同促成了栖霞区在政务服务、基层治理和营商环境方面的系统性提升。

五、改革扩散力：以点带面形成体系

从理论来讲，创新扩散通常包括两个主要阶段：创新想法的引入和创新的具体实施，它们分别指扩散决策前和扩散决策之后的创新采纳活动。就栖霞区而言，如前所述，为推进放管服改革，全区已达成了有力的共识、发动了充足的资源。又因为具备了较强的改革推动力，目前已经从创新想法的引入进入到创新的具体实施阶段，而具体的实施，又在上述四力的基础上进一步扩散，形成了较强的改革扩散力。

结合前文的数据呈现及相关访谈、座谈会材料，可以得出如下判断：不论是涉及企业办事的经济领域，还是涉及居民办事的社会领域，栖霞区已有的各项改革措施，目前都已经逐步实现了常态化、常规性运行，且企业和居民对各项工作的认可度及满意度评价较高。虽然各个街道之间存在些微差异，但总体的走向是良性的、健康的、可持续的。各项改革措施虽然是以点状的形态在具体推进，但综观全局，这种点状的创新正在通过“扩散效应”和“涓滴效应”逐步深入到其他各个环境和领域。由此得到启发：一项好的改革（不论是硬件还是软件），能够以一种润物细无声的力量逐渐向改革核心地区或领域的周边扩散，最终化点为面，变碎片化为体系化。除了内部由点向面的成体系扩散，栖霞区放管服改革也受到人民日报、新华日报、解放日报等多家主流媒体的宣传报道，产生了较强的正外部性，为全国各地放管服改革提供了有力的借鉴。

总体来看，正是上述领导力、共识力、资源力、推进力、扩散力的相辅相成、互相融合，最终使得栖霞区成为“放管服”改革的又一个高地，一系列改革措施成功推进，并受到来自社会的高度认可。

第四部分　改革方向

虽然已有的改革措施已经取得了较为显著的成效，但调研发现，要继续深化“放管服”改革、推动政务服务、基层治理和营商环境等各方面再上层楼，栖霞区仍有进一步探索的空间。

一、领域探索

改革是一项长期性的系统工程，对于栖霞区而言也不例外。此次调研发现，栖霞区在以下几个领域可进一步优化升级。

（一）深化全科窗口人员的专业力

目前栖霞区及各街道推行的全科政务服务，其特点可以用“前宽后窄”来概括，即前端宽口径受理，后端窄通道审批。但这种窗口划分方式能够最大化地发挥窗口人员的力量，避免窗口分布不均衡、业务量不均衡造成的排队久的问题。与此同时，在此次调研过程中，也发现了这种全科的工作安排存在着一些需要注意的问题。

首先是这种方式下事项受理权和审批权的分离造成的主观偏差问题。全科社工承担着事项受理的职责，职责内的受理清单可能多达几十项，分别来自未在区行政服务中心或街道社区事务受理中心设立窗口的业务部门。因此，这类一口式窗口人员虽然在业务上受到各个部门的指导，但并不具备最终的审批权。这样一来，在受理权和审批权之间就可能产生偏差。究其原因，一是规范制定的问题，即是否做到了要求的精细化、指向的明确性；二是不同角色对同一要求的理解问题，这种主观上的理解偏差虽然不是常态，但依然可能会对窗口工作造成负面影响。

这种偏差延续到处理事项的平台上，也会产生问题。综合平台处理各个条线的业务，其实需要各部门将一些业务权限下放，只有这样各街道的全科窗口才能在终端进行操作。

其实，窗口到底应该按照条线进行横向划分，还是应该按照流程进行纵向划分一直是讨论的焦点，就栖霞区各方的调研意见来看，全科化的优势高于不足，因为未来需要探索的则是提升全科窗口人员专业能力的问题。建议根据政策变动的情况，及时安排全科社工参加政策学习、政策解读相关的培训，及时将相关政策在不同的部门之间、不同的街道之间、街道及其他单位之间进行培训，同时开展栖霞区政务工作人员的交流研讨会，就大家在政务工作中遇到的问题共同展开研讨，商议最佳解决办法。同时，让经验丰富的窗口工作人员在交流会中充分展示，供大家共同学习、同步提升。最终达到提升基层工作人员的“专业力”的目的。

（二）提升各个部门信息的共享力

近年来，信息共享已然受到各个行业、领域的关注。在理想化的状态下，窗口工作中，信息共享能够降低企业办事人员或社区居民奔波于各部门间准备材料时来回跑路的频率，减少相关基础材料的重复提交，从而提升整个事项办理的效率。

调研发现，目前栖霞区各个职能部门之间还没有实现较为充分的信息共享。

某被访者反映：“信息不一致，因为公安有公安的编号，开发商有开发商的编号，街道办有街道办的编号，都不一样……像我们那个商业区新开有两百多个铺子，每个铺子都要去一趟工商、街道，包括跟物业要沟通一下房产证，我觉得公安、街道和开发商直接定好，而不是我们每个人去证明这个事情，我们很无奈，我也没能力去证明，只是别人让我们跑哪儿就跑哪儿，这个事情极大的浪费了我们时间和精力，而且没有任何价值，实际上就应该让公安、开发商或者跟街道把这个事情搞定就行了，免得后面有两百多个商户要注册，每个人都要跑一趟这个要搞死人的。”

虽然信息共享涉及的事项复杂、部门众多，短期内无法彻底实现，但信息共享平台的建设依然需要提上日程。在目前大数据、云计算、智能化的社会变革大背景之下，信息共享从技术层面已经完全能够实现。建议由区政府牵头，统筹区内各个条线上的业务处室，将基础信息输入信息共享的平台中，然后制定可以共享的信息清单，清单需要做到全面、规范、准确。最后在已经建设好的信息平台上，按照前期研讨出的共享信息清单，通过一些技术手段和逻辑设置，将各类数据有序开放共享，最终达到企业和居民少跑路、不跑路的目的，减少

相关材料重复提交、反复提交的情况，最终实现提升栖霞区政务服务工作的"共享力"的目的。

信息共享实现了各个职能部门在基础数据层的互通，即：构建了一个互通有无的政府信息池，通过对不同的主体开放不同的权限，既达到了提升办事效率的目的，又保障了信息的安全性。然而，信息的共享仅仅是让各个部门之间实现了抽象的物理空间上的融合，并没有产生互动交流，要真正实现数据信息之间的互动，就要继续往数据智能化的方向探索。

（三）发挥全区共享数据的智能力

目前，针对各个独立的部门或办理的事项，已经有较为完备的办事指南，但是跨部门、多事项的联合性、一体化的办事指南还没有制定出来，这导致企业在办理事务的全流程中容易产生困惑，不确定先办什么、再办什么、哪些材料是办理后续手续的先决条件等等类似的问题。

有被访者表示："政府是分部门的，但对我们而讲就是要注册一个公司，或者我们要办一个企业，从头到尾你需要先到哪个部门再到哪个部门，每一个过程中需要的手续最好能有一个一体化的解决方案，我们一看会比较好一点。在这个过程中哪些是可以不见面审批，哪些是必须要本人到场，在整个一体化方案是会有体现，这样我们的效率也会高很多，我觉得政府的办事效率也会高很多。"

就此而言，各相关性较强、且办事顺序能够串联起来的部门，联合制定更加精细化、可视化、总体性的办事指南是下一步需要探索的方向。以何种方式来实现办事指南的定制化呢？显然，通过线下排列组合的方式很难将所有情况都囊括进来，且耗费的人力物力都比较大。此时，数据智能的重要性尤其凸显。

目前，浙江在数据智能方面已经先行一步。借鉴杭州经验，栖霞区可以探索推进两棵生命树的构建，即人口生命树和法人生命树。人口生命树是指以公民个人的身份证号为主键，基于政府的行政权力清单和公共服务清单，将人从出生、教育、就业、住房、婚姻、生育、养老到死亡等一生中各个阶段需要获取的服务进行全面梳理，建立居民全生命周期的服务与管理体系。法人生命树是指以企业统一社会信用代码为主键，构建企业法人全生命周期的服务和管理体系，从企业登记注册、办理许可、经营纳税、注销退出等阶段全面梳理法人主体需要政府各部门服务的事项内容，为法人服务和管理提供有效支撑。

这样一来，在办理事项之前，每个人、每个企业都能够通过两棵树的系统，获取个性化的办事指南或符合自身情况的政策集市或一体化办事方案，而不是碎片化的办事信息，从而推动政府服务朝更加精细化的方向推进，提升栖霞区政务服务的“智能力”。

（四）巩固政府政务服务的公信力

目前，针对自然人和法人分别有设有个人征信系统和企业信用系统，对失信行为起到了有力的监管，是一项相对完善的制度体系。诚信政府的建设同样也是近年来备受关注的领域。不论是营造良好的政务服务环境，还是发展优质的营商环境，建立起政府与法人、政府与自然人之间的信任关系至关重要。信任通常分为人际信任和制度信任两个方面，二者各有侧重却又互相弥补。就政府和法人、自然人的关系而言，人际信任的营造关于在于基层的政府公务人员的亲和性，例如微笑服务、一次性告知等态度、行为和专业上的保障，而制度信任的营造，就需要上升到诚信政府体系的建设层面上。

以政府部门对个人及企业基础信息的保密工作为例。一方面，根据“海恩法则”可知，再完善的规章制度，在实际操作中也无法取代人的素质和责任心。物防、技防不如心防，政府敏感信息管理的重点在意识的培养。因此要着重培养政府工作人员的保密意识、管理意识，从源头上减少无意识敏感信息的泄漏。这最终导向的是人际信任的建立；另一方面，对于政府搜集上来的大量企业及个人信息，还应有一套较为完备的信息管理规范，如确定敏感信息的保管期限，要根据政府、企业发展需要和积累信息资源的需要，确定敏感信息的保存价值，最终判定敏感信息的保管期限。在保管期限内的敏感信息，需要严格执行保密措施，赏罚分明。

以此为例，通过一套完善的诚信政府体系建设，将政府各部门的诚信指数向社会公开，才能最终建立法人及自然人对政府的制度信任，最终从人际信任和制度信任这两个方面达到提升栖霞区政务服务的“公信力”的目的。

二、路径探索

上一部分探讨的改革进一步探索的领域，其落脚点在企业和社会主体，旨

在为企业和社会主体提供更加专业、高效、便捷、安全的政务服务。除此之外，便需要进一步思考，要实现上述领域的探索，政府自身的内部建设要如何推进？结合着内部建设的要求，各领域工作逐步推进的路径为何？

（一）内部建设要求

1. 转型期的理论创新

理论来源于实践，理论创新则建立于实践创新的基础上。栖霞区目前已有的各项改革创新实践，不断构成改革理论创新的基础，继而推动理论创新之下实践的二次飞跃。可以通过个别典型案例的引导（如不见面审批），建立鼓励激励、容错纠错的机制，打造栖霞区改革创新的理论高地，为进一步塑造栖霞形象、传播栖霞经验奠定理论基础。

2. 引导下的协同参与

目前，栖霞区社会治理体制中的党委领导、政府主导、法制保障等机制已经较为完善，为推动前文各项改革工作在专业性、智能化、覆盖率等方面实现突破，就需要进一步引导社会协同与公众参与的力量。社会协同方面，需深挖栖霞区现有的高校资源，充分利用高校的优质智库，为栖霞区改革助力；公众参与方面，需进一步培养志愿者队伍，尤其是基层治理领域的志愿者队伍，打造平安、和谐、友好、互助的栖霞氛围，同时，要根据辖区内的人口、企业分布特点，进一步合理引导相应的社会组织参与到各领域工作中，群策群力，弥补基层治理人员的不足，且提高基层治理的活力。

3. 有激励的重心下移

不论是政务服务、综合执法，还是社区治理，都在逐步将重心下移到基层，这意味着一定程度上打破之前的条线划分，逐步强调属地的力量和责任。以栖霞区的综合执法检查为例，原有的职能科室人员下沉到街道，相应的，配套的激励机制需要及时更新完善，并逐步实现常态、长效的运作，以提升基层人员工作的积极性和主动性。

4. 成系统的宣传推广

经济学中有一个外部性的概念，指一个行为主体在自身的活动中对旁观者的福利所产生的有利或不利影响。就各个地方的“放管服”改革而言，同样存在着外部性的问题，一套行之有效、切实提升社会福祉的改革措施，对具有相同或类似属性的其他地区，将会产生正外部性的影响。如此一来，就要求改革主体推行系统化、递进式、长期性的宣传活动。一方面能够将自身改革的经验传播出去，另一方面又能够通过各地之间的不断沟通交流，进一步发现新的问题，从而寻求新问题的解决路径，推动各项工作更深入地开展及完善。

（二）推进路径初探

在理论创新、重心下移、协同参与、系统宣传的总体要求之下，提出了栖霞区改革推进的初步设想，根据各项工作所能达成的时间，简要分为近期、中期和远期三个阶段，上述各项要求都是贯穿始终的。

1. 近期：深化已有举措，实现常态长效

近期，栖霞区政府可将已有的各项改革措施进一步深化完善、逐步实现各个领域改革的常态长效运行。在此过程中，需要重点解决一些碎片化的问题，如目前未下沉但未来有必要下沉的执法力量如何下沉、纵向和横向的条块关系的梳理、全科人员专业能力的提升等。落实这些基础工作，是进一步改革推进的根基所在，只有已有的举措朝着常态长效的状态稳定下来，更进一步的改革才能平稳推进，否则在根基不稳的情况之下推行新的举措，不仅可能会受挫，还有可能侵蚀已取得的成果。

2. 中期：打通部门壁垒，推动信息共享

中期，栖霞区政府可逐步推动各职能部门之间的信息共享制度建设。信息共享不仅仅是技术层面的问题，更需要规范和制度层面的考量，因此并非一朝一夕就能够实现。各个职能部门之间存在一定的重合信息，而更多的则是契合各部门工作的专项信息，这些专项信息如何开放、向谁开放、开放后如何进行信息监管，都需要研究制定一套完备、详细且具有操作性的制度，在此基础之上，才能着手推动各部门的政策池、信息池的全面通渠，并保障信息共享后的安全性和保密性问题，为进一步优化企业及个人办事流程奠定信息基础。

3. 远期：玩转数据智能，建设诚信政府

在大数据、智能化的时代背景下，数据共享仅仅解决的是让数据多跑路、让群众少跑路的基础性问题，即只是程序上或流程上的简化。数据共享后，如何通过建立模型的方式，在不同数据之间建立联系，则是下一步需要考虑的方向。一方面，数据的智能化能够为企业和群众提供定制化的服务，另一方面也能够

帮助政府更好地探索企业、社会发展的规律，为出台符合社会发展需求、切中区域发展命脉的政策提供智力支持。因此，建议栖霞区在信息共享实现的前提下，建立一套政府信息、法人信息、自然人信息的智能数据系统，并通过技术手段实现三套信息的个性化匹配，全面实现让数据说话、科学准确的目标。同时，全面推进诚信政府制度建设，进一步落实权力在阳光下运行的理念，实现政府与法人、自然人之间制度信任的良性运行态势。

第五部分　调研附录

一、企业问卷被访信息

（一）性别

性别	数量（人）	百分比（%）
男	165	56.7
女	126	43.3
总计	291	100.0

（二）文化程度

文化程度	数量（人）	百分比（%）
小学及以下	4	1.4
初中	24	8.2
高中（含中专 / 技校）	64	22.0
大专 / 本科	190	65.3
硕士及以上	6	2.1
其他	3	1.0
总计	291	100.0

（三）企业注册地所在街道

街道	数量（人）	百分比（%）
龙潭街道	22	7.6
栖霞街道	80	27.5
西岗街道	14	4.8
尧化街道	32	11.0

续 表

街道	数量（人）	百分比（%）
仙林街道	22	7.6
马群街道	16	5.5
迈皋桥街道	52	17.9
燕子矶街道	27	9.3
八卦洲街道	26	8.9
总计	291	100.0

二、居民问卷被访信息

（一）性别

性别	数量（人）	百分比（%）
男	177	49.2
女	183	50.8
总计	360	100.0

（二）文化程度

文化程度	数量（人）	百分比（%）
小学及以下	4	1.1
初中	38	10.6
高中（含中专 / 技校）	61	16.9
大专 / 本科	237	65.8
硕士及以上	16	4.4
其他	4	1.1
总计	360	100.0

（三）居民所在街道

街道	数量（人）	百分比（%）
龙潭街道	35	9.7
栖霞街道	57	15.8
西岗街道	31	8.6
尧化街道	49	13.6
仙林街道	43	11.9
马群街道	31	8.6
迈皋桥街道	25	6.9

续 表

街道	数量（人）	百分比（%）
燕子矶街道	36	10.0
八卦洲街道	53	14.7
总计	360	100.0

三、问卷细项数据呈现

（一）服务中心全要素得分

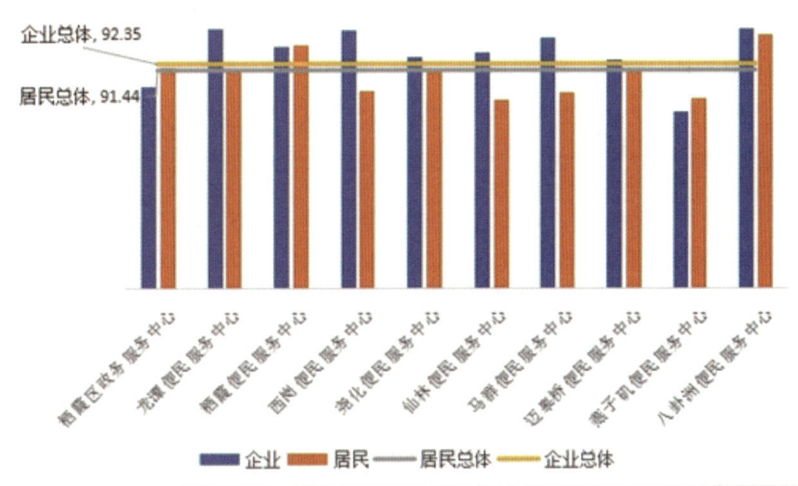

图 各服务中心的环境设施得分情况（企业与居民对比图）

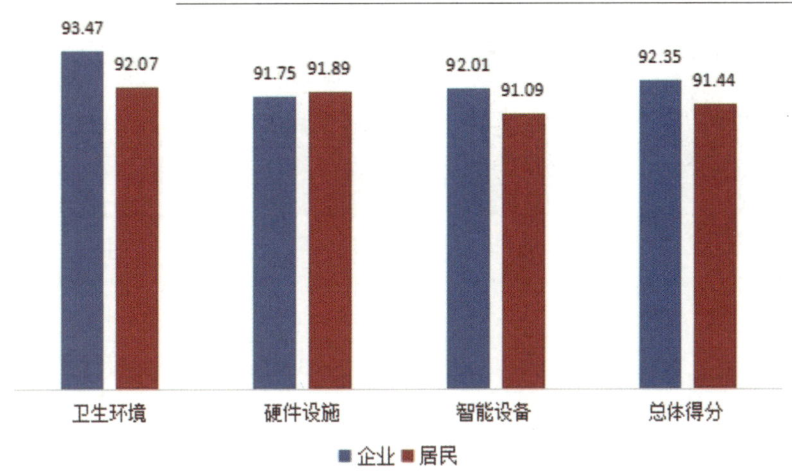

图 环境设施的各二级指标得分情况

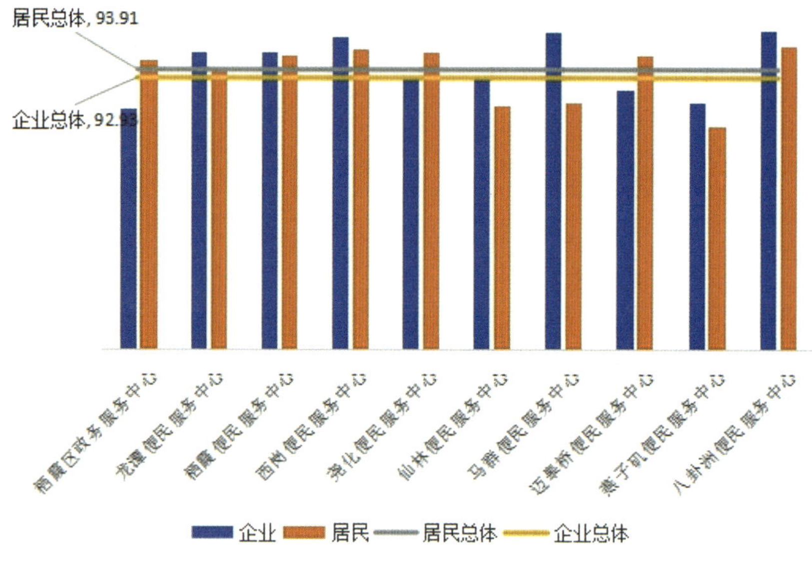

图　各服务中心办事指南的得分情况（企业与居民对比图）

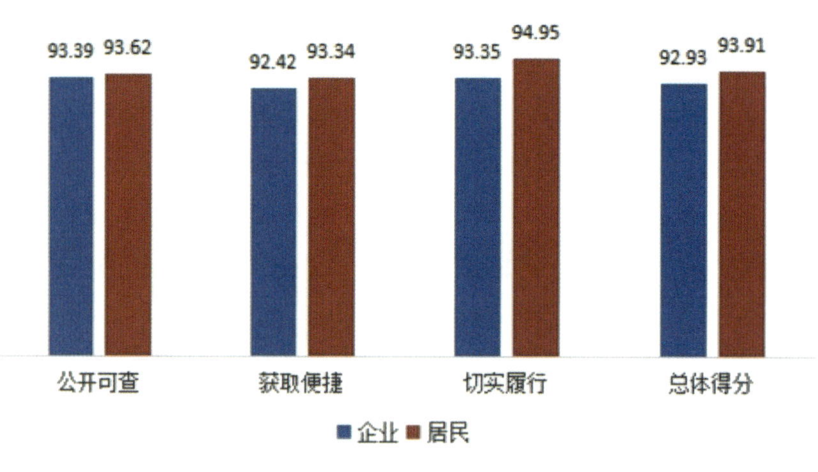

图　办事指南的各二级指标得分情况

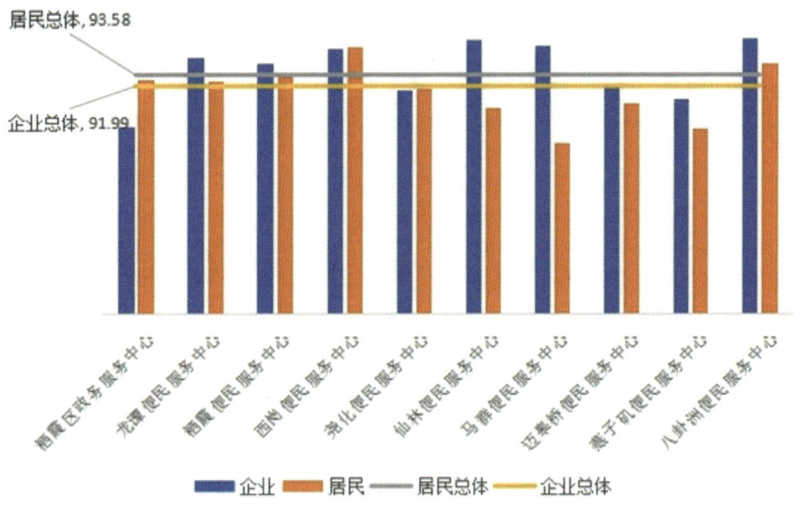

图　各服务中心办事过程的得分情况（企业与居民对比图）

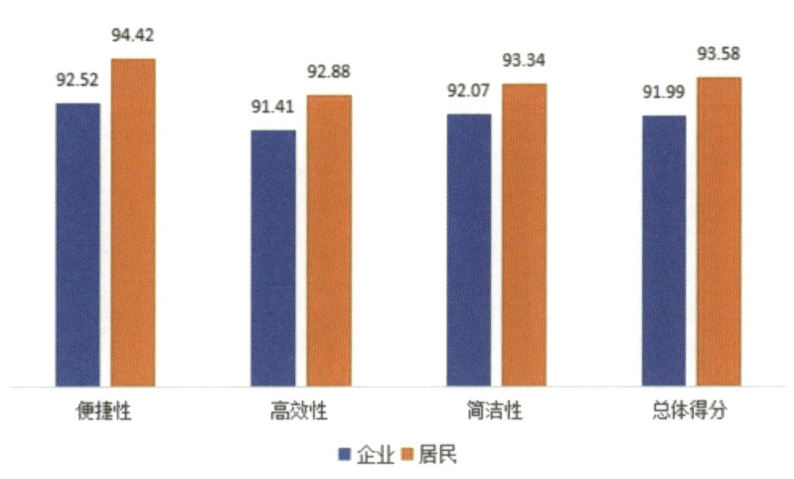

图　办事过程的各二级指标得分情况

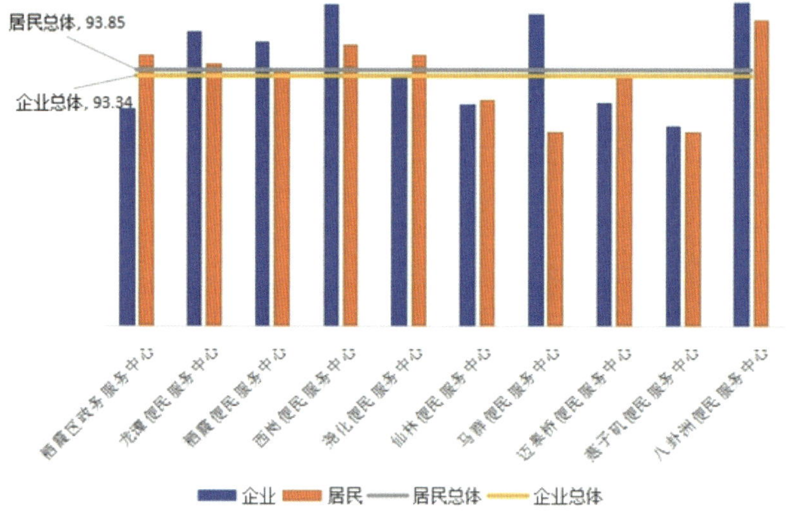

图　各服务中心工作人员的得分情况（企业与居民对比图）

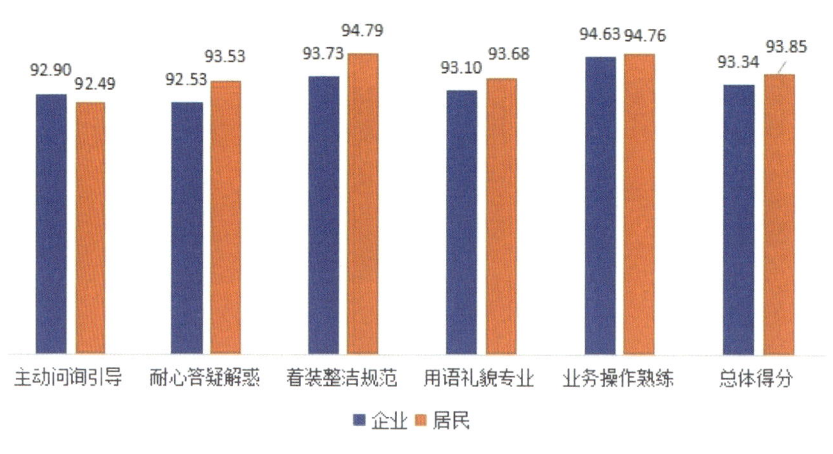

图　工作人员的各二级指标的得分情况

（二）专项工作得分

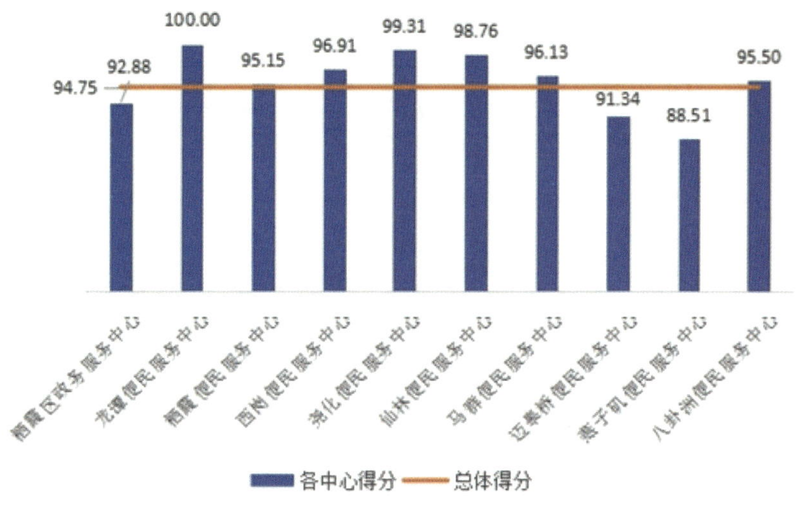

图　各服务中心不见面审批的得分情况

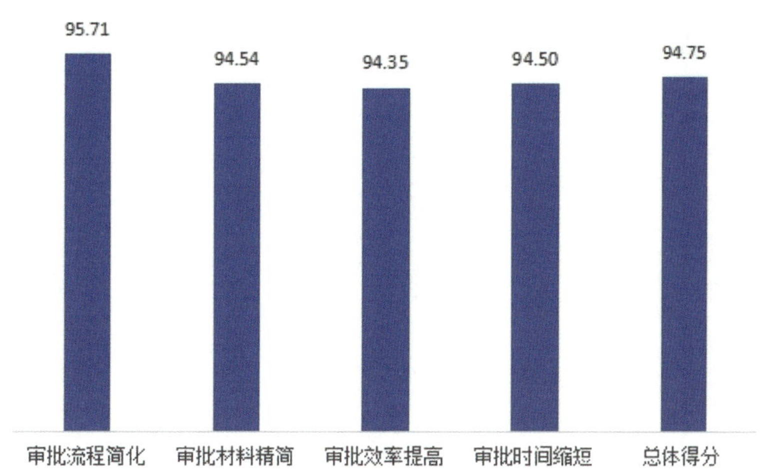

图　不见面审批各二级指标的得分情况

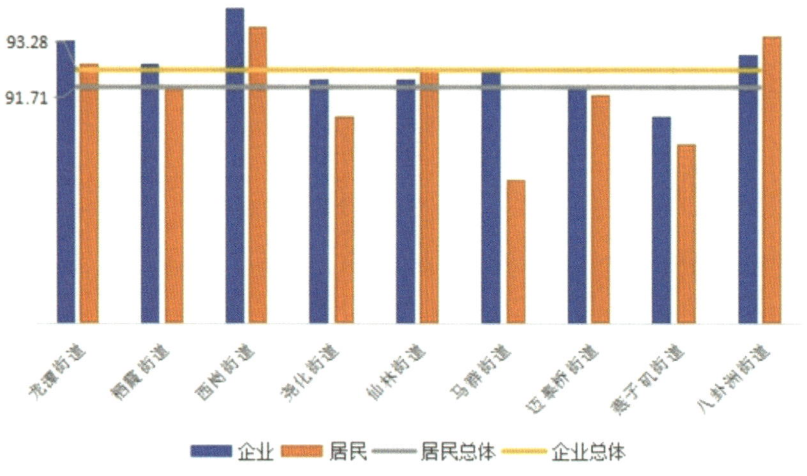

图　各街道网格治理的得分情况（企业与居民对比图）

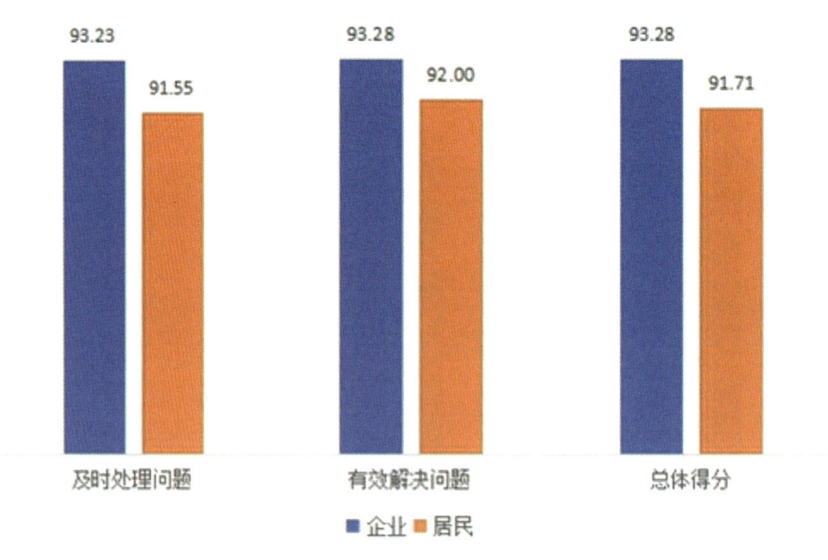

图　网格治理各二级指标的得分情况

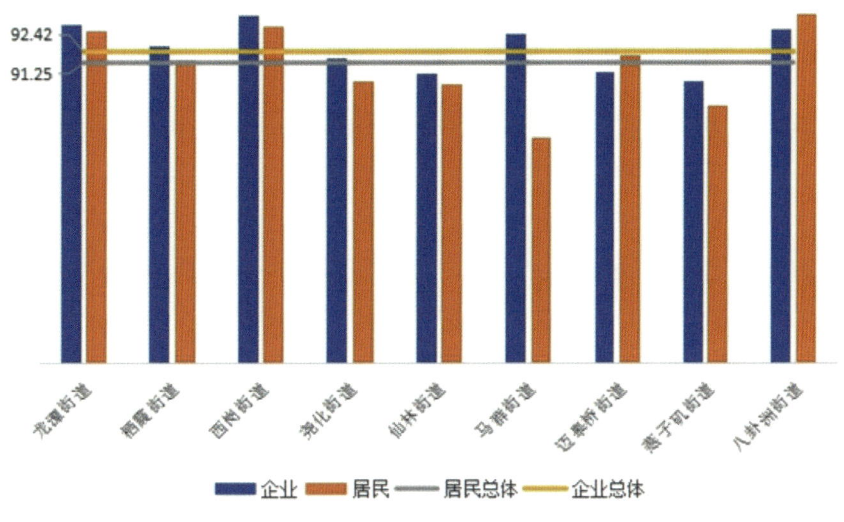

图　各街道执法检查工作的得分（企业和居民对比图）

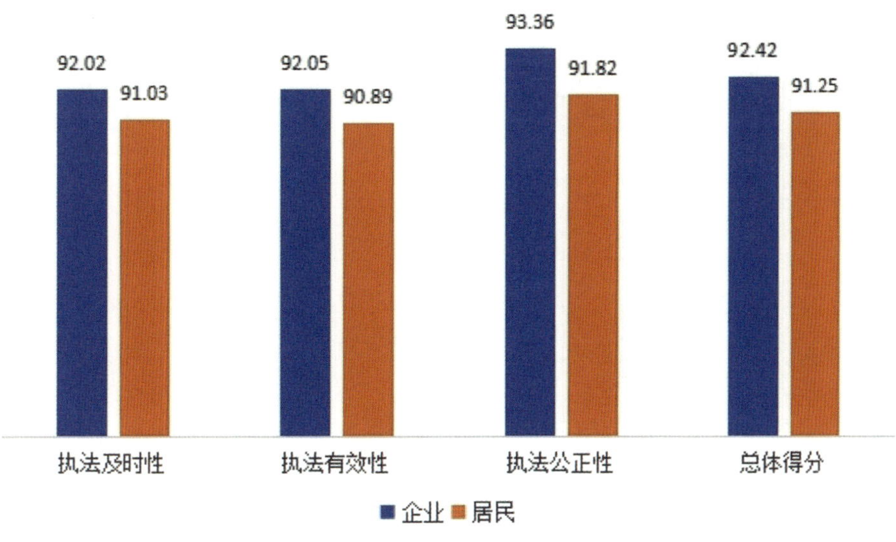

图　执法检查各二级指标的得分情况

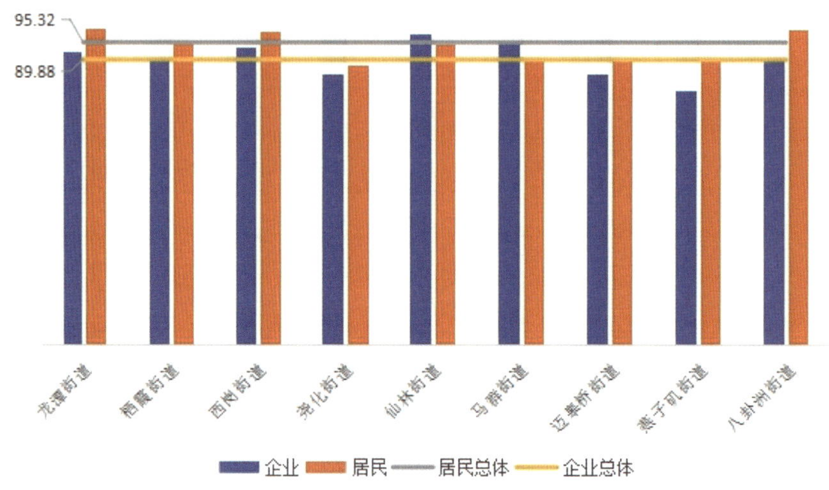

图　各街道热线的得分情况（企业与居民对比图）

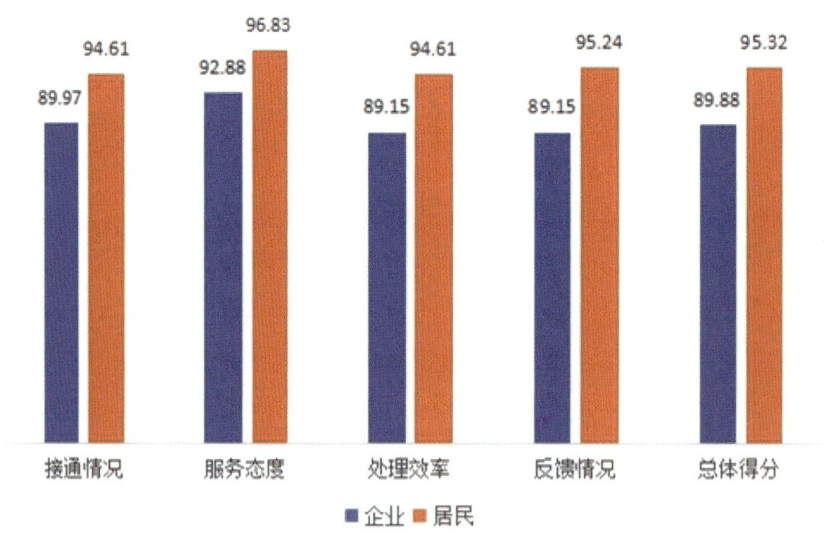

图　热线电话各项指标的得分情况

（三）企业及居民需求情况

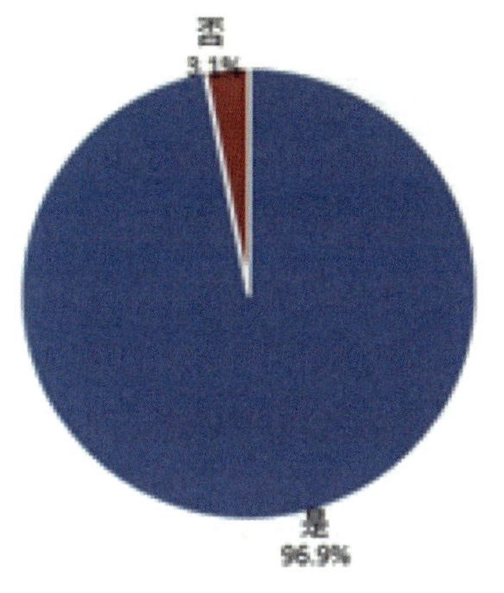

图　栖霞区政务（便民）服务中心的服务对居民需求的满足情况（N=360）

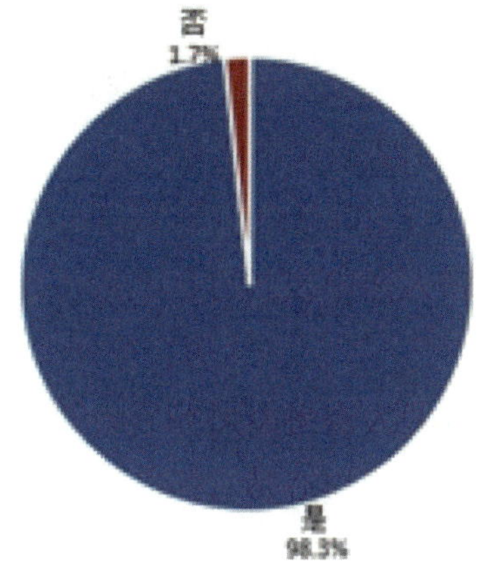

图　栖霞区政务（便民）服务中心的服务对企业需求的满足情况（N=291）

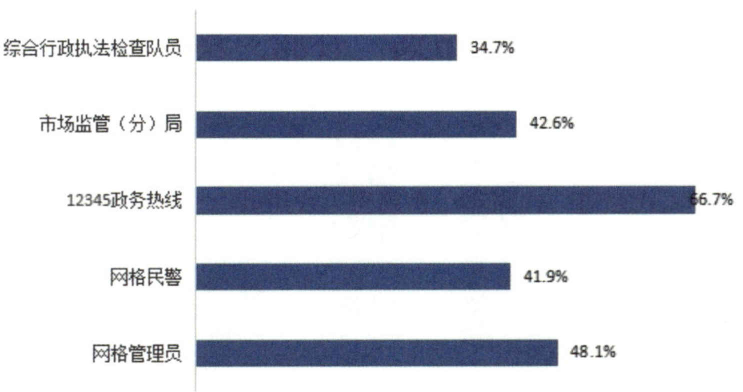

图　企业遇到纠纷或矛盾时的求助对象（多选）

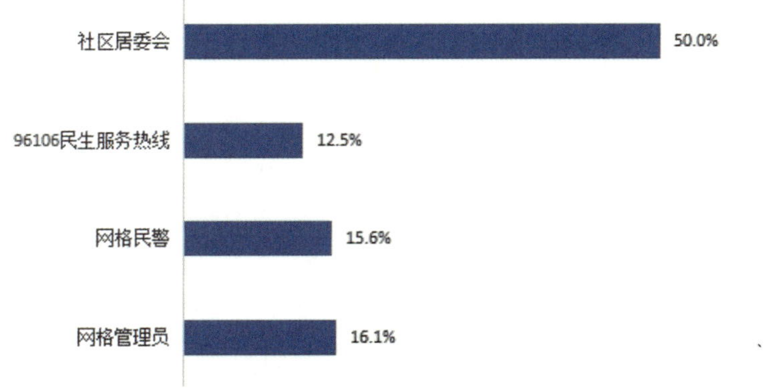

图　居民遇到纠纷或矛盾时的求助对象（多选）

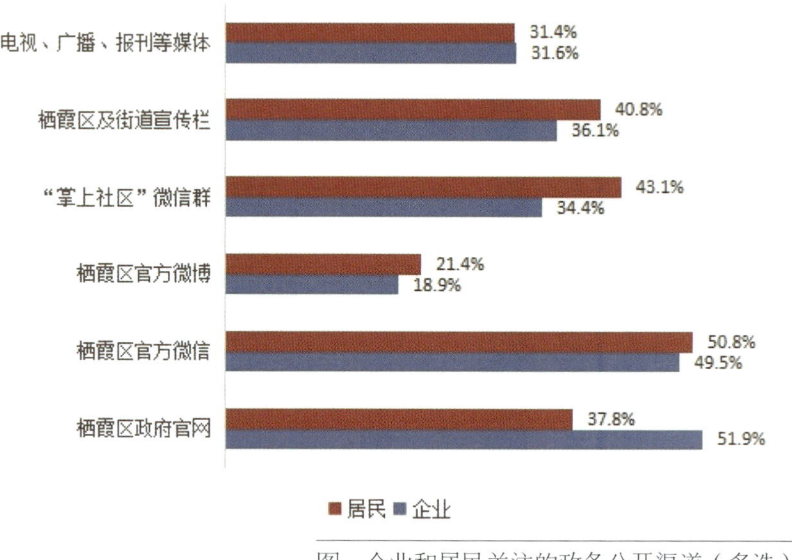

图　企业和居民关注的政务公开渠道（多选）

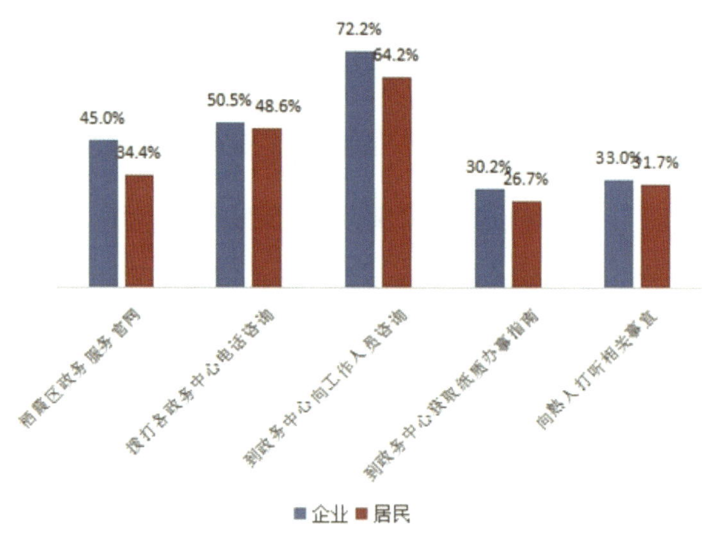

图　企业和居民获取办事指南的方式（多选）

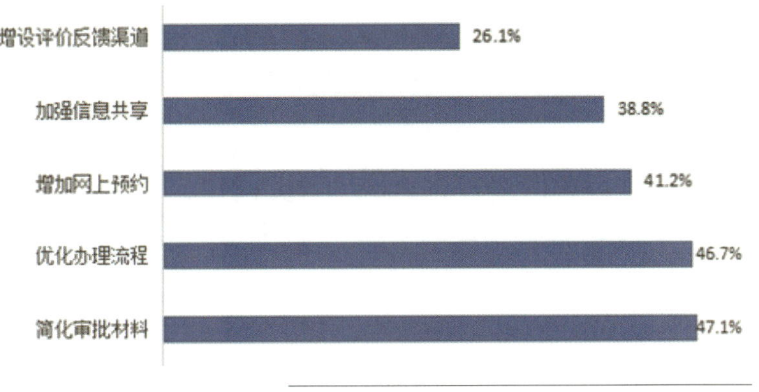

图　企业认为需要优化的办事环节（多选）

【附四】

360度精准治理下的"放管服"栖霞模式

南京大学"放管服"改革栖霞模式研究课题组
（闵学勤 郭 未 燕志华 罗薇薇）

2017年9月

南京市栖霞区在贯彻落实"放管服"改革政策过程中，结合栖霞实际情况，创造性推出了多管齐下的本地化精准治理措施：从全国首创深耕七年的"网格化治理"、多部协同一网联办的"全科政务及综合执法"、在线办结高效服务的"不见面审批（服务）"，到党群共在时时互动的"掌上社区"，栖霞在"放管服"改革中大胆"放"、精准"管"、悉心"服"，以简政放权，激发干群能动性；以全程监管，创新政府治理模式；以优化服务，提高百姓满意度。市场准入和政府行政运行成本得以降低，营商环境得以改善，百姓创新和创业的活力得以释放，优化了进一步改革开放的软环境。

课题组认为，"网格化管理"、"全科政务及综合执法"、"不见面审批(服务)"和"掌上社区"等综合措施，环环相扣，彼此呼应，形成了推动栖霞"放管服"改革的完整架构，确保权力放得下、落得实；基层接得住、接得好；监管跟得上、管得严；服务做得诚、做得优。整套改革组合拳具有较强的可借鉴性和可推广性。"放管服"的栖霞模式，不仅改善了营商环境，还通过"深化权力清单制度"、"创新并联审批及批管同步举措"以及"导入区街同权及社会共治模式"，将部门工作人员一沉到底、深入基层，直接到服务市民百姓的第一线，以百姓需求、服务驱动改变工作作风，通过大量扎实接地气的精准服务，高效满足了百姓及企业诉求、化解了负面社会情绪，消除了潜在舆情隐患，获得了基层群众的普遍信任和好感，政府的声望和公信力有所提升，这在当下部分地方政府陷入"塔西陀陷阱"的形势下，具有较强的政治意义。

更值得一提的是，栖霞区在精准对接"放管服"政策的过程中，摸索出了

一整套较有启示意义的基层治理经验，那就是在不新增编制和人员情形下，通过激发党员的模范带头作用、各网格成员的责任意识、各岗位社工的全科潜能、各条口执法的整合需求以及全体栖霞居民的在线参与热情，将社会转型时期的“后单位”组织、碎片化个体重新组织了起来，将城市的每个角落都纳入治理范围、将社区营造为线上线下的真正家园，为新时期的基层党建工作、社会治理探索出了一条成功路径，因此我们将其称为“360 度精准治理下的‘放管服’栖霞模式”。

360 度，顾名思义就是全视域、全覆盖，360 度精准治理即为全方位动员各级各类资源下，面向城市各领域、各部门、各平台和各终端进行有效精准地治理。“放管服”的栖霞模式利用“网格化治理”、“全科政务和综合执法”、“不见面审批（服务）”和“掌上社区”等多元创新模式，打通并创建线上线下的整合平台，将栖霞区的人、物和事 360 度无死角地关联了起来，从而实现了“加强党建统领、公开权力清单、同步审批监管、联结居民企业、传递社情民意、排查安全隐患、优化环境秩序、满足群众诉求”的社会治理综合目标。

一、360 度“放管服”栖霞模式的理论与技术支撑

在全国推进“放管服”改革的一年多时间里，栖霞几乎以百米冲刺的速度在行政各条口进行了爆发式的创新，这些实践创新的多点累积，共同演绎了栖霞在“放管服”上的范式变革，其背后除了与栖霞政府和各级公务人员长期耕耘息息相关外，事实上也受到不同学科理论的支撑，以及互联网、物联网技术变迁的影响。

首先，新公共管理理论中对政府提出了 360 度全方位绩效考评的要求，这一突破自上而下单一考评，向上级、下级和同级全方位考评模式转型的创新考评举措，促使政府从传统的管制型政府向服务型、回应型和责任型政府的转变。其次，社会治理理论自新世纪初引入中国后，摒弃权力集中、单一发声和自上而下的管理模式，讲究多元参与、有效回应和扁平服务等理念，再者，新制度政治学倡导整体性的制度变革、制度对行为的深度影响，以及政治制度变迁可能带来的经济制度和社会制度的连带效应等。

据中国互联网信息中心最新报告显示，截至 2017 年 6 月，中国网民规模达到 7.51 亿，其中手机网民规模达 7.24 亿，手机网民占比高达 96.3%，并且 2017 上半年共计新增网民 1992 万人，占全球网民总数的五分之一，同时物联网技术的日新月异也为各类在线治理提供巨大的想象空间。对移动互联网和互联网技术的全方位应用也加速了百姓对移动政府、在线政府的诉求。

因此，无论是来自理论和技术的支撑，还是栖霞政民自上而下及自下而上的共同追求，内外因结合，全方位地促成了栖霞这场 360 度的“放管服”改革。

二、360 度“放管服”栖霞模式的理论创新

由栖霞政府原创的 360 度“放管服”模式的理论创新主要表现在：

1. 下沉权力清单，区街同步赋权

栖霞区将 29 个职能部门梳理的 3171 项权力清单会同各类服务清单直接下沉到区和九个街道的政务便民服务中心，由全科社工实现“一窗一网联办、区街一体通办”的 360 度大融合、大服务。在区街同权受理、分级办理的基础上，还增设了代办和陪办业务，这一“区街同步赋权、权力阳光运行”的栖霞“放管服”模式做到了不是简单放权，而是在全区一盘棋下的精准赋权下，既让一线全科窗口能快速服务到群众，又让权力上下通用共享，起到了制度监管、全程监管的作用。

2. 全科并联审批，撬动信用监管

栖霞区不仅在三年前率先在尧化街道推行全科社工以应对窗口 360 度无分类受理之外，近年来全面探索“受理权与审批权分离、行政检查权与行政处罚权分离”，以及同一阶段、同一部门实施的多项审批事项全方位整合，一次受理、一并办理的“并联审批”模式。探索实施 3 个工作日必须跟进的“批管同步”方案，并且通过构建经济主体、经济法人的全国大数据库，开始撬动呼吁多年但未见落实的“信用监管”制度，也即在事前放权、高效审批之后，事中事后运用大数据及网格化队伍、综合执法队伍全方位 360 度进行跟进服务和监管。

3. 线上线下网格，社会协同共治

栖霞在七年前面向 395 平方公里将全区所有机关、街道和社区工作人员沉

入一、二、三级网格，开启“人人赋权、人人有责”的“网格化”治理，并与近几年迅猛发展的移动互联网进行嫁接，利用多个平台和终端形成了线上线下立体式的现代精准网格治理，它不仅将在编公职人员与基层的人与事全面对接，同时以点带面逐步激发起社会各组织、社会各阶层人士融入网格并共管共享，形成政府、市场和社会的纵横联动，上下共治的场景。这一“人到网中去，事在网中办”的上下左右信息对流、回应对流、决策对流的场景与新公共管理中的360度绩效考评理念如出一辙。

4. 全民共在共享，掌上互联互通

以适应“互联网 +”的改革浪潮、改变基层弱参与、吸纳更多中青年群体为初衷而创建的栖霞“掌上社区”，从2016年年底的26个社区试点到目前119个社区全覆盖，“掌上社区”最大程度落实了“互联网 + 改革”的基层创新思路，并在栖霞全程努力开启的“放”“管”绿色通道的最后一公里搭建了坚实的在线服务平台。百姓在“掌上社区”中与政府零距离、360度全方位时时互动，品尝从未有过的亲近感和融合度。“掌上社区”的建构和运行也为放管服全方位落地提供了在线运转平台，同时突破了长期固守的行政管理模式，在线践行了多元参与、即时回应和共担共享的社会治理模式。

三、360度“放管服”栖霞模式的实践创造

1. 网格化治理：360度精细化运作典范

2010年6月以来，创造性地实施“网格化”社会服务体系，开创了以“网格连心、服务为先、多元联动、协同发展”为主要内容的社会服务创新“仙林模式”。2015年6月，由栖霞区委社会建设工作委员会提出并编制“街道网格化社会服务管理规范”成为江苏省地方标准。

360度“网格化”精准治理关注人际的密切互动，街道尽最大可能推动政府、市场、社会等多元主体的协同协作、互动互补，具体做法包括：

一是成立“一网情深”区域党建红色联盟，形成大学校区、科技园区、公共服务区和商业片区党建工作联席，整合互补资源，共商共议区域内的党建活动。

二是建立与网格相契合的“1+3+N”党组织架构，一级网格设立网格党总支，

下辖社区、服务办公室、综合等3类党支部，党支部下成立居民、楼栋、经营单位、社会组织等“N”个党小组，使党建工作从街道的“面”延伸到社会各单位和辖区群众的“点”。

三是除了取得驻街单位支持，更依赖和发动人民群众参与：1，发动志愿服务。街道通过发挥3000多名“三长五员”、27支135人“万家欢”巡逻服务队员、垃圾分类指导员、小区文体队伍，以及“百事帮”援助社等多个“一居一品”志愿服务队伍的作用，协助社区和物业做好环境卫生、违建管控、小区治安、停车管理、邻里互助等工作。每年开展网格化社会服务“家乐汇”，深入各个小区开展“7+N”场公益、互助、巡演活动，全面展示仙林街道“六化融合”发展的成果，进一步引导居民群众广泛参与街道各项工作；2，表彰党员居民志愿者楷模。街道搭建平台，由32个单位自愿出资300多万元成立网格“一家亲”协会，并分别在2014年、2016年元月4日的大会上对党员居民志愿者进行了表彰，共评选出“仙林最美的人”90个，各类网格“一家亲”楷模3450个。同时，街道选树了“万家欢”巡逻服务队队长喻小萍等典型人物，以身边的事教育身边的人，更好地发挥群众参与的带动作用；3，创建文明示范。为了广泛动员驻街单位和居民共同参与社会治理创新工作，街道开展小区内、小区外两大类30项文明示范系列创建行动，通过“文明示范单位”“文明示范团队”“文明示范个人”等项目评选，形成“争当文明示范单位、争当文明进取仙林人”的良好氛围。

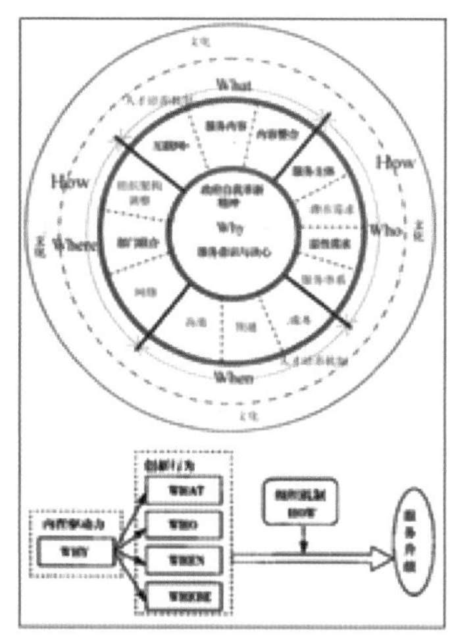

图1　栖霞政务服务升级的5W-1H的360度治理范式

2. 全科政务和综合执法：“5W-1H”的360度治理模式

栖霞在政务服务上持续创新，分别于2013年和2014年提出的“全科政务”及“综合执法”是政府在行政管理范畴内以自我革新为内在驱动力（Why），并在恰当的时间（When）、以包括组织架构调整、部门协作与联合等在内的合适组织模式（Where），通过发掘群众的显性与潜在需求并厘清对应的政府服务主体部门（Who），提

供给群众全方位服务内容（What）来实现的。而政府在政务领域系统完善的人才培养机制与构建与时俱进、创新的政务服务文化则是以上4W的组织保障（How），因此我们将栖霞的全科政务和综合执法并称为"5W-1H"的360度治理模式，如图1。

栖霞区积极响应中央政府的号召，自2013年推出的"全科政务"与2014年推出的"综合执法"，以及其持续纳入"互联网+"维度的升级改造，创新性地推动其政务服务升级，形成了"5W-1H"的360度全新服务范式。

（1）全科政务实践

2012年11月中国共产党的十八大明确提出，要继续简政放权、放管结合、优化服务，推动政府职能向创造良好发展环境、提供优质公共服务、维护社会公平正义的转变。以此为政府政务服务提升的内在驱动力（Why），栖霞区在不到一年之内的2013年8月（When）即以尧化街道为试点开始率先试点推行"全科政务"服务模式，打破传统行政体制结构带来的行政审批程序繁琐、条块分割、以及"门难进、脸难看、事难办"的影响，完成了从"一人一窗一类事"的传统模式向"进一扇门、办所有事"的全科模式的转变。继2016年国务院发布《国务院关于加快推进"互联网+政务服务"工作的指导意见》后，栖霞区又加足内在驱动力（Why），为积极推进"互联网+政务服务"改革，深化推行政务服务"联网联办"，打破居民办事的身份和属地限制，实现民生事项由原来只能在固定窗口办理逐步发展到在区内任一中心、任一窗口皆可办理，基本建成1+9+7+116的政务体系和四级（市、区、街、社）服务平台，即延伸到9个部门分中心、7个街道分中心和116个社区（村），构成138个服务阵地。其中马群、龙潭、仙林等街道设立5个分中心，尧化街道率先在其所辖13个社区建成便民服务站，为民服务延伸到"最后一公里"。在构建上述的合理组织模式（Where）范畴内面向户籍及非户籍居民，"线下12小时，线上24小时"，实行区级政务服务中心与街道便民服务中心、各街道便民服务中心之间政务服务办理无障碍，建立"前台全科受理、材料网上流转、后台限时审批、前台窗口反馈"的"全科政务、联网联办"办事模式。

栖霞区还着力厘清政府服务对象（Who）及这些服务对象需要的服务内容（What），即按照全科政务推进计划，其区中心和20个部门按照"四单一图一机制”确权的128项许可事项，将原先的事项名称、类型、对象、依据、流程、时限等10个要素，扩展到层级、权限、形式、范围、预约等36个要素，编写了套餐式办事指南和服务100问，报省市政务平台和区政府网站对外公开。各街道中心整合涉及民生的人社、民政、住建等8类119项公共服务事项，在市政府按此蓝本印发《镇(街)便民服务中心公共服务事项基本目录》的基础上，又推出了个体工商、远程查档、创业就业等40多项特色服务，并通过政府网站、96106微信、办事指南、电子显示屏等对外公布，让服务对象(群众)办事更明白。

而系统完善的人才培养机制与构建与时俱进、创新的政务文化是上述4W的组织保障（How）。为此，栖霞区中心组织22个部门42名窗口人员，集中开展了18场、254个事项、572人次的全员培训。通过学习实践，区、街道中心的窗口人员具备了一口清导办、一门式受理、一条龙服务的基本能力，通过前后台业务对接、定期岗位轮换锻炼，不断提升服务能力。

“全科政务、联网联办”的服务创新是深入落实“马上就办”的服务意识，解决区(街道)政务(便民)服务中心长期存在的“审批授权不足、网上运行不畅、窗口忙闲不均、人员主体不一、绩效考核不平衡”等问题，及整合政务服务资源的一种无缝化、全覆盖式便民高效政务服务“5W-1H”360度治理新模式。

（2）综合执法实践

以贯彻落实党的十八届三中、四中全会关于推进综合执法建立权责统一、权威高效的行政执法体制要求为内在驱动力（Why），栖霞区针对街道没有执法权限、协调区级执法部门难度较大问题，在其上级编制部门的大力指导下，将行政检查权与行政处罚权相对分离，推行综合执法体制改革，并于2014年11月（When），于尧化街道率先启动街道综合执法改革，形成了“依法授权、持证上岗、综合巡查、分类处置”的实践，试行16个月共计办理执法案件总数就达到2252件，结案率也高达99%。2016年4月（When）“综合执法”在栖霞全区推开，至今已形成综合执法实行“4+X”运作模式：其中“4”包括城管（区层面）、交通、市场和协管（街道层面），“X”指综合执法十个条口对应的科室，每周给综合执法传达巡逻计划。4支队伍对应4个区，分条口、街道、重点路段等进行巡查，同时还需结合12345工单。如此改革了曾普遍存在的街道“看得到、管不了”、部门“管得了、看不到”以及基层行政执法力量条块分散、

区街执法边界不清晰、群众反映执法处置不及时等问题，以执法重心下移到街道为着力点，构建了一种新型的基层综合执法体制。

具体地在组织模式（Where）层面，栖霞区突破现有行政执法力量条块分割的障碍，整合区城管局下派街道的城管执法中队、区市场监管局下派街道的市场监管分局、区交通运输局下派街道部分执法力量和街道相关科室人员，组建街道综合行政检查执法大队。街道对执法大队实施统一管理、统一考核、统一保障，实现管人管事相统一，区相关行政执法部门负责进行业务指导。制定边界明晰的区街执法权力清单制度，建立阳光执法综合信息平台。街道主要负责行政检查并对检查中发现的部分轻微违法行为予以劝阻和制止，解决在现场，控制在萌芽；对一些需要予以行政处罚和行政强制的违法行为由街道综合执法大队统一上传至区政务中心综合执法信息平台，由区政务中心根据各部门职能移交区相关行政执法部门处理；对涉及两个以上执法部门，由区编办确定主体执法部门；对需要联合执法的，根据市政府相关规定，由区法制办明确牵头部门。

在构建上述合理组织模式范畴内，栖霞区着力于厘清综合执法的主体与客体对象（Who）及其执法内容（What）。他们梳理现有行政执法权力事项，按照行政检查与行政处罚相对分离的原则，重点将1313项与群众生产生活密切相关、执法频率高、多头执法扰民问题突出、专业技术要求适宜等方面的行政检查权相对集中交给街道综合履行，落实街道基层执法责、权一致，更好地发挥作用。

而以上4W的组织保障（How）以不新增编制和人员重组的方式，加强了基层执法力量，即街道综合行政检查执法大队由分散在街道的城管中队、市场监管分局、区交通运输局的部门执法力量、街道办事处相关科室公务员和街道所属其他事业单位相关人员组成，保持原有机构性质和人员身份形式不变，由街道实施统一管理、统一考核、统一保障，做到既不新增编制和人员，又突破了原有条块分割的体制障碍，保证执法力量下沉在街道，实现街道的事街道做，街道的人做街道的事。针对综合执法涉及多方，容易产生推诿扯皮的情况，建立相对严格和公平合理的考核机制，强化对街道和相关部门的督查考核。同时，区部门对街道实行双随机抽查，防止街道执法过程中该查不查，查不到位和不及时制止等问题发生。具体实施过程中，考虑到还会遇到各种各样的问题，建立定期例会制度，及时了解掌握改革推进情况，处理协调改革进程中遇到的矛盾和问题。街道通过综合行政检查发现问题，制止问题，对于发现的违法行为通过信息平台移交区相关行政管理机关，由各自的处罚主体来做出处罚决定和完成行政管理。行政处罚权保留在行政管理机关，行政管理机关可以更有力度地实施管理，行政检查权集中可以实现更高的检查效率。高效率行政检查与专业行政执法结合起来，能达到更合理的执法效果。

栖霞区在不新增编制和人员、保持原有机构性质和人员身份形式不变的前提下，将执法力量下沉在街道成立综合行政检查执法大队，并在重心下移情况下改变条块分割局面而形成街道检查、部门处罚的相互支撑、相互制约关系，为破解政府的街道执法难题探出了有效的5W-1H的360治理新模式。

3.“不见面审批（服务）”：360度在线政务服务

从2016年开始，栖霞区开始试点“审批不见面、网上面对面”改革，目前已有9个部门的48项区级和134项街道、社区级“不见面审批（服务）”事项上线运行。在栖霞区目前提供的“网上办、不见面”审批清单中，包括与企业注册登记、年度报告、变更注销、项目投资、生产经营、商标专利、资质认定和安全生产等密切相关的审批事项，以及与居民教育医疗、社会保障、劳动就业、住房保障和远程查档等密切相关的服务事项共258项。目前栖霞区已经建成覆盖全区的政务服务网络，社区（村）全面建成便民服务站点；90%以上审批服务事项能够实现“网上办，不见面”；审批服务事项办理时限在承诺时限的基础上平均再压缩50%以上。栖霞成功试点“不见面审批（服务）”营业执照后，这个“放管服”改革新招也将在省内推广复制。

为杜绝因为审批简化带来的后续监管问题，栖霞区“不见面审批（服务）”中也还蕴含着“批管同步”改革。目前栖霞“批管同步”改革包括三个方面：一是主动上门服务。将每天新增的商事登记审批结果同步推送区综合执法信息平台，要求街道综合执法大队在3个工作日内完成上门服务，包括告知政策、检查承诺和现场查看等；二是加强信用监管。完善“双随机一公开”抽查机制，对投诉举报多，有严重违法记录的增加执法频次。构建包含市场主体和经济法人的大数据库，加强“信用监管、联合惩戒”；三是探索执法新思路。“不见面审批（服务）”与综合执法相结合。切实通过科学有效的“管”，实现更大

力度的“放”和更加优质的“服”。

在“不见面审批（服务）”中，360度治理理念渗透是全方位且深层次的。首先，“不见面审批（服务）”节约了行政审批申请者的经济和时间成本，形成高效审批。在“不见面审批（服务）”中，以“互联网+”模式代替了公众在空间上的奔波，且互联网“不见面”办公大大缩短了信息传递路程，在时间和空间双重维度上压缩了基层政府的行政审批流程，满足了公众对时效性的需求；其次，“不见面审批（服务）”中的审批各个环节都在网络上可查，避免了审批中人为因素干扰，使审批过程处处留痕，真正实现全景透明审批、依法审批，让政府审批服务能更符合公众的期待；再次，在大量减少审批时间后，政府要将更多精力转为事中事后监管，真正为市场主体和公众服务。总体而言，高效透明的“不见面审批（服务）”是从市场主体及群众角度出发来进行审批改革，从而提升政府提供公共服务产品的能力，推动政府职能的转变，最终达到增强政府公信力的目的。

4.“掌上社区”：360度基层在线治理模式

无所不在、无孔不入的移动互联网技术，已经覆盖经济、社会生活的方方面面，并正引领从技术革命到社会变革的全方位创新。社区作为社会治理最末梢单元，移动互联网技术在其治理中也发挥着越来越重要的作用，栖霞区在网格化治理的基础上，通过首创党群共在的“掌上社区”治理模式，从而建构筑起跨越时空，基层政府、社区居民和社会组织等多维互动的新型公共场域。

“掌上社区”治理模式是指由社区党组织、居委会主导，并协同社区居民、驻区单位、物业和社区组织，依托微信群、微信公众号等移动互联网平台，在线治理社区事务，并于线下网格融合，提升自治能力，共建社区家园的新型基层治理模式。2016年11月，栖霞区首批“掌上社区”在9个街道26个社区开始试点，截止到2017年4月，栖霞区119个社区建立了掌上社区微信群，“掌上社区”已渗透到全栖霞。

“掌上社区”治理模式从一开始的建群搭台、党群热络，到目前的全景覆盖小区安全、环境美化、物业服务、社区养老、停车问题、宠物问题、文体活动、助残携幼、志愿行动、投诉维权、业委会选举、社会组织孵化、社区专项资金使用，以及不可预估的突发事件等各类公共事务，成为基层政府360度在线治理的重要平台，也正全面体现“放管服”改革的有效性、通达性和创新性。

首先，“掌上社区”治理模式能及时回应公众诉求，提高社区公共事务的解决速度，提高治理效率。全区“12345”工单下降了9.6%，涉及综合执法领域的工单下降了21.4%。与以往线下社区管理模式相比，“掌上社区”在线治理模式实现了治理时间与空间的无限延伸，使基层政府成为名副其实的“移动政府”、“电子政府”和“24小时政府”。

其次，“掌上社区”治理模式以技术平台搭起社会运行的桥梁，增进公众互动，提升社区声望，连接居民情感，最终提升社区居民归属感和幸福感。运用“掌上社区”平台，社区工作人员通过在线互动，能够随时发现居民反应的问题，而及时回应和快速处理也进一步激发居民参与的热情，建立了良性互动。随着社区和居民互动的深入，居民在线提出的诉求也更加多样化和复杂化。同时对于社区居委会来说，不分年龄层、收入层和职业层的全类型居民每天在线呈现各自的生活样态和价值取向，这在社区居委会声望日渐衰微的今天极其难能可贵。同时，掌上社区提供了快速链接、整合社区内资源的通道，便于推进社区治理扁平化，提高社区居委会的行政效率，也增大了社区居委会为居民提供超值服务的可能。

再者，“掌上社区”正在引导群众广泛参与社区共治，与基层政府一起实现社区360度精准治理。与以往不知自家归属哪个社区、社区门朝哪开、电话是多少不同，在“掌上社区”里，居民直呼社区“领导”，直接向社区提出全门类诉求，当获得社区正面回应甚至超值服务后，居民开始主动提出一些建设性的意见，不仅协助更是主动担纲社区许多公共事务的商议和推进工作。特别是社区中青年群体，以往常常以“工作忙、没时间”为由远离社区，而“掌上社区”将他们的碎片时间利用起来，无须耗费太多时间成本，即可参与社区事务，让自己的家园更美好。同时，“掌上社区”的多层面、全时空共在的情形，让居民们互学、互帮，共享社区资源和信息，在短时间内让居民习得了自治、共治经验，也使基层治理中的主体和客体保持随时切换，有机会实现360度全方位的精细化治理。

在中央“放管服”改革的顶层设计下，栖霞区不断探索实践，创新性地提出并践行了融合“网格化治理”、“全科政务及综合执法”、“不见面审批（服

务）”和“掌上社区”等于一体的系列全景360度精准治理模式，全视角、全平台和全时空地面向城市各角落及社会各主体，实现了利用最新互联网技术、不增加社会成本基础上的高效率、低能耗的社会精准治理的“栖霞模式”，并形成可复制、可持续的基层创新范本，为中国社会治理的精准化、电子化和现代化趟出一条新路。

四、360度“放管服”栖霞模式的持续推进

栖霞以网格化为基础，以信息化为手段，以社会化为支撑，探索“放管服”改革下的基层社会治理创新路径，实施至今已取得“网罗民意、区街赋权、综治综管、全科服务和在线治理”的初步成效，为持续推进栖霞的“放管服”改革，课题组建议在以下四个方面深耕探索，为全国先行先试做出模板。

1. 双网合一，无缝服务

栖霞坚守七年多的网格化治理，不仅逐渐演化形成了独特的、精工细作的网格化治理方略，也构建了完整的一、二、三级网格梯队，但是在移动互联网全方位渗透的今天，网格与网络的双网对接、双网合一还未做到位，以往网格人员倾力倾情投入的线下工作模式，在短时间内还未从理念到行动实施真正的线上转型。当百姓的经济生活、社会生活，甚至政治生活全面在线化时，网格和网络之间立体融合、无缝服务的“双网治理”模式才能与现实面对，并随时嫁接未来。

2. 平台整合，精准治理

栖霞在这轮“放管服”改革中形成了五大平台：网格化平台、综合执法平台、“不见面审批（服务）”平台、全科政务平台和掌上社区平台，这些平台纵横交错，为栖霞深耕“放管服”布下了天罗地网。虽然这些平台目前的运作中有交集、有互动，但整合度还不够，如网格化与掌上社区如何整合、综合执法如何实现全科化、“不见面审批（服务）”下如何快速实施批管同步等，如果栖霞能在接下来的“放管服”推进中做到五大平台的互联互通，资源共享和技术叠加，那么所形成的合力将大大提升栖霞作为服务政府、移动政府的精准治理能力。

3. 深度培训，全员激励

由栖霞政府顶层设计而引导的这场“放管服”创新，来得快推得猛，以至于百姓觉得“不出门便办事、不见面就互动”的幸福来得那么容易，但事实上其背后承载了大量基层公务人员的超额付出，他们作为“放管服”改革的一线工作人员，他们的理解能力、适应能力和创新能力在某种程度上直接决定着这场变革的成败。但是正如很难窥一斑而见全豹一样，他们所处的岗位并不一定能让其真正领悟政府变革的决心，而工作量的增加、工作方法的更新和工作要求的提升却实实在在影响着他们的日常，这些均需要栖霞政府提供系统、持续和深度的培训，包括政策方面、技能方面，知识方面，甚至心理方面的全方位培训，同时辅以相应的激励措施，区别干好与干坏、进步与退步，才能在栖霞上下形成高度认同和极富战斗力的改革队伍。

4. 政民互动，群策群力

按照栖霞目前的“放管服”改革进程，将开启一个政民互动关系的新格局，即政府不仅走下神坛，而且俯身服务，而百姓在分享这波改革所带来的利好后，仍然会有更多更新的诉求，因此，当改革永远在路上时，必须形成一个政民之间互信、互通、互动和互馈机制。无论是“放”“管”，还是“服”，其实每个环节都与百姓息息相关，这并不是基层政府之间的技能比拼，而是哪里的百姓更满意，哪里的营商环境更健康的竞赛，所以在栖霞“放管服”改革的推进过程中并不只是政府单方面的变革，还要在每个阶段适度停下脚步，更多地问计于民、与民互动、群策群力，让百姓的声音和智慧都融到新一轮改革中。

【附五】

基层社会治理集成改革研究

——以栖霞区尧化街道为例

南京大学政府管理学院课题组

一、研究缘起：背景与问题

党的十八大以来，习近平总书记在系列重要讲话中多次明确指出，社会治理是国家治理体系和治理能力现代化的重要内容。党的十九大明确指出“中国特色社会主义进入新时代”，并从统筹推进“五位一体”总体布局、协调推进“四个全面”战略布局的高度，提出“打造共建共治共享的社会治理格局”。十九届四中全会进一步为社会治理制度改革指明方向，提出要“加强和创新社会治理，完善党委领导、政府负责、民主协商、社会协同、公众参与、法治保障、科技支撑的社会治理体系，建设人人有责、人人尽责、人人享有的社会治理共同体，确保人民安居乐业、社会安定有序，建设更高水平的平安中国”。

正是在这样的背景下，全国不少地方开展了形式多样的基层社会治理的改革探索。例如，深圳宝安实施的“智慧政务”改革、上海虹口的“社区公共服务供给和共治”改革、浙江诸暨在新的时代发展深化“枫桥经验”等。南京市栖霞区尧化街道的“集成改革”是这些基层探索实践的最新发展。2012 年起，尧化街道先行先试，先后承担了全科政务服务、网格化管理、综合执法、社区居家养老服务、社区基金会、时间银行志愿互助服务、垃圾分类、熟人社区治理等十余项国家和省、市、区级的改革试点工作，并充分发挥这些试点举措的示范性和引领性作用，努力推动改革创新的系统集成和提档升级，为集成改革工作提供可复制、可推广的经验。尧化街道是南京市典型的经适房街道，其中拆迁安置居民、外来务工人员等占总人口的 70% 以上，形成了困难群体多、服务需求高的地区特点。这种高度复杂性的地区特点给尧化街道的基层社会治理带来了极大的挑战。在快速城镇化的背景下，应该怎样在复杂多元的城郊街道进行社会治理，这是城镇化过程中诸多城市诸多街道面临的共同难题。

本研究将以栖霞区尧化街道的基层社会治理集成改革为例，系统研究城镇化背景下城郊街道的基层社会治理之道。本研究主要回答以下两个主要问题：其一，在城镇化的过程中，城郊街道面临着严重而复杂的治理挑战，那么应该建设什么样的基层政府以及应当怎样建设，才能有效应对如此重大的挑战；其二，集成改革的成效如何，何以能够成功，以及基本经验是什么。

本报告共分为十个部分：第一部分介绍研究的缘起，第二部分交代案例的选择，第三部分进行理论的回顾，第四到第七部分介绍尧化街道基层社会治理集成改革的发展历程和具体举措，第八、第九部分总结提炼尧化街道集成改革的成功经验和不足之处，第十部分总结本研究的发现并对集成改革的未来进行展望。

二、案例选择：尧化街道基本情况

尧化街道位于南京市东北郊，栖霞区中部。东与栖霞街道相接，西与迈皋桥街道和燕子矶街道交界，北临长江，南连玄武区玄武湖街道。面积约 10 平方公里（不含开发区），其中，新尧新城面积 6.8 平方公里。1983 年，尧化人民公社改为尧化乡。1993 年撤销尧化乡，其境并入尧化镇，2000 年 5 月，撤销了尧化镇，以原镇境改为尧化街道至今。尧化街道改革前所面临的问题主要有以下几点：一是辖区构成多样，社区结构混杂；二是弱势群体较多，服务需求强烈；三是街道人员复杂，管理难度大。

三、理论回顾：既有理论与发展

（一）国家治理理论

1989 年，世界银行在讨论非洲发展时首次提出了“治理危机”（crisis in governance）。此后，“治理”这一概念风行于学术界。国内学者俞可平将“治理”归纳为四个特征：一是治理是一个过程；二是治理的建立不以支配为基础，

而以调和为基础；三是治理同时涉及公、私部门；四是治理有赖于相关制度的持续相互作用。党的十八大以来，关于治理理论在中国话语体系下的研究，呈现出井喷之势。党的十九届四中全会再次将“坚持和完善中国特色社会主义制度、推进国家治理体系和治理能力现代化”这一时代命题推向了新的高度，并明确为全党的一项重大战略任务。

（二）服务型政府理论

服务型政府作为本土化理论概念，是从德国行政学家厄斯特·福斯多夫于1938年《当成是服务主体的行政》中提出的“服务行政”嬗变而来。美国学者登哈特夫妇也曾基于对新公共管理运动的总结与反思，提出了新公共服务理论。其理论内涵包括：服务而非掌舵；追求公共利益；战略的思考，民主的行动；服务于公民而不是顾客；公务员的责任具有多重性；重视人而不只是生产效率；重视公民权与公共服务等。因此，新公共服务是关于政府如何服务于公民需要与社会治理的新理念。

（三）集成改革：新时代的整体性治理

整体性治理理论兴起于20世纪末，代表人物是英国学者佩里·希克斯，提出了整体性政府、整体性治理的思想，构建了整体性治理理论的体系。关于整体性治理的理论内涵，有学者归纳为以下五个方面：一是以公民需求为导向；二是在整合过程中强调合作；三是注重协调目标与手段的关系；四是注重信任、责任感与制度化；五是借助信息技术。整体性治理理论作为国家治理理论与服务型政府理论的交汇点，可以直接为集成改革提供理论支撑。

四、改革概览：集成改革的发展历程

2019年10月31日，中国共产党第十九届中央委员会第四次全体会议通过的《中共中央关于坚持和完善中国特色社会主义制度　推进国家治理体系和治理能力现代化若干重大问题的决定》（以下简称《决定》），为政府治理体系、基层社会治理方面的改革提供了重要指引。尧化街道的集成改革与《决定》所提出的方向高度契合，充分体现了基层先行先试、为改革提供经验的探索精神。

（一）改革启动：集成改革的准备

党的十八大以来，南京市栖霞区区委、区政府坚持引领改革、激励创新，大力弘扬基层首创精神，先后出台了一系列文件，指导基层深化改革，持续创新。尧化街道先行先试，积极承担全区乃至省市的改革试点工作，陆续推动了一批特色亮点和创新举措。这一阶段时间是从 2012 年到 2018 年，为前期的分散改革阶段，主要特点是多个改革试点工作先后进行，齐头并进，为随后的集成改革阶段奠定基础。这一阶段的改革有三个特征：一是改革领域广，改革项目多；二是各个分项的改革在实践和探索的过程中逐步完善和升级；三是改革的影响范围进一步扩大。

（二）改革实施：集成改革新阶段

2018 年 6 月，尧化被列为全区集成改革试点街道。7 月，在前期改革试点的基础上，尧化街道努力推动改革创新的系统集成和提档升级，提出“集成改革”理念，正式启动集成改革试点工作。为此，街道制定了《集成改革试点工作实施方案》，围绕基层党建、政务服务、民生保障、生活服务、社会治理及信息保障六个方面开展体系建设；分三阶段明确了实施步骤，集成推进和深化十项改革；细化各项改革举措具体任务，排出任务清单条目 162 项。本轮集成改革的主要任务是：围绕基层党建、政务服务、民生保障、生活服务、社会治理及信息保障六个方面的体系建设，集成推进和深化十项改革。基本原则是坚持党委主责、突出问题导向、坚持需求导向、强化系统集成、注重提能增效。

（三）改革展望：集成改革的未来

根据尧化街道制定的《尧化街道集成改革试点工作实施方案》，集成改革还需要完成两个分阶段的工作，使改革进一步提档升级、系统集成，将改革引向深入。第一个分阶段是全面提升、深入实施阶段（2019 年 7 月—2020 年 6 月），目前这一分阶段还在持续进行。第二个分阶段是全面达效、总结提升阶段（2020 年 7 月—2021 年 6 月）。

五、基础工程：让集成改革转起来

基础工程改革是要通过对管理流程和管理内容的创新，实现基层治理宏观

架构上的集成化，从总体上提升行政效率和服务质量，为后续民生工程和文化工程改革提供平台基础。

（一）基层党建全域融合：培育高质量发展新动能

基层党建是基层治理改革的组织基础，基层党建与基层治理相互依赖、相互促进。尧化街道将集成的理念运用到基层党建上来，出台文件《尧化街道2019年党工委书记抓基层党建项目实施方案》（栖尧工字〔2019〕29号），具体开展了以下四项工作：一是打造阵地，实现“安家”。二是宣传联动，多方“汇智”。三是网络互动，线上“发声”。四是广泛参与，凝心“聚力”。

（二）深化全科政务：探索标准化政务服务新形式

2014年，尧化街道启动民政服务标准化建设探索。2016年，尧化街道便民服务中心成为全省民政标化建设试点单位。目前，栖霞区9个街道全部推行全科政务服务模式，南京市民政局以尧化街道为试点的“打造‘全科办理’的一门受理社会救助服务新模式”获国家民政部2017年度社会救助领域优秀创新案例第一名。2018年，街道便民服务中心通过省民政厅考核，成为全省民政标准化示范单位。

集成化改革推进以来，尧化街道全科政务改革不断深化，向“不见面审批”的改革路径不断探索，主要改革内容包括：一是科学和优化全科政务体系框架。二是完善标准体系内容，推进“不见面审批”。整个全科政务服务标准体系共纳入标准215项，其中国家标准23项、行业标准7项，中心内部标准185项。从各子体系来看，共有基础和通用标准18项，管理标准34项、业务标准134项、服务标准29项。制定“不见面”审批标准，明确“不见面”业务范围、受理条件、办理流程、办结反馈的系列标准化内容。实现了“不见面”审批与“全科政务”标准化的“双标并轨”。三是加强宣传力度，强化专业培训。四是建立“信用库”一网联办。五是加强监督，持续改善。目前，尧化街道便民服务中心有综合管理、行政管理等5个全科服务窗口、14名“全科社工”，经过培训考核，每名全科社工具备“一个窗口、一台电脑、一人承接所有业务”的能力，为辖区居民和企业提供民政、计生、劳动保障等134项政务服务，实现了“一门受理，一站办结、一网联办、一套体系”的全科政务服务模式。

（三）升级综合执法：实现“无盲区”精准监管新目标

尧化街道综合执法的集成改革涉及的内容主要包括无盲区精准监管、标准化执法、信息化指令联动、推行批管同步加强批管衔接和执法人员体系综合建设五部分。2014 年 12 月，尧化街道成为南京市首家综合执法改革单位先行试点。2016 年 7 月，尧化街道正式建成一支融城市管理、市场监管、交通运输等 10 项职能为一体的综合行政检查执法大队，履行 1313 项行政检查职能，初步实现“一支队伍管执法”。2017 年 6 月，南京市推广栖霞区综合执法改革试点经验。2018 年 5 月，尧化街道综合执法大队与南京市标准化研究院合作，出台《街道城市治理综合执法规范》。2018 年 6 月，街道出台《综合执法工作考核办法》，印发《综合执法标准化规范手册》。2018 年 8 月，综合执法大队成立督查办公室，出台《规范着装管理办法》《大队车辆管理制度》，调整《综合执法社区考核指标》《社区城市精细化管理考核》等考核办法。2018 年 9 月，综合执法大队完成统一换装、统一编号、统一胸牌工作，统一印发工作证件。2018 年 11 月，街道综合执法改革试点工作被选为栖霞区社会治理改革实践典型参加南京电视台《改革进行时》节目录制。2018 年 12 月，街道综合执法大队完成办公用房搬迁，成功创建城市管理执法队伍规范化建设先进单位；2019 年 1 月，街道综合执法大队与信息指挥中心对接，拟定《派发城市治理类工单工作模式及人员调整的建议》，科学统筹人员分工；2019 年 2 月，街道综合执法大队启动年度优秀队员评选工作。

（四）集成“全要素”网格：夯实基层治理与服务新载体

2012 年，尧化街道正式启动网格化服务管理工作，出台文件《关于下发 < 尧化街道社区网格调整实施方案 > 的通知》（栖尧办字〔2018〕129 号），深入推动街道网格化服务管理模式。其具体内容主要有：首先，划分网格，纳入服务要素。街道共划分 145 个综合网格、10 个专属网格，配备网格长 155 人。其次，以网格为基础开展服务。通过网格员每日巡查走访，摸清各个网格党员、特殊群体、流动人口等详细数据信息，及时收集反馈各类信息和问题，使得百姓的问题和困难可以在网格解决，密切了与居民之间的联系。第三，按照集成改革工作要求，“全要素”网格工作围绕打造全科网格队伍、优化网格精致服务、创新网格精准考核，推行网格全科化、服务精致化和考核精准化，达成“多

网合一，一网运行”的社会治理“一张网”建设目标。

（五）提升智慧化系统集成：创新基层治理技术支撑

2013 年，尧化街道网格化信息指挥中心投入使用，在网格服务、城市治理及行政事务等方面发挥了积极作用，成为街道各项工作的指挥中枢。目前，全新的尧化街道信息化指挥中心软硬件提档升级工作已进入二期开发阶段。为构建“一朵云管存储、一平台能融合、一键式可指挥”的社会治理新格局，街道从“兴业”、“善政”和“惠民”三个理念进行设计，拟定了“1+3+N”基本思路分三期进行建设：第一期，建成“1”个全街情数据中心。第二期，搭建“3”个智慧平台。第三期，配套“N”个应用系统。

六、民生工程：集成改革惠民生

尧化街道基层治理集成改革充分落实民生工程改革，通过居家养老服务和垃圾分类处理两项具体的制度安排，在完善基础工程改革的前提下，不断推进民生工程改革，将“集成”理念运用到民生上来，从而有效提升居民获得感和幸福感。

（一）推行高质量居家养老：打造社区生活服务的新高地

2014 年 6 月，尧化街道提出居家养老服务标准化建设的思路，将辖区所有社区居家养老服务站点进行统一规划、统一建设并连锁运营，统一规定每个站点的设施配备、标志标识、功能设置、装饰风格、服务标牌，所有站点根据场所面积和功能定位参照标准执行。目前，已评估为 5A 级站点 2 个，4A 级站点 2 个，3A 级站点 8 个。2015 年，尧化街道经原省质监局批准，开展了姚坊门社区居家养老连锁服务标准化试点。街道围绕“一个虚拟管理中心 + 一套标准体系 + 一套评估考核要求”的总体目标，共纳入标准 95 项，其中法律法规、指导性文件 37 个，国家标准 7 项、行业标准 2 项，内部标准 49 项。一是构建标准化居家养老服务组织架构。二是确定标准化的服务体系框架。三是实施标准化的健康养老计划。四是以政府购买和第三方评估保障服务质量。五是总结提炼，探索可复制、可推广的标准化居家养老服务模式。2018 年 11 月，江苏省市场监管局组织专家对栖霞区尧化街道承担的省级“姚坊门社区居家养老连锁”服务标准化试点进行考核验收。考核认为，尧化街道的标准化养老服务项目组织有力、标准体系完善、项目实施有效、项目成效明显。专家考核组一致通过项目验收。

（二）优化社区垃圾分类：以市场力量带动多元参与

尧化街道于 2018 年出台了《尧化街道单位生活垃圾强制分类实施方案》，2019 年拟定了《尧化街道垃圾分类工作实施方案》。目前，尧化街道垃圾分类小区已从最初的 4 个扩展到 27 个，涉及户数由 2643 户增长到 26095 户，95% 以上尧化居民知晓垃圾分类，80% 的居民参与垃圾分类。从 2014 年 4 月到 2016 年年底，实现垃圾减量 1.3 万吨，创造就业岗位 400 多个。尧化街道的垃圾分类改革特点主要包括：一是商业管理，提高效率，实现垃圾分类全覆盖。二是广泛宣传，强化意识，激发垃圾分类“内生动力”。三是公示讨论，民主评议，确保垃圾分类长效性。

尧化街道垃圾分类体验中心

七、文化工程：集成改革有温度

尧化街道的集成改革中，通过一系列文化工程创新实践，将基层社会有效的再组织起来，赋予基层治理以情感体验，实现了基层社会治理中社区共同体

的再造。

（一）老党员工作室：社区治理中的再组织化

尧化街道工委在全部13个社区成立“老党员工作室”，目前已经吸引125名老党员加入，后续还会吸纳更多老党员加入。从老党员工作室的构成来看，已经在社区实现社区层面全覆盖。

尧化街道老党员工作室分布情况表		
社区名称	党员数量	老党员工作室名称
尧辰社区	6	辰“芯”风采老党员工作室
尧安新村社区	7	益家老党员工作室
翠林山庄社区	7	常青老党员工作室
青田雅居社区	9	红十月老党员工作室
尧新社区	9	新佳庄园老党员工作室
尧石二村社区	10	实华老党员工作室
金尧花园社区	10	“沁园”老党员工作室
尧化社区	10	红色先锋老党员工作室
尧化新村社区	10	益家老党员工作室
尧林仙居社区	11	睦邻老党员工作室
王子楼社区	11	“楼里睦邻”老党员工作室
吴边社区	11	“一路有你”老党员工作室
尧胜社区	14	盛璟老党员工作室

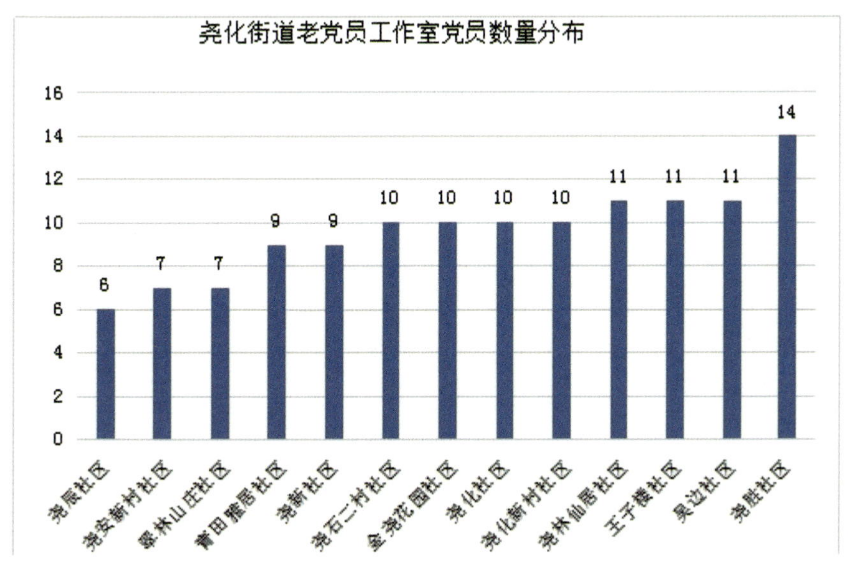

综合来看，老党员工作室有效整合了社区党组织的资源，将党的建设与社会治理有效衔接起来，实现社区公共事务的共治共建共享。具体而言，大致形成了几下三个方面的常态化治理机制。第一，通过老党员们收集居民意见、参与社区决策、创新党建活动、调解邻里矛盾、丰富文娱活动、开展民生服务，成为社区治理的重要组成部分。第二，通过成立云社区老党员工作室，实现老党员“在线发声”，通过正面引导、在线协商、线上服务，发出老党员正能量声音，实现基层党建向线上发展，向社区治理助力。第三，通过老党员调解邻里纠纷、社区矛盾，实现了社区矛盾纠纷不上交，老党员工作室从解释政策到精神关怀，既讲道理又讲人情，将各类矛盾纠纷化解在基层。

（二）时间银行：社区治理中的情感回归

2014 年 8 月，尧化街道以姚坊门慈善基金会为主体策划了“姚坊门时间银行社区互助项目”试点，募集街道内、外部各层面的志愿服务资源，引导社区里的志愿者通过累积志愿服务时间兑换相应服务。截至 2015 年底，街道下辖 13 个社区已全面覆盖时间银行项目，便民内容涵括助老、家电维修、儿童辅导、咨询代办等六大类。截至目前，区域内外 3000 多名志愿者以及 35 个志愿团队，已累计提供志愿服务 16.9 万人次，服务时间超过 10.5 万小时。该项目曾获得江苏省优秀社区志愿服务项目、南京市首届慈善奖最具爱心慈善项目等，2019 年被中央电视台《经济半小时》专题报道，2019 年被列为“江苏省时间银行项目标准化试点”，将引领时间银行项目在全省社会治理中“强势上线”。“时间银行”具有以下三方面的可推广、可复制的政策实践意涵。一是创新了志愿服务资源管理。二是丰富了志愿服务兑换内容。三是调动了社会力量参与志愿服务。

（三）建设“熟人社区”：社区治理中的共同体再造

2012 年起，尧化街道积极打造“熟人社区”，以期成为基层政府社会治理的有效补充。从政策实践效果来看，具有以下特点：一是扩大邻里互助自治平台。二是健全多元协商自治机制。三是建立系列行业自治联盟。以治安案件发案率为例，2019 年案件数为 98 件，与去年同比下降 24.6%；群众安全感满意率为 97%，同比上升 3 个百分点。

（四）小结：文化工程的政策绩效

一是实现了陌生人社会与基层社会治理中的再组织化。二是实现了技术化治理

与基层社会治理中的情感回归。三是实现了原子化社区的社区共同体重塑与回归。

八、集成改革的成功经验

针对基层社会治理中存在的关系不顺、程序不畅、机制不灵、政策梗阻等突出问题，尧化街道进行了一系列卓有成效的创新改革，业已取得显著成效。

（一）顶层设计：党委领导政府负责

一是强化党建引领效应，强化了党委领导工作机制。二是摒弃“管控”思维，强化基层治理的“善治”理念。三是明确治理主体责任，促进了基层治理中的多元协商。

（二）集成融合：破解条块分割

一是实施全科政务改革，破解政府部门权力分割困境。二是打造数字化信息管理平台，破解部门协同治理困境。三是推行批管同步加强批管衔接，破解政府公共服务低效困境。集成改革中实现了不见面审批、政务服务、综合执法、网格化治理等部门事务集成优势。以行政审批为例，通过将新增登记审批事项同步推送到综合执法信息平台和信用库，由街道综合执法大队落实巡查任务，此后通过现场查看、告知政策、检查承诺、结果反馈，实现有针对性的监管，同时也是为公众提供更为精准、高效、便捷的公共服务。

（三）多元参与：构建治理共同体

尧化街道集成改革过程中，逐步完成了不同治理主体的治理资源整合过程，实现了将各种资源配置在一起，各种治理功能凝聚到一起，基本实现了共建共治共享的基层社会治理格局。一是完善政社联动体系，健全了公共服务的响应机制。二是发展社区志愿队伍，创新了基层社会服务的模式。三是重塑社区共同体，找回了社会治理中的情感维度。

（四）技术支撑：优化治理地图

2012 年以来，尧化街道网格化管理先后历经了“网格化”“网格化 + 信息化”“网格化 + 互联网”的阶段。2019 年 10 月，启动“全要素”网格试点，借助综合手段进一步提升网格服务效率。尧化街道集成改革中，充分应用信息技术和大数据，将其运用到基层网格化管理运作中来，全面推行“全要素”网格管理。总体上实现了治理目标的清晰化、治理触角的延伸化、治理回应的敏捷化。一是治理目标的清晰化，有效解决了基层治理中“管得了看不见”的困境。二是治理触角的延伸化，有效解决了基层治理中“看得见管不了”的困境。三是治理回应的敏捷化，有效解决了基层治理中“资源虽有，调度困难”的困境。

九、集成改革的不足

党的十八大以来，尧化街道深入贯彻落实区委、区政府改革决策部署，坚持党建引导，先行先试，积极承担全区及至省市的改革试点工作。围绕“让百姓拥有更多获得感”的总体目标，按照“一年全面集成、两年全面提升、三年全面达效”的工作计划，明确了 10 个改革项目和 162 条任务清单，以“五化”为抓手，推动改革创新由“分散式”向“集成式”迈进。但在改革的过程中仍存在不足。一是集成改革成效高，民众满意度高，但缺少系统性反馈、评估和监督机制。二是提升了基层社会自组织能力，但民众参与度不够。三是用创新提能增效，但需要着重考量服务供给和改革成果的可持续问题。

十、研究结论：发现与展望

尧化街道集成改革紧扣“便民”和“利企”两大目标，贯彻国务院“放管服”改革的政策精神，坚持党建引领，进一步深化简政放权和转变职能，加快政务服务创新。在简政放权和转变职能方面，尧化街道在集成改革中将以完善“全科政务”模式为抓手，进一步推进“体验式”政务服务、优化“不见面”审批体系，权力推进政务服务便捷化。在改善民生方面，采取政府购买服务，以财政资金为基础经费保障、以专业社会组织为运营服务保障、以姚坊门慈善基金会和企业认捐为社会资源补给、以时间银行为志愿服务补充，整合多元化资源。尧化街道集成改革是一项基层治理创新实践的系统性工程，设计基层社会治理及公共服务等诸多领域，从集成改革的效果来看，不仅在基层社会治理的顶层制度设计上完成了一系列优化升级，而且在民生工程、社区服务、环境保护、文化工程等基础性工程方面建立起一系列的配套制度和政策举措。一是构建政府主导下社会导向型长效管理模式。二是拓展以协商治理为内容的协同共建机制。三是积极调动多方力量，形成多元共治机制。

后　记

党的十九大和十九届四中全会对社会治理提出了新要求。为学习和践行习近平新时代中国特色社会主义思想，贯彻执行党的十九大、十九届四中全会精神，推动国家治理体系和治理能力现代化在基层的探索创造，我们特地编写本书，推介南京市栖霞区社会治理的成功实践，以期在省内外更大范围推广栖霞之治的做法和经验，为中国之治做出应有的努力和贡献。

本书由南京大学马克思主义学院、江苏省城市发展研究院、南京市栖霞区委研究室共同编写。在写作和修改过程中，查阅引用了党和国家、江苏省、南京市和栖霞区领导讲话及指示批示，党和政府部门有关文件，研究汲取了一系列著作文献、调研报告、工作汇报、媒体报道之精华，阅研了原始书稿，然后进行分析与综合、总结与提炼、升华与创作。在书稿形成过程中，南京大学马克思主义学院、江苏省城市发展研究院联合江苏省委研究室、省政府研究室相关处室组成写作小组合作撰写，栖霞区委研究室提供了基础资料和工作便利，在此一并说明和致谢。

编　者

2019 年 12 月